LE PORTULAN DE LA MER MEDITERRANÉE, OU LE VRAY GUIDE DES PILOTES COSTIERS.

Dans lequel on verra la veritable maniere de Naviguer le long des Côtes d'Espagne, Catalogne, Provence, Italie, les Isles d'Yvice, Mayorque, Minorque, Corse, Sicile, & autres.

Avec une ample description de tous les Ports, Havres, leur reconnoissance & la maniere d'y entrer, des dangers qu'il y a aux environs, & le long des Côtes. Les sondes & profondeurs d'eau qui s'y trouvent, avec les differentes especes des fonds, la Latitude de chaque lieu, la variation de la Boussole, la distance qu'il y a d'un lieu à l'autre, une Table des Saluts qu'on fait ordinairement aux Galeres de France, les Tables de la Declinaison du Soleil & d'Amplitude, & plusieurs autres Remarques trés necessaires à la Navigation.

[illegible] fidelement observé sur les lieux, par HENRY MICHELOT Pilote Hauturier sur les Galeres du Roy

A AMSTERDAM,

Chez PIERRE MORTIER, Libraire sur le Vygendam, chez qui on vend toute sorte de Cartes de Mer, & qui fait travailler aux Cartes de cet Ouvrage.

MDCCIX

A MESSIRE
JEAN LOUIS HABERT CHEVALIER,

SEIGNEUR DE MONTMOR, Comte du Mesnil-Habert, les Lais & autres Lieux, Conseiller du Roy en ses Conseils, Me. des Rêquetes ordinaire de son Hôtel, Intendant general de Justice, Police & Finances des Galeres de France, & Fortifications de Provence, & Conseiller d'honneur au Parlement de ladite Province.

ONSEIGNEUR,

La Protection que vous me faites l'honneur de m'accorder depuis si longtems, & à toutes les personnes qui s'apliquent aux Sciences & au service du Roy, ne me permet pas d'heziter un moment à qui je dois adresser cet Ouvrage, que je regarde plûtôt comme le vôtre, que comme le mien, puisque c'est vous, MONSEIGNEUR, *qui m'en avez donné la premiere idée, & fourni les moyens d'y pouvoir parvenir; Je me suis donc apliqué suivant vos sages Conseils à observer par moy-même dans toutes les Navigations que j'ay faites dans ces Mers, les veritables situations de tous les Ports, Rades & Côtes de la Mediterranée, les distances de châque endroit, les vents qui y regnent, les dangers qui s'y trouvent, les fonds & profondeurs qui sont dans les Moüillages, & tout ce qu'il y a de plus remarquable pour le service & utilité de la Navigation des Vaisseaux & Galeres de Sa Majesté & des Particuliers; Ce qu'ayant par vos Ordres comparé avec tous les Flambeaux, Portulans, & Cartes de Mer qui ont été faites de la Mediterranée; j'ay été assez heureux de remplir en cela une partie du zele que vous avez pour le public, & les loüables vûës que vous avez toûjours eû sur cela, ayant trouvé quantité de fautes & d'erreurs considerables, que ceux qui ont traité jusques icy de ces sortes de matieres avoient faites: Pouvant donc à present,* MONSEIGNEUR, *donner au public un moyen seur de Naviguer dans ces Mers, souffrez qu'en vous*

rendant

rendant compte de mon travail & d'une aplication de prés de trente années que j'ay l'honneur d'être au Service de Sa Majesté, j'aprenne au public les obligations qu'il vous a de leur avoir donné des lumieres aussi justes pour faire leur Commerce seurement & conserver leurs biens & effets : Ce n'est pas d'aujourd'huy, MONSEIGNEUR, *qu'on sçait les obligations que le Public vous a, & à vôtre Illustre Maison, par le bon ordre que vos Ancestres ont toûjours aporté dans toutes les importantes affaires, dont ils ont de tous tems été chargez, tant dans les Employs & dignitez de l'Eglise, de l'Estat, de la Guerre, que dans la Magistrature où ils ont possedé dans tous les Siecles les plus hauts rangs ; ce sont dans ces differents Etats où un chacun s'est ressenty de la protection que vous avez toûjours donné à ceux qui se sont apliquez à la vertu & à bien servir l'Estat. Que n'a pas fait feu M. de Montmor vôtre illustre Pere pour remplir ce Royaume d'habiles gens ? personne n'ignore les grands secours qu'il a donné à tous les sçavans, & que c'est à luy seul, si j'osé le dire, à qui l'on doit l'établissement de cette superbe Academie, où il s'est formé tant d'illustres personnages, & dont il a été le Chef si long-tems.*

La Marine, qui étoit encore bien imparfaite en ce tems-là, vous a en partie l'obligation de l'état où nous la voyons à present : Ceux qui ont l'honneur de vous aprocher sçavent que vous avez encore de plus grandes vûës pour la porter à un plus haut degré de perfection ; je m'estimerois fort heureux si je pouvois y contribuer en quelque chose par les Observations que j'ay fait & que je feray par vos ordres tant que je vivrai. C'est à quoy j'ay reduit toute mon ambition & l'Ouvrage que j'ay l'honneur de vous presenter, que je vous suplie de regarder, comme une marque du trés profond respect avec lequel je suis,

MONSEIGNEUR,

Vôtre trés-humble, trés-obeïssant
& obligé serviteur.
HENRY MICHELOT
Pilote Hauturier.

PREFACE

PREFACE.

IL n'y a pas de Bâtiment de Mer plus propre & plus utile que les Galeres pour observer la situation des Côtes & les dangers qui s'y rencontrent : car navigant ordinairement de pointe en pointe, & le plus prés de terre qu'elles peuvent, soit pour abreger la route, soit pour être plus à couvert des vents lors qu'ils sont contraires, ou pour profiter des risées de vent que les Golfes, les Rivieres & les valons produisent ; les Pilotes des Galeres ont par-là des moyens asseurez pour reconnoître les Côtes où ils se trouvent, & observer les gissemens des Caps, & les dangers qui s'y rencontrent le long de la Côte ; ce qui est d'une extrême consequence pour la Navigation.

Comme il y'a prés de trente années que j'ay l'honneur de servir sur les Galeres du Roy, en qualité de Pilote Hauturier, j'ay eu loisir d'observer bien des Côtes où elles ont navigué, & de remarquer combien toutes les Cartes Hollandoises, & même celles qui ont été faites en divers Ports de la Mediterranée, sont remplies de fautes, lesquelles paroissent sur tout dans les differens Miroirs de Mer, qui ont parû jusques-à present, on y donne des demonstrations de Côtes à grand point, & plusieurs Plans de Ports, Havres & Bayes, qui font connoître que leurs Autheurs n'ont jamais été sur les lieux, & que ceux qui leur ont fourni des memoires étoient peu instruits ou mal intentionnez, ou qu'enfin ils ne s'étoient pas donné la peine de travailler avec exactitude.

Cependant comme les Navigateurs de l'Ocean qui viennent dans la Mediterranée ne se servent que de ces Cartes ou Miroirs de Mer, j'ay crû que je devois prevenir les funestes Naufrages, que ces sortes de Cartes pourroient causer, je l'ay fait d'autant plus volontiers, que plusieurs Capitaines & Pilotes de S. Malo, ma patrie, m'en ont souvent prié, ils m'ont fait comprendre, que quoy que je leur aye donné deux Cartes de la Mediterranée assés correctes, sur tout pour les endroits que j'ay vû par moy-même ; cependant commes ces Cartes ne peuvent être fort grandes, elles ne pouvoient montrer que la route qu'il faut tenir d'un lieu à un autre, les rumbs de vent & le gissement des Côtes ; il arrive pourtant qu'on est obligé de relâcher en quelques Ports, ou par un gros tems, ou par d'autres raisons, sans qu'on puisse toûjours avoir des Pilotes Côtiers experimentez.

Ces raisons m'ont fait prendre le dessein de faire un Recueil de tout ce que j'ay d'observations, de differens endroits de cette Mer, & d'en faire un Portulan ou Description des Ports, qui peut dans les occasions servir de guide aux Pilotes ; & être plus fidelle que leurs Miroirs de Mer dont ils se sont servis jusqu'à present, & plus clair que les flambeaux que nous avons.

Je ne m'aviserois pas de blâmer les Autheurs de ces Miroirs & Flambeaux, si une experience de trente années ne m'avoit convaincu de la fausseté de la plûpart de leurs Demonstrations ou Descriptions ; j'ay crû donc qu'il y alloit de ma conscience d'en avertir le public, pour prevenir les accidens funestes qui n'arrivent que trop souvent ; comme on pourra comparer ce Portulan avec ceux qui paroissent, & reconnoître la verité de ce que j'avance, je ne donnerai que deux Exemples de ce que je viens de dire. Ils sont tirez du Portulan imprimé au Havre de Grace, où l'on y voit des Plans & Demonstrations des Ports & Rades de la Mediterranée, qui font connoître que l'Auteur ne les a faites la plûpart que sur les raports des personnes qui ne possedoient gueres le dessein ny la maniére de lever un Plan. Il dit, parlant du Port de Palamos, que c'est le meilleur Port de Catalogne, dont l'entrée est à l'Est-Sud'est qui y donne à plain, ce que les Hollandois ont dit avant luy dans leurs Miroirs de Mer, où ils mettent le Môle de Palamos du côté de l'Ouest quoy qu'il soit du côté de l'Est ; cet Autheur ajoûte qu'il y a dix brasses d'eau dans ce Port, quoy qu'il n'y en aye que deux à trois au plus.

Il ne marque aucun danger à l'entrée de ce Port, cependant au milieu de l'entrée il y a une roche fort dangereuse, sur laquelle il n'y a que six à sept pieds d'eau; cette roche est fort au large, elle est marquée sur mes Cartes, aussi bien que plusieurs autres dangers, qui sont aux environs de ce Port.

Il dit ailleurs que du Cap Goffredy à Marseille la route est le Nord'est quart de Nord, cependant c'est le Nord'est quart d'Est, une faute si considerable a été cause que plusieurs bâtimens se sont perdus sur les Plages du Languedoc & aux environs de la pointe des Tignes. J'ay déja dit qu'en comparant mon Portulan avec ceux-là on en connoîtra la difference; il y en a une infinité d'autres, mais je ne m'y arrêterai pas; crainte de faire une Critique au lieu d'une simple instruction pour le Public & pour les Navigateurs.

Ce Traité auquel on peut se fier seurement sera suivy d'un autre auquel je travaillerai incessamment; il contiendra plusieurs Cartes generales & particulieres, & tous les Plans des principaux Ports, Rades & Bayes depuis Cadix jusqu'à Messine, des Isles qui se trouvent dans cette route, & des vûës & reconnoissances des terrains.

Au reste, comme cet Ouvrage est composé pour des Navigateurs, le Lecteur ne s'étonnera pas s'il n'est pas écrit avec toute la politesse avec laquelle on écrit à present, on ne doit pas l'attendre d'un homme de Mer; mais on doit demander de luy une grande exactitude, & c'est à quoy je me suis attaché; d'ailleurs les Termes de Marine, dont je n'ay pû me dispenser de me servir, ne rendent pas cet Ouvrage fort coulant; mais comme ce sont des gens de Mer qui le liront, & que c'est pour eux que je l'ay écrit & composé, je n'ay pû faire autrement, je donnerai seulement l'explication & connoissance de ces termes, & des mots que j'employe dans ce Recueil.

EXPLICATION DES TERMES dont on se sert ordinairement le long des Côtes.

TOutes les Routes qu'on trouvera dans ce Traité, sont conformes à la Boussole, qui decline du vray Nord du Monde d'un certain nombre de degrez, plus ou moins, suivant les endroits où l'on se trouve, c'est à dire que la Fleurdelis de la Boussole ne montre pas toûjours le vray Nord, d'où elle s'en écarte de quelques degrez du côté du Nord'ouest, qui est ce qu'on appelle variation, que dans ce cas on se sert du mot de variation Nord'ouest, autrement, selon l'usage de la Mediterranée, Mistrallege (qui est une variation d'une certaine quantité de degrez ou même d'un quart de vent) ce qui varie aussi au Nord'est, auquel cas on l'appelle variation Nord'est.

Comme cette variation, ou Declinaison de l'aiguille aymentée, ne diminuë ny n'augmente que tres-peu en un fort long temps, on a crû qu'il étoit plus convenable de demontrer la situation des Terrains, suivant que la Boussole le demontre.

Les Pilotes doivent pourtant observer, le plus souvent qu'ils pourront, cette variation, pour voir les changemens & défauts de leurs Boussoles, ce qui est de la derniere consequence pour faire une bonne & seure Navigation.

Mais comme il se trouve dans cette Mer plusieurs Pilotes, qui n'ont pas assez de connoissance pour faire ces Observations (quoy qu'elles soient faciles) on leur dira seulement qu'on a observé en differens endroits cette variation de la Fleurdelis de la Boussole du vray Nord du Monde, qui se trouve depuis Cadix jusques en Alicant de 4. à 5. degrez vers le Nord'ouest, & depuis Alicant jusques à Livourne de 5. à 6. degrez.

Depuis Livourne à Naples de 8. à 9. degrez, & toûjours en augmentant en allant vers l'Est.

Elle n'est pourtant pas toûjours egale; car elle augmente ou diminuë par succession de tems, elle change même d'un côté à l'autre dans quelques parties de l'Ocean, venant quelquefois du Nord'ouest au Nord'est, & suivant les lieux où l'on se trouve; c'est pourquoy, comme nous avons dit, il est tres-important de l'observer le plus souvent qu'on pourra, & sur tout de prendre bien garde aux Boussoles, pour sçavoir si elles sont bien touchées, Nord & Sud: car il s'en trouve plusieurs, où les aiguilles ou lozanges ne sont pas directement sous la Ligne de Nord & Sud, c'est à quoy il faut bien prendre garde pour en connoître le défaut.

Il arrive même souvent que la roüille, qui se met aux aiguilles ou lozanges des Boussoles, diminuant la force & la vertu de l'aimant, les empêche de s'arrêter directement sous la Ligne de Nord & Sud.

Il y a aussi plusieurs autres choses ausquelles d'ordinaire on ne prend pas garde, qui font varier les Boussoles, & indiquent de fausses routes, qu'on attribuë souvent au défaut des Cartes, ou à des Courans, quoy qu'elles ne proviennent que des Boussoles mêmes, ce qui fait que les Observations ne sont jamais justes, sur tout lors qu'on n'y fait pas autant d'attention qu'on le doit.

Une BAYE, est un grand enfoncement en forme de croissant, dans laquelle on est à l'abry de plusieurs vents.

ENFONCEMENT, est une autre espece de Baye qui n'est pas si profonde.

CALANQUE, est une espece de petit Port, semblable à l'embouchure d'une Riviere.

PORT, est un endroit où l'on est à couvert de plusieurs vents, & plus renfermé que dans une Baye, soit par quelque pointe avancée en Mer, qui le croise, quelques Isles ou Ecueils qui empêchent que la mer & les vents n'y entrent pas si impetueusement, ou quelques ouvrages de main.

MOLE, est une jettée de pierre ou de bois faite de main d'homme, qui renferme un certain espace pour y pouvoir mettre un nombre de bâtimens à couvert de la mer & des vents du large.

DARCE, est un autre Môle plus renfermé que le precedent, qui n'a d'ouverture que pour le passage d'un Vaisseau ou d'une Galere, où l'on est à couvert de toute sorte de tems, & qu'on peut fermer avec une chaîne, ou estaquades, lors que le cas le requiert.

Une ANCE, est un lieu tant soit peu renfermé par deux pointes avancées en forme d'un demy croissant.

PLAGES, sont des especes de terrains bas entre deux pointes qui sont couverts de sables & se trouvent le long du bord de la Mer, où l'on peut se debarquer.

GOLFE, est un grand espace de Mer, entre deux terrains qui est fort enfoncé.

ISLE, est une terre environnée de tous côtez par la Mer.

PENINSULE, ou presque Isle, est un terrain qui ne tient que par une langue de terre au continent, & qui au surplus est toute entourée d'eau.

POINTE, est une langue de terre ou de rochers qui avance à la Mer.

CAP, est une autre espece de pointe, mais plus haute que la precedente.

ESCUEIL

ESCUEIL est un Rocher hors de l'eau.

FORMIGUES, selon l'usage de la Mer Mediterranée, sont des Rochers bas & qui se trouvent à fleur d'eau.

BANC DE ROCHE, est une quantité de roches sous l'eau jointes ensemble, d'une étenduë assés considerable, sur lesquelles il y a moins d'eau qu'aux environs.

BANC DE SABLE, est un autre haut fond sous l'eau, sur lequel il n'y a que fort peu d'eau.

COURANS, ce sont les differens mouvemens des Mers qui vont tantôt d'un côté & tantôt de l'autre.

Lors que parlant d'un Port ou autre Moüillage, l'on dit il y a tant de brasses, on entend par ce mot, la quantité de pieds d'eau qu'il y a dans ces endroits; la brasse étant composée de cinq pieds de Roy, & le pied de douze pouces.

Mais lors qu'on va d'un lieu à un autre pour en marquer la distance lors qu'elle n'est pas considerable, on se sert du mot de Toise; par exemple du Château-d'If au Fort de Pommegue il n'y a que huit cent Toises, la Toise est composée à la Mer comme sur la Terre, ayant par tout six pieds, il en faut deux mil cinq cent pour faire une lieüe Majeure à vingt par degré, on se sert de cette sorte de lieüe dans toutes les Navigations que l'on fait dans l'Ocean; Mais comme ordinairement dans cette Mer on compte les distances par milles, sçavoir 3. pour une lieüe, ce qui à la verité est plus commode, & de laquelle mesure je me sers dans ce Traité, afin d'en rendre l'usage plus facile aux Navigateurs de cette Mer, pour lesquels j'ay composé ce Traité.

Lors qu'on veut exprimer la Route d'un Cap à une Isle, ou à un autre Cap, on dit qu'il gist tel rumb de vent, & on entend par ce mot de gist, la situation d'un lieu à l'autre, ou la route qu'il faudroit faire pour aller directement de l'un à l'autre.

Ainsi lors qu'on dit d'un tel Cap à un autre, gist Nord'est prenant quatre degrez vers le Nord, cela signifie que leurs situations n'étant pas droites par le Nord'est, ny par le Nord'est quart de Nord, mais en prenant quatre degrez du Nord'est vers le Nord: car un vent est éloigné de l'autre de 11. degrez 15. minutes, lesquels multipliez par 32. rumbs de vents de la Boussole, font 360. degrez.

Cet Exemple suffit pour comprendre la signification de cette expression, & de toutes les autres.

Le Traversier est un terme dont on se sert dans cette Mer qui signifie le vent, qui entre directement par l'embouchеure d'un Port, ou d'une Rade, où l'on est moüillé, contre lequel on se precautione, étant ordinairement le plus à craindre.

Il est bon de remarquer que les milles dont on se sert dans ce Traité sont suivant l'usage de la Mer Mediterranée à 75. milles pour un degré ou 20. lieües; cependant on a mis à la fin de ce Livre une Table de la Reduction des Milles de France à 60. par degré ou 20. lieües, & celles de 75. pour en voir la difference, & pour satisfaire ceux qui se servent des lieües à 20. par degré ou 60. milles.

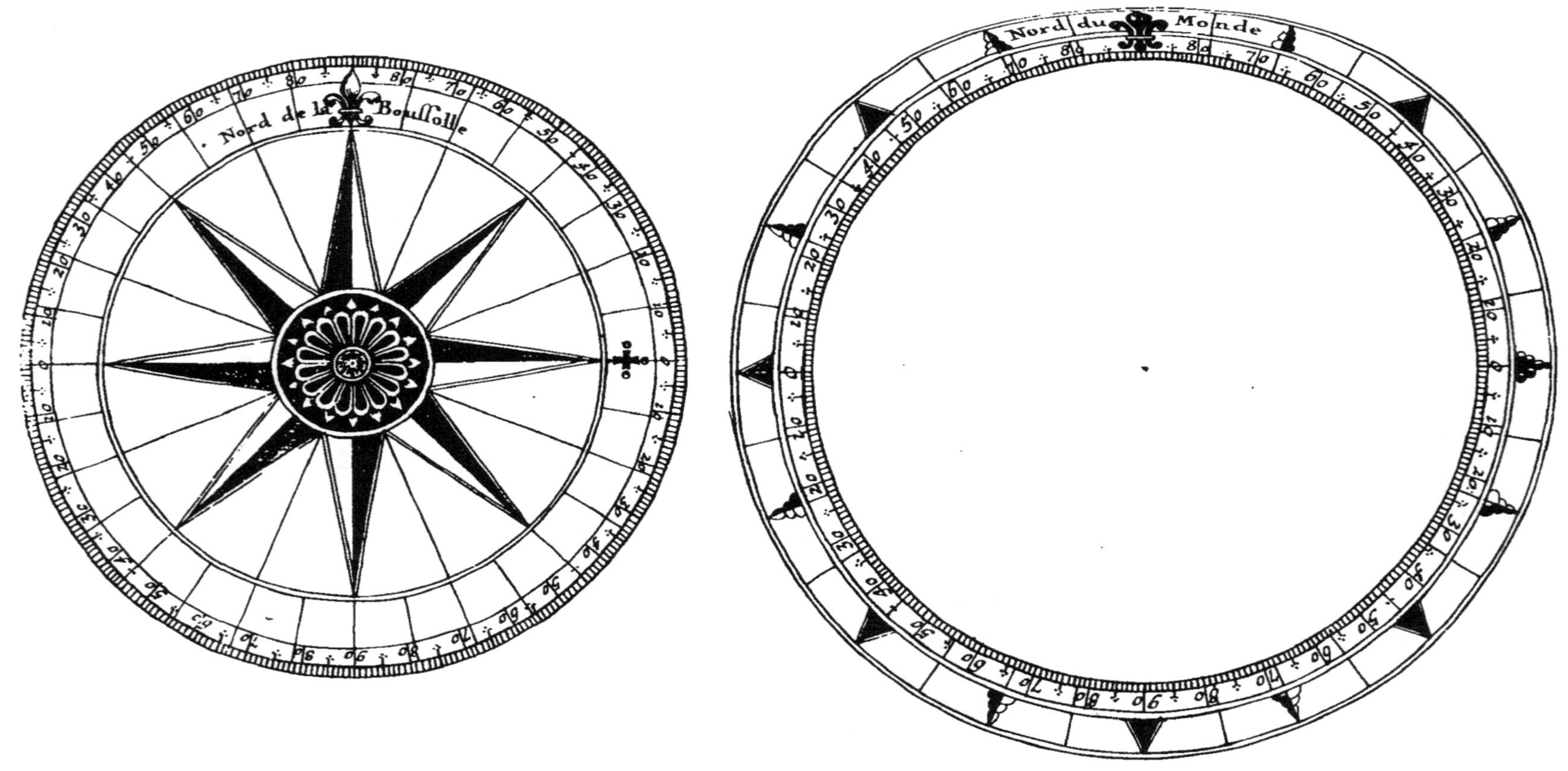

Nord de la Boussolle
Nord du Monde

LE PORTULAN
DE PARTIE DE LA MER
MEDITERRANE'E,
OU
LE VRAY GUIDE DES PILOTES
COSTIERS.

DESCRIPTION DE LA VILLE & Baye de Cadix, & du Port Ste. Marie.

LA Ville de Cadix eſt fort grande, ſituée ſur une pointe baſſe entourée de rochers preſque de toutes parts; elle a une tres bonne Rade du côté de l'Eſt-Nord-Eſt, où l'on y peut moüiller avec pluſieurs Vaiſſeaux.

La reconnoiſſance, venant du côté de l'Oueſt, en eſt facile, par une haute montagne éloignée ſur le terrain qui eſt fort ronde, qu'ils appellent Cabeſſa de Morro, autrement des Grenadiers, qui reſte vers l'Eſt-Nord-Eſt de Cadix : ſi bien que mettant la proüe ſur icelle, lors qu'elle vous reſtera à l'Eſt quart de Nord-Eſt, vous ne pouvez manquer de venir droit à l'embouchеure de ladite Baye.

Eſtant éloigné encore de huit à dix milles, vous découvrirez pluſieurs Clochers de la Ville qui paroîtront comme des Vaiſſeaux ; vous verrez auſſi la Tour ſaint Sebaſtien, qui eſt ſur une petite Iſle, à la pointe du Sud-Oueſt de la Ville, dont elle eſt fort proche ; autour de cette Iſle il y a pluſieurs rochers hors de l'eau, & ſous l'eau, qui s'avancent en mer environ un petit quart de lieüe.

On voit auſſi vers le Nord-Nord-Oueſt de Cadix, environ ſix à ſept mille, la petite Ville de Rotte, ſituée ſur une pointe baſſe, où il y a auprés quelques Moulins qui en donnent la connoiſſance.

Depuis la Tour S. Sebaſtien juſques à la pointe du Nord-Eſt de la Ville, ce ne ſont que rochers à fleurs d'eau & ſous l'eau, c'eſt pourquoy il faut s'en éloigner.

Environ un quart de lieüe vers le Nord, de la pointe du Nord-Eſt de la Ville qui fait l'entrée de la Baye de Cadix, eſt un long rocher preſque toûjours hors de l'eau, qu'ils appellent les Porques, & vers l'Oueſt d'iceux, il y a d'autres rochers qui ſe découvrent de baſſe mer, qu'on appelle les petits Porques, qui ſont fort dangereux, auſſi bien que quelques autres rochers qui ſont aux environs, fort au large de la Coſte de Cadix.

Un mille & demy au Nord-Eſt quart de Nord des Porques, & preſque à my-canal de Cadix à la Tour ſainte Catherine, il y a une roche ſous l'eau, nommée le Diamant, ſur laquelle il ne reſte de baſſe mer que ſept à huit pieds d'eau, & de pleine mer vingt à vingt-deux pieds.

Les Marques du Diamant.

Lors qu'on est sur le haut de cette roche vous voyez le Clocher de l'Eglise saint Antoine de Cadix, par le milieu du rocher des Porques, ce Clocher est celuy qui est le plus au bout du Nord-Ouest de la Ville; les Porques étant couverts on peut voir le Bastion de saint Philippe, qui est à la pointe du Nord-Est de la Ville, par le Clocher de saint François, qui est un peu plus à l'Est que le precedent.

Et pour l'autre marque, voyez le costé de l'Est de la Tour sainte Catherine, par l'extremité d'une haute montagne fort éloignée, qui semble escarpée par le bout de l'Est.

Le passage ordinaire est entre les Porques & le Diamant, rangeant, comme nous avons dit, à discretion les Porques, il y a quatre & cinq brasses de basse mer; on y a mis une Tonne ou Balise dessus pour la reconnoître.

Environ deux cent toises au Nord-Est quart de Nord du Diamant, il y a un petit banc de sables & roches, nommé la Galere, sur lequel n'y a que trois brasses d'eau; on peut passer aussi entre ce banc & la Tour sainte Catherine, passant par my-canal. Au Nord-Est quart de Nord de la pointe du Norst-Est de Cadix, qu'on appelle pointe de saint Philippes, environ trois mille, est la Tour sainte Catherine, qui fait l'entrée de la Baye de Cadix, laquelle est située sur une pointe basse, à l'entrée de la riviere du Port sainte Marie.

Marque pour entrer dans la Baye de Cadix.

Voulant donc entrer dans la Baye de Cadix lors qu'on vient du large, observant la route que nous avons dit, jusques à ce qu'on decouvre le rocher des Porques, qu'il faut venir chercher presque directement, le tenant un peu sur la droite, vous découvrez en même tems vers l'Est-Sud-Est dudit le Clocher de la petite Ville du Port Real, qui est dans le fond de la Baye, que vous mettrez par la Ville de Medine, laquelle est sur une haute montagne, par la même ligne; les tenant l'un par l'autre, & conduisant cette route environ un mille au-delà des Porques, que vous rangerez à discretion, y ayant proche quatre à cinq brasses d'eau.

De cette maniere vous éviterez un grand banc de roches qui est vis à vis la pointe de saint Philippes de Cadix, dont nous avons parlé, qui est en dedans des Porques.

Ensuite on peut aller moüiller où l'on veut, parmy un grand nombre de Vaisseaux qu'il y a continuellement devant la Ville.

Mais le meilleur moüillage, est de conduire le long de la Ville, jusques à decouvrir le pont-levis de la porte de terre, qui est à l'extremité de la Ville, du costé du Sud'est, où vous serez par quatre ou cinq brasses d'eau de basse mer, le fond y est de vaze molle, éloigné de la Ville environ un bon mille.

Il ne faut pas trop s'en aprocher, à cause d'une longue pointe de roches plates, qui s'avancent sous l'eau, qui est au bout du Sud'Est de ladite Ville.

Les moyens Bâtimens, comme Barques & Tartanes, moüillent proche de la Ville à deux & trois brasses d'eau.

Les marées y sont assés regulieres, la situation est presque Nord-Est & Sud-Ouest.

C'est à dire qu'il est deux heures & demy à la pleine mer les jours de la nouvelle ou pleine Lune.

Le Flot porte sur le Sud'Est, & le Juzant sur le Nord-Ouest.

Mais au Port Ste. Marie & au Pontal, il est pour le moins trois heures, à pleine mer, lors qu'il est deux heures & demy en la Baye de Cadix; dans les marées ordinaires devant la Ville la mer baisse de huit à dix pieds, & dans les grandes marées de quinze à seize pieds.

Le vent qui incommode le plus est l'Est-Sud-Est, qu'ils appellent la Medina, comme il vient pardessus les étangs & rivieres cela le rend fort violent, les vents de Ouest & Nord-Ouest donnent à l'embouchcure, mais ils ne sont pas si mauvais en cette rade.

Le vent du Sud-Ouest est le traversier de toute cette Coste, où il y arrive quelquefois de rudes tempêtes.

La Latitude de Cadix est de trente-six degrez trente-sept minutes, & la variation est de quatre à cinq degrez vers le Nord Ouest.

On

On peut moüiller pour entrepôt entre la Ville de Cadix & celle de Rotte, il n'y a que neuf, dix & douze brasses d'eau, fond de vaze molle; de petits bâtimens peuvent moüiller du costé de l'Est de Rotte, par trois à quatre brasses d'eau, mais il faut s'éloigner de la pointe où est la Ville de Rotte, à cause d'une quantité de rochers qui s'avancent sous l'eau fort au large.

Du Port Sainte Marie.

Environ six à sept milles au Nord-Est de Cadix est la Ville du Port sainte Marie, qui n'est pas moins grande que celle de Cadix; elle est située dans une pleine sur le bord d'une petite riviere, à la gauche en entrant, dans laquelle il ne peut entrer que de moyens bâtimens: car il ne reste de basse mer qu'une brasse & demy d'eau, en certains endroits, & de pleine mer trois brasses.

Devant la Ville, presque par le milieu de ladite riviere, il y a encore deux mazures ou ruines de pilliers, d'un ancien pont, proche desquels on peut moüiller: car c'est le plus profond, en s'amarrant à quatre amarres, pour rester le long du ruisseau qui reste de basse mer, où il y a encore huit à neuf pieds d'eau, & de pleine mer vingt à vingt deux pieds.

Et en dedans desdits Pilliers il reste sept à huit pieds.

Le fond est de vaze molle, où l'on ne peut guiere prendre de mal, pourveu que les bâtimens soient toûjours le long de la riviere.

Il faut bien s'amarrer du costé de l'Est & Sud-Est, portant des ancres sur le terrain, qui est fort bas, à cause que ces sortes de vents y sont fort rudes, & prennent en travers.

On peut faire de l'eau dans cette Ville en plusieurs endroits; pour entrer dans cette riviere, il faut connoître bien le Chenail, & prendre un Pilote; car de pleine mer, qui est le tems qu'il y faut entrer, tous les dangers y sont couverts.

Sur le bout de la pointe de la riviere à la gauche en entrant, est la Chapelle de sainte Catherine, où il y a une Tour & quelques fortifications proche de cette Tour, & sur la droite il y a un banc de sable un peu plus en dedans qui decouvre de basse mer, cette Tour est éloignée du Port sainte Marie environ une demy lieue.

On peut aussi moüiller vers l'Ouest de cette Tour, dans une necessité, pour les vens d'Est, ne pouvant gagner la Baye de Cadix, on y sera par quatre à cinq brasses.

Entre le village de Rotte & sainte Catherine, où il n'y a que des Dunes de sable de moyennes hauteurs, où presque à moitié chemin il y a deux ou trois maisons & un ruisseau, où quelquefois de beau tems les Vaisseaux envoyent faire de l'eau, mais la meilleure eau est dans le fond du Pontal vers la maison blanche.

De la Rade du Pontal.

Environ trois mille vers le Sud'est de la Ville de Cadix, sont deux petits Forts, tous deux situez sur le bord de la mer; celui qui est contigu à l'Isle de Cadix s'apelle Fort S. Laurens ou du Pontal, & l'autre qui est vis-à-vis environ cinq cent toises se nomme Matagorde; celuy-cy est tout-à-fait isolé & la mer passe à l'entour, il y a seulement un mechant petit pont de planche que la mer brise souvent, qui communique au bout d'une langue de terre basse éloignée d'environ cent cinquante toises.

La mer passe dans les grandes marées derriere l'autre Fort du Pontal, qui est comme il a esté dit au bout d'une Plage de sable.

Environ quatre cent toises vers le Sud'est du Fort de Matagordo il y a une grande Isle platte de marecages, dont la mer en couvre une partie lors qu'elle est dans son plein; & sur le bout du Sud'ouest on y a fait une batterie en 1701. par l'ordre de Mr. le Maréchal de Cœuvres qui commandoit pour lors l'Armée Navale du Roy.

Entre le Fort de Matagorde & cette Batterie, il y a un long Canal en forme de Riviere, qui conduit à la petite Ville de Porto Real, qui en est éloignée d'environ une lieüe, lequel a bien cent toises de large, qu'on apelle le Trocadero, où il reste trois brasses d'eau de pleine mer, dans lequel on met ordinairement les Galions d'Espagne & autres Vaisseaux desarmez, & où l'on les carenne.

Lors qu'on est en la Baye de Cadix, & voulant aller moüiller en la Rade du Pontal, il faut aller passer droit entre les deux Forts que nous avons dit cy-devant, rengeant un peu plus du côté du Nord'est que de la terre de Cadix, pour éviter une longue pointe de roches qui s'avancent sous l'eau fort au large, qui est entre la Ville de Cadix & le Fort du Pontal.

Comm'aussi un petit banc de sable sur lequel il n'y a que deux brasses d'eau, qui est dans le milieu de la route de la Baye de Cadix, allant aux Forts du Pontal.

C'est pourquoy il faut ranger à discretion un peu plus sur la gauche, il ne faut pas non plus s'en aprocher, à cause d'un grand banc de sable qui conduit environ un mille, depuis le Fort de Matagorde vers le Nord-Nord-Ouest, où l'on voit briser la mer de basse marée.

Ensuite vous conduirez vostre route passant par le milieu des deux Forts sans rien craindre, il y a quatre à cinq brasses d'eau moüillant par tout en dedans des susdits Forts à l'ouvert du ruisseau du Trocadero, ou vis-à-vis la batterie qu'on y a faite sur le bout de cette Isle qui est plate, à deux ou trois cent toises, vous serez par six, sept & huit brasses d'eau fond de vaze molle.

Observant toutesfois de se ranger du costé de la batterie qu'on a fait, qui est sur la gauche, où est le plus profond; car du costé du Sud-Ouest, ou sur la droite, il n'y a pas d'eau; en dedans du Fort du Pontal il faut s'affourcher, autrement s'amarrer, Est-Sud'est & Ouest-Nord-Ouest.

La pleine mer est à trois heures le jour de la nouvelle & pleine Lune, une demie heure plus tard que dans la Baye de Cadix.

La mer y augmente de dix & douze pieds dans la pleine mer, les vents d'Est-Sud'est y sont les plus incommodes, quoy qu'ils viennent pardessus les terres.

Du costé du Sud-Ouest ce sont toutes terres basses & presques coupées, de pleine mer, il y a dans le fond plusieurs Salines du costé du Sud.

Vers le Sud'est d'où vous estes moüillez environ une demie lieüe, il y a une grande maison blanche où on va faire l'eau de tous les bâtimens.

Porto Real.

Environ une bonne lieüe du Fort de Matagorde est la petite Ville de Porto Real, située sur le bord de la mer, devant laquelle on n'y sçauroit aller qu'avec des bateaux, & pour y passer il faut entrer dans le ruisseau du Trocadero, autrement faire le tour de ces Isles où est la batterie, ce sont des terrains marecageux & de sables, ou de basse mer, il y a fort peu d'eau.

Entre le Port sainte Marie & le Porto-Real ce sont aussi toutes basses terres avec quelques salines & marecages, il y a aussi une autre petite riviere qu'on nomme Riviere S. Pedro.

Entre la Tour sainte Catherine & le Fort de Matagorde du costé de l'Est, c'est un grand enfoncement, mais il n'y a pas de profondeur d'eau, & aucuns bâtimens n'y moüillent.

Pont de Soüace.

Environ quatre milles vers l'Est de la Rade du Pontal est l'emboucheure d'un grand ruisseau, qui paroît comme une Riviere, lequel communique à la grande mer, c'est ce qui fait l'Isle de Cadix.

Le Pont de Soüace est environ deux milles de l'entrée du Canal, où quelques Vaisseaux y vont prendre carenne; en l'année 1701. les Galeres de France y espalmerent.

Lors qu'on est dans la Rade du Pontal, & que l'on veut entrer dans le Canal, il faut gouverner à l'Est quart Nord'est tout le long des basses terres qui sont sur la gauche, en s'éloignant de la droite où il n'y a pas d'eau.

Suivant cette route jusques à une pointe basse qui est l'extremité de l'Isle de Cadix on entre dans ledit Canal, s'éloignant de cette pointe jusques à voir le Canal ouvert, où l'on trouve dans cette route quatre à cinq brasses d'eau, & à l'entrée trois & demie jusques audit pont, gouvernant par le milieu dudit Canal, l'on moüille proche le pont à trois brasses fond de vaze fort molle.

Les Caracques.

A l'entrée du Canal de Soüace sur la gauche en entrant, il y a une espece de petite riviere, qu'on apelle les Caracques, où l'on y met ordinairement une partie des Galions d'Espagne, & autres Vaisseaux des Indes pour les carener.

Mais pour entrer dans tous ces lieux il faut prendre la precaution d'y envoyer un Pilote pratique pour trouver le chenail & connoître où sont les bas fonds qui changent souvent.

Proche le pont de Soüace sur l'Isle de Cadix il y a un méchant Fortin, en forme de Redoute, pour en défendre le passage; & un peu plus haut, il y a un petit Château presque abandonné, & quelques maisons autour.

Ce Canal peut avoir environ cent toises de large en quelques endroits, & va en serpentant jusques à la mer, dont l'entrée est vis-à vis la Tour S. Pedro qui en est éloignée d'environ un mille.

Il y a presque par tout trois & quatre brasses d'eau; il y a environ cinquante ans que les Galeres d'Espagne étant poursuivies des ennemis passerent par le Canal de Soüace, ayant toutes demâté & ôté leurs poupes pour passer sous ledit pont.

La Tour S. Pedro, comme nous avons dit, est à l'embouchure du Canal de Soüace qui est quarrée, située sur une petite Isle plate entourée de rochers; du costé du Nord-Ouest il y a un grand banc de roches à fleur d'eau, & sous l'eau, qui s'étend environ un mille loin de la Tour.

Lors qu'on veut entrer dans le susdit Canal il faut laisser la tour S. Pedro sur la gauche, la rangeant tout proche; il y a deux brasses d'eau du côté du Sud'est jusques à l'entrée du Canal, où l'on trouve trois & quatre brasses d'eau, & éviter de ranger sur la droite ne s'y trouvant point d'eau.

Sur la pointe du Sud'est du Canal il y a une tour de garde qui est quarrée qu'on apelle tour Vermea.

De la tour S. Sebastien à celle de S. Pedro, gist Sud-Sud'est un peu vers l'Est environ treize milles; entre les deux tours c'est une terre basse, & presque coupée, & une grande Plage de sable.

Presque à moitié chemin d'une tour à l'autre, il y a deux longues tours quarrées de garde, qu'on apelle les Tours d'Hercule, qui sont pour garder les salines qui sont tout autour de cette tour.

Connil.

Environ dix milles vers le Sud-Sud'est de l'Isle S. Pedro est le Cap de la Roque, ou la pointe de Connil, qui est de moyenne hauteur, sur lequel est une tour de garde quarrée; entre cet espace il y a aussi deux autres tours qui sont aussi quarrées, dont la premiere qui est de l'Isle S. Pedro s'apelle la tour Vermea, & l'autre tour Rozca.

Une bonne demie lieüe à l'Ouest du Cap de la Roque, il y a un petit banc de roche qu'il faut éviter, & à quelques trois à quatre cent toises dudit Cap, il y a une autre roche sous l'eau, qui est tres dangereuse, & qu'il faut éviter aussi.

Cinq milles droit au Sud'est du Cap la Roque, est le Cap de Trafalgar; entre ces deux Caps il y a un grand enfoncement, & presque au milieu est la petite Ville de Connil, située sur le bord de la mer, le long d'une Plage qui est de sable, devant laquelle on peut moüiller par les huit, neuf à dix brasses d'eau, vis-à-vis de la Ville, prenant garde aux roches que nous avons dit cy dessus, qui sont à l'Ouest de la pointe de Connil, autrement du Cap de la Roque; aprés avoir évité ces dangers, on peut aller librement moüiller devant la Ville; au dessus de laquelle il y a un moulin à vent sur un monticule, qui sert à la reconnoître.

Et du côté de l'Est proche de cette Ville, il y a une petite riviere, & quelques tours de garde aux environs, jusques au Cap Trafalgar, où est un ancien Château, qu'on apelle Castillo Noivo.

Il ne va que des moyens bâtimens moüiller devant Connil; & même dans les belles saisons, parce qu'il n'y a aucun abry des vents du large, & la mer y est extremement grosse, à moins que les vents ne soient depuis le Nord, jusques à l'Est Sud'est; on charge d'ordinaire dans ce port de la tonnine & autres poissons salez.

Cap Trafalgar.

Le Cap Trafalgar eſt une longue pointe baſſe ſur laquelle eſt une tour quarrée, apellée Tour de la Meca, armée de deux petits canons, qui de loin paroît iſolée, parce que le terrain, qui eſt entre cette tour & une groſſe pointe qui eſt au Nord'eſt, eſt fort bas, tellement que lors qu'on range cette côte, elle vous paroît iſolée, principalement lors qu'on vient du côté de l'Eſt, elle ſemble même à la tour & iſle S. Pedro.

On découvre auſſi venant de l'Eſt par deſſus cette pointe, la Ville de Medine, ſur une haute montagne fort éloignée.

Il ne faut pas aprocher la pointe de Trafalgar, parce qu'il y a beaucoup de roches ſous l'eau & hors de l'eau, qui s'avancent un demy mille en mer.

Seche de Trafalgar.

Vis-à-vis de cette pointe de Trafalgar, droit au Sud-Oueſt quart d'Oueſt environ cinq milles, il y a une roche ſous l'eau fort dangereuſe, qu'on apelle la Seittere de Trafalgar, ſur laquelle n'y a que cinq pieds d'eau, où la mer briſe preſque toûjours; de cette roche tirant vers le Nord-Nord'oueſt, il y a un grand banc de roches ſous l'eau qui continuë le long de la coſte, juſques par le travers de la pointe du Nord'oueſt de Connil, ſur lequel n'y a que cinq à ſix braſſes d'eau, à une grande lieuë de la coſte; ce qui fait que l'on reſiſte plus facilement en la rade de Connil, parce que ces roches empêchent que la mer n'y entre avec tant de violence.

Moüillage de Trafalgar.

Environ une demie lieuë à l'Eſt quart de Sud'eſt, du cap de Trafalgar, il y a une groſſe pointe eſcarpée & unie avec un écueil auprés, ſur laquelle eſt une tour de garde qui eſt ronde.

Entre ces deux pointes eſt une ance de ſable, dans laquelle on peut moüiller par cinq, ſept & neuf braſſes d'eau, fond de ſable vazeux, lors qu'on eſt éloigné de la tour de Trafalgar d'une petite portée de canon; mais il ne faut pas aprocher de cette pointe, plus d'un quart de lieuë.

Remarques.

On peut paſſer à terre de la ſeche de Trafalgar, & du banc de roche que nous avons dit cy-devant, en rangeant à un quart de lieuë ladite pointe; on y trouve dans cette diſtance quatre, cinq & ſix braſſes d'eau, à demy portée de canon de la tour.

Depuis cette pointe juſques à la ſeche de Trafalgar il y a un autre banc de roches ſous l'eau, où la mer boüillonne extremement, & les courans qui y ſont fort violens portent au Sud-Eſt lors qu'il eſt flot ou mer montante, & au Nord-Oueſt lors que la mer baiſſe, ou qu'il eſt juzent, juſques à la pointe de Trafalgar, la ſituation des marées y eſt preſque Eſt & Oueſt, c'eſt à dire ſix heures les jours de la pleine & nouvelle Lune.

Des Courans ou Marées.

Nous avons paſſé en 1701. dans cet endroit avec les Galeres de France allant à Cadix, nous fumes ſur cette pointe plus de trois heures ſans pouvoir avancer, étant à voiles & à rames d'une demie longueur de Galere, de ſorte que nous fumes contrains de moüiller dans le milieu de ces courans.

Je remarquay qu'il y a un autre courant depuis le Cap Trafalgar juſques au-de-là l'iſle Tariffe, qui eſt oppoſé à celuy qui vient depuis l'Iſle S. Pedro juſques à ladite pointe de Trafalgar; c'eſt ce qui fait ce mouvement contraire entre ces deux fils de courant, qui ſe rencontrent directement ſur fur cette pointe : car le flot ou mer montante depuis l'Isle S. Pedro, vient du Nord-Oueſt juſques fur cette pointe, & le juzent va du côté du Nord-Oueſt à ſon opoſé.

Et depuis Tariffe juſques à cette pointe de Trafalgar, le flot porte du côté de l'Oueſt, & le juzent du côté de l'Eſt; & lors qu'il eſt pleine mer à Tariffe, il eſt baſſe mer au Cap Trafalgar, ce qui eſt cauſe que ces courans ſont directement opposez.

Ces courans ne ſont que le long des côtes juſques à deux milles au large : car dans le milieu du Détroit la mer y entre continuellement & ſans aucune reſiſtance.

Depuis l'Iſle de Tariffe il y a un fil de courant qui porte fort viſte au Sud'eſt droit en Barbarie, ce qui fait qu'on range le plus qu'on peut la coſte d'Eſpagne.

Mais par le milieu du Détroit les marées ſont plus regulieres, & entrent preſque toûjours dans le Détroit. A la côte de Barbarie depuis le Mont-au-Singe, il y a un autre fil de courant, qui reſſort dehors à une demie lieuë de terre, juſques au Cap Spartel; tellement qu'obſervant bien les marées on peut ſortir du Détroit de Gibraltar avec les vents preſque contraires, par le moyen de tous ces differens courans.

Cap de la Plata.

Environ onze milles au Sud'eſt du Cap Trafalgar, eſt le Cap de la Plate, qui eſt une longue pointe avancée en mer, & fort haute, ſur laquelle il y a une Tour de Garde ; on trouve un grand enfoncement & une plage de ſable entre ces deux pointes de Trafalgar & de la Plata, & preſque par le milieu il y a une petite riviere qu'on apelle la Riviere Barbatta ; environ un quart de lieuë vers l'Oueſt de cette riviere, eſt un petit Château du même nom, & quelques maiſons qui ſont autour où l'on peut moüiller devant ce Château par le vent de Nord-Oueſt & Nord.

Et du côté de l'Eſt de cette riviere, preſque au milieu de la plage, on voit deux tours quarrées ſur une eminence entourées de ſables, & entre ces deux tours & le Cap de la Plata, il y a une autre pointe nommée la Pointe de Marinal, ſur laquelle il y a auſſi une Tour de Garde ; entre ces deux tours il y a un peu d'enfoncement avec une plage, devant laquelle on peut auſſi moüiller par les vents d'Eſt & Nord'eſt, par huit à dix braſſes d'eau; avec des Galeres on peut avoir une amarre à terre & une ancre en mer.

Il ne faut pas ranger trop proche la pointe du Cap de la Plata, ny celuy de Marinal, à cauſe de quelques écueils qui ſont aux environs.

Tariffe.

Environ dix milles au Sud'Eſt quart d'Eſt du Cap de la Plata giſt l'Iſle de Tariffe qui s'avance beaucoup en mer, ſur laquelle eſt une tour ronde; environ par le milieu de cette diſtance vous voyez une groſſe pointe avec quelques taches blanches, qu'on apelle Cap d'Aroye del Poirco ; du côté de l'Oueſt de ce Cap il y a une plage de ſable un peu enfoncée, qu'on apelle Boullognia, devant laquelle on peut moüiller, avec le vent de Nord-Oueſt, Nord & Nord'eſt, à huit & neuf braſſes d'eau fond de ſable fin.

Marques des Seches ou Baſſes de Tariffe.

Droit au Sud du Cap de Royo del Poirco, environ ſix milles & trois milles à l'Oueſt de l'Iſle Tariffe, il y a un petit banc de roches ſous l'eau fort dangereux, qui giſt Nord & Sud, de l'étenduë d'environ un mille.

Les gens du pays le nomment les Lahas de la Royo, il n'y reſte que cinq pieds d'eau de baſſe mer ſur le bout du banc coſté du Sud, & les courans d'Eſt prés de ce banc vous y attirent, c'eſt pourquoy il faut y prendre garde.

On peut paſſer à terre deſdites roches, c'eſt à dire entre l'Iſle Tariffe & iceux, rangeant la coſte d'Eſpagne & l'Iſle Tariffe à diſcretion : car il y a quinze à vingt braſſes d'eau, à trois à quatre cent toiſes de l'Iſle, & lors qu'on vient du coſté de l'Oueſt, il faut ranger comme nous avons dit la coſte, mettant la prouë ou gouvernant ſur la ville de Tariffe, continuant cette route juſqu'à ce que vous

ſoyez

soyez bien à l'Est du Cap de la Royo del Poirco, alors on sera aussi à l'Est des dangers, ensuite vous irez ranger à discretion la pointe de l'Isle Tariffe, mais sur tout il faut observer les differens courans qu'il y a le long de cette coste comme il est cy-devant remarqué.

C'est pourquoy il ne convient guiere de passer à terre de ces dangers, avec un gros Vaisseau, à moins d'avoir le vent ou la marée favorable, cela est plus propre pour des Galeres que pour des Vaisseaux, il vaut mieux passer à my-canal, rengeant un peu plus la Barbarie ou la mer qui entre continuellement dans le détroit, & aprés avoir passé ce danger, il faut se raprocher de la coste de Tariffe, principalement venant dans la Mediterranée.

Du Moüillage de Tariffe.

Du costé de l'Ouest de Tariffe il y a une grande plage de sables dans un enfoncement qui conduit jusques au Cap de la Royo, en laquelle on peut moüiller lors qu'on vient du costé de l'Ouest, ne pouvant entrer dans le Détroit; le meilleur endroit est dans le fond de la plage, vers le Nord de l'Isle Tariffe, à la petite portée de canon de la plage, par sept à huit brasses d'eau fond de sable menu, où les ancres tiennent bien; mais il ne faut pas moüiller trop proche de l'Isle, car le fond n'y est pas bon, y ayant plusieurs roches qui gâtent les cables; on est à couvert par la susdite Isle des vents depuis le Sud-Sud'est jusques au Nord.

Il ne faut pas s'y laisser surprendre des vents d'Ouest & Sud'Ouest, car la mer dans ce tems là est fort grosse, & on auroit peine à doubler l'Isle Tariffe, les gens du pays asseurent que la mer donne quelques connoissances avant que le vent se leve & fraichisse.

Les marées dans cet endroit sont Nord & Sud à douze heures; le flot porte à l'Ouest, & le jusant à l'Est.

On peut faire de l'eau du costé de l'Ouest hors la Ville de Tariffe, mais on ne peut passer à terre de l'Isle qu'avec des bateaux.

Tariffe.

La Ville de Tariffe est fort petite, située sur le bord de la mer, elle est entourée de murailles, & a un vieux Château sur le bord de la mer assés mal fortifié, éloigné de l'Isle d'une portée de canon du costé du Nord'est; entre l'Isle & la Ville, il y a une Chapelle sur un monticule de sable blanc, qui de loin paroit isolé.

On peut moüiller aussi devant la Ville pour les vents d'Ouest, Nord'ouest & Nord; sçavoir entre l'Isle & la Ville, par sept à huit brasses d'eau, fond de sable fin; mais ces moüillages ne sont que pour relâcher, & lors qu'on ne peut sortir du Détroit.

Cap Carnero.

Environ onze milles presque à l'Est Nord'est de la pointe de Tariffe, est le Cap Carnero, où la coste est fort haute & presque droite, l'on la peut ranger à discretion; dans cette distance il y a trois tours de garde, presques à une égale distance de l'une à l'autre, mais il n'y a aucuns moüillages par la grande quantité d'eau qui s'y trouve.

Le Cap Carnero est celuy qui fait l'entrée de la Baye de Gibraltar, c'est à dire la pointe de l'Ouest; elle est fort haute, & tout proche de cette pointe du costé de l'Ouest, il y a une tour de garde sur une autre pointe qui s'avance un peu plus en mer; entre les deux il y a une petite Isle plate & quelques écueils aux environs hors de l'eau & sous l'eau.

Danger sous l'eau.

Environ un mille vers le Sud-Est de la pointe du Cap Carnero, il y a une roche sous l'eau qu'on apelle la Perle, sur laquelle il n'y a que neuf à dix pieds d'eau, c'est pourquoy il s'en faut éloigner, neantmoins on peut passer à terre, rengeant à discretion l'Isle & les écueils du Cap de Carnero.

De la Baye de Gibraltar.

La Baye de Gibraltar est fort grande, elle a environ sept milles d'ouverture, & prés de huit d'enfoncement.

La pointe de l'Ouest est le Cap Carnero, & celle de l'Est le Mont Gibraltar.

Vieux Gibraltar.

Environ quatre à cinq milles vers le Nord quart de Nord'est de la pointe du Cap Carnero il y a une petite Isle, & entre cette distance il y a deux tours de garde sur le bord de la mer; un peu en dedans de cette Isle est le Village du vieux Gibraltar, situé sur le bord de la mer, devant lequel on peut moüiller avec toutes sortes de bâtimens.

Mais il ne faut pas s'aprocher de cette côte du costé de l'Ouest, parce que le fond n'y est pas net, il s'y trouve des roches sous l'eau qui gâtent les cables, & si l'on s'en éloigne on y trouve une grande profondeur d'eau.

Gibraltar neuf.

La Ville de Gibraltar le neuf est une petite Ville de guerre assés bien fortifiée, située du costé de l'Ouest du mont Gibraltar sur le bord de la mer; & le mont Gibraltar est une haute montagne escarpée presque de toutes parts, qui de tous côtez paroit isolée.

Sur la pointe du Sud de ce Mont qui vient en abaissant, & qui est fort escarpé il y a quelques fortifications à l'antique, qui viennent jusques aux murs de la Ville, pour défendre tous les endroits & avenuës où l'on pourroit se debarquer ou en aprocher, dont les avenuës y sont difficiles.

Môle neuf.

A la pointe de la Ville du costé du Sud attenant les fortifications, il y a un bout de Môle qui s'avance vers le Nord-Ouest environ quatre-vingt toises, ce qu'on apelle le Môle neuf (par raport à un autre qui est fort ancien) dans lequel on y pourroit mettre quatre Galeres, ou sept à huit étant connillées, en faisant deux rangées elles auroient la prouë à la mer vers le Nord'ouest, on en pourroit mettre deux autres le long du Môle, il y a cinq à six brasses d'eau devant le Môle, qu'on peut ranger à discretion; mais pour être bien posté avec une Galere il faut s'écarter un peu de la tête du Môle pour pouvoir mieux tourner & prendre le poste.

Vieux Môle.

Environ un mille vers le Nord, autrement au bout de la Ville de Gibraltar, il y a un autre bout de Môle presque semblable au premier, excepté qu'il n'y peut entrer que de petites barques ou tartanes, n'y ayant que sept à huit pieds d'eau de pleine mer suivant les endroits.

Il est encore bon d'avertir que depuis le Môle neuf au vieux il ne faut pas aprocher la côte, parce qu'il y a plusieurs roches plattes ou de basse mer, il n'y reste que tres peu d'eau, lesquelles roches s'avancent fort loin en mer.

Sur le bout du vieux Môle qui est devant la Ville, il y a un petit Fort armé de cinq à six canons, au bout duquel sont quelques roches, dont une partie decouvrent de basse mer.

Du Moüillage.

Lors qu'on vient de l'Ouest, voulant aller moüiller à Gibraltar le neuf, ayant évité la pointe du Cap Carnero ; comme on l'a dit cy-devant, on peut venir librement moüiller par tout le fond de la baye, par dix, douze, quinze & vingt brasses d'eau ; mais le moüillage ordinaire & le meilleur, principalement pour les Galeres, est de venir au Nord-Ouest de la tête dudit Môle, environ quatre à cinq cent toises, où l'on sera par trois brasses d'eau de basse mer, & quatre ou quatre & demy de pleine mer, suivant les marées : car il faut sçavoir que par tout l'Ocean où il y a flux & reflux, la mer augmente à la pleine mer, & diminuë à la basse mer, ce qui change encore dans le tems des équinoxes ; les marées les plus voisines des équinoxes sont aussi plus fortes que dans les autres mois qui en sont éloignez.

Les marées sont dans ce lieu presque Nord quart de Nord-Est pour la situation, autrement trois quart d'heure les jours de la nouvelle & pleine Lune.

Ordinairement la mer y baisse & augmente de cinq à six pieds à plomb chaque marée.

Lors qu'on vient du costé de l'Est, voulant aller moüiller devant Gibraltar, on en peut ranger la pointe à discretion, n'y ayant nul danger ; cependant il convient de s'en éloigner à cause des courans qui pourroient porter sur cette pointe, ensuite on va moüiller aux lieux dont on vient de parler.

Il faut remarquer qu'il est beaucoup plûtôt pleine mer dans le milieu du Détroit ou à my-canal qu'à la rade de Gibraltar ; outre cela il y a plusieurs courans dans cette baye qui ne sont pas tout-à-fait reguliers, non plus que les marées ordinaires, & on voit par experience que les marées perdent leur regularité, passé le Détroit de Gibraltar, elles continuent pourtant encore jusques à Malaga, où elles sont presque imperceptibles.

Lors qu'on moüille devant le vieux Môle de Gibraltar, il faut avoir deux ancres en mer, l'une à l'Est-Sud'est, & l'autre à l'Ouest-Nord-Ouest à peu prés.

On fait de l'eau dans quelques jardins qui sont proche de la Ville dans un bas terrain, proche trois moulins à vent sur le bord de la plage.

Le Traversier est le vent de Sud-Ouest qui donne droit dans la Baye, le vent de Nord-Ouest y est extremement rude, aussi bien que l'Est-Nord'est, quoy qu'il vienne pardessus les terres.

Dans le fond de la Baye de Gibraltar il y a deux petites rivieres vers le Nord-Ouest qui viennent entre deux montagnes, ce qui est cause que le Nord-Ouest vient quelquefois violemment, & le vent d'Est Nord'est qui vient pardessus une plage de sable fort basse, qui est entre les montagnes de la côte du Nord & le mont Gibraltar.

Remarques.

Lors qu'on vient de l'Est, voulant sortir hors le Détroit, on découvre d'environ quarante milles loin ou plus, suivant les temps, le mont Gibraltar qui paroît comme une Isle, lequel est un peu plus haut du costé du Nord que du Sud, parce que du côté du Nord ce n'est qu'une grande plage & Dunes de sables fort basses qu'on apelle la Malbaye.

Et comme environ trois à quatre milles vers le Nord du mont Gibraltar il y a de hautes montagnes, cette terre basse qui se trouve entre deux, fait que plusieurs Vaisseaux de nuit ou dans des temps obscurs, prennent ce défaut de terres apparant pour l'entrée du Détroit, prenant le mont Gibraltar pour le mont au Singe qui est en Barbarie, & du côté d'Espagne pour le mont Gibraltar, ce qui les fait échoüer souvent vers la Malbaye.

On void aussi presque en même temps le mont au Singe, qui est une haute montagne faite en pain de sucre à la coste de Barbarie, qui paroit de loin aussi isolée, par la raison qu'elle est plus haute que celles des environs ; & comme du costé du Sud de cette montagne il y a encore un grand abaissement de terrain, il y a souvent des Vaisseaux qui s'y trompent, prenant le mont au Singe pour le mont Gibraltar, ce qui les fait échoüer dans la Baye de Tetouan, donnant dans cette fausse passe qu'ils prennent pour l'ouverture du Détroit, c'est pourquoy il convient autant qu'on le peut de ranger plus la coste d'Espagne que celle de Barbarie, & sur tout prendre bien garde à l'air de vent qu'il fait pour donner dans le Détroit.

Estepone.

De la pointe du mont Gibraltar jusques à Estepone, la coste court au Nord-Nord'est vingt-deux milles ;

milles; il y a un grand enfoncement & une plage entre Gibraltar & Estepone, au milieu de laquelle est un petit Village qu'on apelle la Malebaye, où est cet abaissement que nous avons dit être du côté du Nord du mont Gibraltar; on peut moüiller en cette plage par huit, dix & jusques à douze brasses d'eau fond de sable, pour les vents de Sud-Oüest, Oüest & Nord-Oüest; mais il ne faut pas s'y laisser surprendre par un vent d'Est ny de Sud'est.

Estepone est une petite Ville sur le bord de la mer, devant laquelle on peut moüiller à douze & quinze brasses d'eau, de même que nous avons dit de la Malebaye avec les vents de terre; mais il n'y a aucun abry le long de cette coste des vents du large.

Toute cette coste depuis Gibraltar & au de-là d'Estepone, est fort basse proche la mer; mais en enfonçant dans le pays ce sont toutes hautes montagnes; au Sud'est quart de Sud trois milles de la Ville d'Estepone, il y a une séche à laquelle il faut prendre garde.

Maribelle.

Environ quinze milles vers l'Est-Nord'est d'Estepone est la petite Ville de Maribelle ou Marbelle, devant laquelle on peut aussi moüiller par huit, dix à douze brasses d'eau fond de sable; mais pour se mettre dans un bon moüillage il faut voir la pointe de la Ville entre deux grandes maisons & une tour quarrée qui est du costé de l'Est de la Ville.

Toutes ces costes sont fort hautes en terre & sur le bord de la mer de moyenne hauteur.

Fangerole.

De Maribelle à Fangerole il y a environ vingt milles, la coste court presque à l'Est-Nord'est, le long de laquelle il y a plusieurs tours de garde, qui servent à faire signal & avertir de l'une à l'autre les bâtimens qu'il y a le long des costes; toutes les terres depuis le Détroit jusques à Malaga sont en dedans fort hautes; mais prés de la mer ce ne sont presque que plages de sable, devant lesquelles on peut moüiller avec les vents à la terre.

Fangerole est un gros Château à l'antique presque rond, armé de six à sept pieces de canon, & entouré de cinq à six petites tours qui joignent la place; il est situé sur une petite eminence de terre qui paroit blanche, il y a aussi quelques maisons de Pécheurs audessous de ce Château, devant lesquelles on peut moüiller. Pour les vents d'Oüest, Nord-Oüest & Nord, on y sera par neuf, dix & douze brasses d'eau suivant qu'on s'aprochera de terre.

Cap d'Elmene.

Environ sept milles à l'Est quart de Nord'est de la pointe de Fangerole gist le Cap d'Elmene qui s'avance un peu en mer, sur lequel est une tour ronde, entre laquelle & ce Cap est un enfoncement & plage de sable, avec quelques maisons sur le bord de la mer.

Environ une portée de fusil de la pointe d'Elmene, il y a une roche sous l'eau & quelques écueils proche la pointe.

Cap Molinero.

Environ un mille vers l'Est de cette pointe est le Cap Molinero, qui fait l'entrée de la Baye de Malaga ou Malgue, cette pointe est de moyenne hauteur approchant la mer, il y a deux tours de garde proche l'une de l'autre & quelques maisons auprés, & au dessus cette pointe il y a une haute montagne, laquelle de loin lors qu'on vient du costé de l'Est, paroit comme une tende de Galere en abaissant du costé du Nord; on peut moüiller vers l'Est du Cap Molinero, pour les vents d'Oüest & Sud-Oüest.

Malaga.

Environ neuf milles au Nord'eſt quart d'Eſt du Cap Molinero eſt la Ville de Malaga ou Malgue, entre les deux il y a un grand enfoncement & une grande plaine bordée de ſables, preſque par le milieu il y a une petite riviere & quelques maiſons de plaiſance & tours de garde.

La Ville de Malaga eſt fort grande, ſituée ſur le bord de la mer au pied d'une montagne, il y a un petit bout de Môle qui eſt du coſté de l'Eſt de la Ville, on n'y peut moüiller qu'avec de moyens bâtimens, n'y ayant que huit à dix pieds d'eau.

Le moüillage ordinaire eſt droit devant la Ville, environ un quart de lieuë, par huit à neuf braſſes d'eau fond de ſable vazeux, mais on n'y a aucun abry des vents du large.

La reconnoiſſance de Malgue venant du large eſt un ancien Château qui eſt ſur cette montagne, que nous avons dit être au deſſus de la Ville, il ſe void de loin par la blancheur de ſes murailles, dont il y en a deux longues qui forment un chemin couvert qui communique à la Ville; on void auſſi de fort loin une grande Egliſe au milieu de la Ville & proche la mer qui en donne la connoiſſance, & quelques arbres qui ſont devant la Ville, devant leſquels on ſe debarque à la plage.

Vellez Malaga.

Environ quatorze milles à l'Eſt de la pointe de Malgue, eſt celle de l'Oueſt de Vellez Malaga, entre leſquelles paroit une Coſte unie, on y voit cinq à ſix tours de garde ſituées ſur des pointes le long de la marine.

Sur la pointe de l'Oueſt de Vellez Malaga il y a une tour quarrée & une maiſon auprés, derriere laquelle eſt un petit bocage qui en donne la connoiſſance.

De la pointe de l'Oueſt à celle de l'Eſt de Vellez Malaga, la coſte court preſque Eſt & Oueſt; environ huit à neuf milles, entre leſquelles pointes il y a un aſſez grand enfoncement, dans le fond duquel on voit la Ville de Vellez Malaga, ſituée dans une plaine éloignée du bord de la mer environ deux milles, au milieu de laquelle ſont deux grands clochers, & ſur la droite une eſpece de Château ſur une petite eminence au milieu d'une tres belle plaine où ſont pluſieurs jardins.

Preſque au milieu de cet enfoncement, vis-à vis la Ville de Vellez Malaga, il y a un petit Fort armé de quatre à cinq canons ſitué proche la mer, au pied de deux monticules & quelques magaſins de Pêcheurs ſur le rivage, devant leſquels on moüille par huit, dix, douze & quinze braſſes d'eau.

La pointe de l'Eſt de Vellez Malaga eſt aſſez baſſe & unie, proche laquelle eſt une Tour de garde.

Porto de Tores.

Depuis cette pointe juſques à celle de l'Oueſt de Porto de Tores, la coſte court à l'Eſt quart de Sud'eſt, environ huit milles, c'eſt une coſte baſſe preſque unie, entre leſquelles ſont trois tours de garde ſur la pointe de l'Oueſt de Porto de Tores, il y a une eſpece de petit Château quarré entouré de quatre Tours, & une au milieu qui eſt quarrée; & au deſſus du coſté du Nord'eſt, environ un mille ſur le terrain, il y a un Village qu'on nomme Marcas.

On peut moüiller à l'Eſt de la pointe de l'Oueſt de Porto de Tores, vis-à vis de ce Village, par dix à douze braſſes d'eau, mais ce moüillage n'eſt propre que pour les vents de terre.

D'Almuneca.

De la pointe de l'Oueſt de Porto de Tores à celle d'Almuneca, la coſte va preſque à l'Eſt quart Sud'eſt, environ ſept à huit milles, entre leſquelles pointes il y a cinq Tours de garde le long de la coſte, ſans celle qui eſt ſur la pointe d'Almuneca qui eſt ronde & preſque à moitié chemin, entre ces deux Tours il y a un petit Village qui eſt un peu éloigné du bord de la mer.

Du coſté de l'Eſt de la pointe d'Almuneca, il y a une petite Iſle avec un petit Fort deſſus du coſté du

Nord

Nord de cette Isle, il y a une ance de sable devant laquelle est la petite Ville d'Almuneca, au dessus de la Ville il y a une tour de garde ronde.

On peut moüiller proche cette petite Isle du côté de l'Est par douze brasses d'eau fond de sable vazeux.

Salbrunne.

Environ six à sept milles vers l'Est quart Sud'est gist la pointe de Salbrunne, entre cette pointe & Salbrunne il y a un peu d'enfoncement & presque sur le milieu une tour de garde; Salbrunne est une petite Ville située sur une pointe un peu éloignée du bord de la mer, vis-à-vis de laquelle & proche la mer il y a un bois de grands arbres, proche lesquels est une petite riviere, à l'Est de cette riviere sur un petit monticule il y a un grand Monastere entouré aussi de grands arbres.

Presque au bout de la pointe de Salbrunne il y a une petite Isle sur laquelle on voit quelques bâtimens fort anciens.

On moüille ordinairement du costé de l'Ouest de cette Isle, entre elle & la pointe de l'Ouest de Salbrunne, par douze à quinze brasses d'eau; on peut de même moüiller du costé du Nord'est de cette Isle, mais le fond n'y est pas tout à fait si bon.

Motril.

Environ douze milles à l'Est-Sud'est cinq degrez vers le Sud de la pointe de Salbrunne, est la pointe du Cap Sacrastil; entre les deux il y a un grand enfoncement & une grande peline toute couverte de jardins & de cannes de sucre, avec une plage de sable tout le long de la mer; Motril (autrement Modril Lodoulée) est éloignée du bord de la mer environ d'une petite lieuë; au-dessous cette Ville en venant vers la mer il y a une espece de Château situé sur une petite montagne, & quelques maisons aux environs.

La Ville de Motril est assez grande, elle est située dans une tres belle plaine d'une longue étenduë; il y a plusieurs Convents & Eglises, les dehors du costé de l'Ouest sont entourez de plusieurs bocages.

Et sur le bord de la plage il y a deux ou trois magasins à Pescheurs, derrieres lesquels sont quelques grands arbres.

On moüille devant ces maisons Nord & Sud d'icelles environ un mille au large, par les quinze, dix-huit & vingt brasses d'eau fond de sable vazeux, mais on est à découvert dans ce moüillage des vents du large.

Cap Sacrastil.

Le Cap Sacrastil est une assez grosse pointe sur laquelle il y a une tour ronde, & environ un quart de lieuë vers le Nord-Ouest de ce Cap, il y a une autre pointe plus basse qui est au commencement de la grande plage de Motril, sur laquelle on voit une tour de garde & une petite plage de sables entre ces deux pointes, avec une pointe escarpée un peu avancée en mer.

Castel de Ferro.

Environ trois milles à l'Est quart de Nord'est du Cap Sacrastil est le Cap de Ferro, entre ces deux Caps il y a un enfoncement de terres hautes, & dans le milieu de cet enfoncement un bas terrain qui s'avance en mer, avec une plage de sables, au bout de laquelle on voit une tour ronde.

De cette tour à Castel de Ferro il y a environ un bon mille, c'est une coste haute, ou sur deux pointes escarpées; il y a deux tours de garde, dont celle de l'Ouest est ronde & l'autre quarrée, avec une petite maison qui est auprés.

Le Castel Ferro est une grande tour quarrée, armée de trois à quatre canons, avec une autre petite tour fortifiée; il est situé prés de la mer sur une eminence d'un terrain qui paroît blanc & qu'on voit de loin,

Auprés de Castel Ferro, du costé de l'Est, il y a une tour ronde proche d'un autre monticule; aux deux côtez de ce Château il y a deux petites plages, devant lesquelles on peut moüiller, mais le meilleur endroit est vis-à-vis du Château; il y a encore une petite plage où les Pescheurs y tirent leurs bateaux; on y moüille par vingt & vingt trois brasses d'eau, fond de gros sable & gravier tout proche de terre; mais ce moüillage ne vaut pas grand chose, n'ayant aucun abry des vents du large, la mer y est fort grosse, il n'est bon que pour les vents de terre, encore y a-t'il trop de profondeur d'eau; de sorte que si les vents du large vous y surprenoient on auroit la poupe à terre avant que d'avoir son ancre haute.

Un peu au dessus de Castel Ferro il y a un petit village situé sur une hauteur vers le Nord-Ouest, entouré de plusieurs arbres, & derriere le Château il y a un grand valon & une tour sur une pointe escarpée environ trois milles vers l'Est.

Bonne.

A onze milles vers l'Est de Castel Ferro est un petit village qu'on apelle Bonne, qui n'est autre chose qu'une grande tour quarrée, & quelques enceintes ou fortifications, avec quelques maisons & une tour ronde, qui est sur une pointe environ un mille du costé de l'Ouest.

Toute cette coste est fort haute & presque escarpée, derriere laquelle paroissent de grosses montagnes, qui sont celles de Grenade, qui commencent vers Vellez Malaga, & finissent aux environs de Bonne, elles sont presque toûjours couvertes de neges & de broüillards.

Berge.

Environ six milles à l'Est quart de Sud'est de Bonne, est le Château de Berge, entre ce Château & Bonne il y a deux tours de garde sur des pointes; la coste est fort haute jusques à Berge, d'où commence une grande plaine.

Le Château de Berge est comme une grande maison blanche & quarrée sur le bord de la mer, dans le fond d'une grande plage de sable & sur un bas terrain.

On peut moüiller devant le Château à un quart de lieuë au Sud-Ouest dudit Château, par neuf à dix brasses d'eau fond de sable vazeux.

A deux milles vers le Sud-Sud'est du Château il y a une longue pointe basse bordée de sables, sur laquelle on void une tour ronde; cette pointe s'apelle Pointe de Berge, elle met les Bâtimens à couvert des vents d'Est, mais ce moüillage n'est bon que lors qu'on vient du costé de l'Ouest, il ne faut pas s'y laisser surprendre des vents de Sud-Ouest qui sont dans cet endroit fort dangereux.

Adera.

A trois milles à l'Est quart de Nord'est de la pointe de Berge, est celle d'Adera, sur laquelle est une tour ronde de garde située sur une pointe basse, qui fait le commencement de la Baye d'Almerie; & depuis cette pointe d'Adera jusques à celle de la Roquette, la coste court à l'Est-Nord'est environ neuf milles, c'est une coste basse fort unie & bordée de sable.

La Roquette.

La pointe de la Roquette est haute, & proche la mer, elle est de moyenne hauteur, à l'extremité il y a une tour de garde qui est ronde, & environ un mille de cette tour, tirant vers le Nord, il y a un petit Château aussi proche la mer, & quelques maisons qui sont autour, devant lequel Château on peut moüiller par douze & quinze brasses d'eau, mais le fond n'y est pas trop bon; ce moüillage n'estant propre que pour les vents de Nord-Nord-Ouest & Ouest.

Almerie.

A huit milles vers l'Est-Nord'est de la pointe de la Roquette est la pointe d'Almerie, sur laquelle est un petit Château & une grande maison, & à trois milles au Nord-Nord'est de cette pointe est la Ville d'Almerie, située sur un bas terrain qui est presque dans le fond de la grande Baye qui porte ce même nom; il y a proche de cette Ville une petite riviere du costé de l'Est; on peut moüiller devant le Château & la Ville d'Almerie, mettant le Château au Nord à peu prés, & où l'on trouve quatorze, quinze & dix huit brasses d'eau fond de sable; ce moüillage est bon pour les vents d'Ouest, Nord-Ouest & Nord; mais pour les vents de Nord'est, Est & Est-Sud'est il faut venir moüiller du costé du Cap de Gatte.

Cap de Gatte.

La pointe de l'Ouest du Cap de Gatte qui est aussi celle de l'Est de la Baye d'Almerie est environ vingt un milles vers le Sud'est du Château d'Almerie. Entre ce Cap & ce Château il y a un grand enfoncement & une grande plaine bordée d'une plage de sable jusques au Cap de Gatte où l'on peut moüiller, comme il a esté dit, pour les vents d'Est & Nord'est.

Le Cap de Gatte sur lequel on voit une tour ruinée, est fort haut, & escarpé, environ deux milles vers le Nord-Ouest de ce Cap, il y a une autre tour ronde située sur une petite eminence proche une pointe, & entre les deux une petite plage de sable; à la pointe du Cap de Gatte & proche la mer, il y a quelques taches blanches, comme de la craye, qui en donne la connoissance.

Seche du Cap de Gatte.

Au Sud-Ouest quart de Sud de cette tache blanche, environ un petit mille, il y a un banc de roches où il y a fort peu d'eau; mais on peut passer entre la terre & ce banc, rangeant la pointe de ce Cap à discretion, comme à deux à trois longueurs de Cables, ou bien en passer à quatre milles au large, parce que quelques-uns disent qu'il y a un autre danger à une lieuë au large, par le Sud Ouest quart de Sud; il y a aussi proche la pointe du Cap de Gatte un écueil presque à fleur d'eau qu'il ne faut pas aprocher.

Environ dix à douze milles à l'Est du Cap de Gatte, est une autre grosse pointe qui est la pointe de l'Est du Cap de Gatte, où il semble avoir une petite Isle fort proche, ce qu'on connoit par une noirceur de terrain.

Quatre milles ou environ à l'Est de la pointe de l'Ouest du Cap de Gatte, il y a une petite calanque en forme de croissant, dans laquelle on pourroit moüiller, principalement avec deux, trois à quatre Galeres, pour les vents de Sud-Ouest, Ouest & jusques à l'Est; mais des vents de Sud & Sud'est la mer y est extremement grosse, prés la pointe de l'Ouest de cette calanque, il y a quelques écueils à fleur d'eau à l'entrée d'une autre calanque.

On peut aussi moüiller vers le Nord'est de la pointe de l'Est du Cap de Gatte, dans une anse de sable, où l'on est à couvert des vents de Sud Ouest, Ouest & Nord-Ouest.

S. Pedro.

Environ vingt-cinq milles au Nord-Nord'est de la pointe de l'Est du Cap de Gatte, est un petit village qu'on apelle S. Pedro, dans une ance de sable, devant laquelle on peut moüiller avec les vents d'Ouest; à l'Est de ce village il y a une petite riviere où l'on peut moüiller aussi à l'embouchure.

La Carbonniere.

Quelques dix-sept à dix-huit milles au Nord'est quart de Nord de S. Pedro est le village de la Carbonniere, situé proche la mer sur la pointe de l'Ouest; il y a un fortin vers l'Est d'où sort la petite riviere de Vera, on moüille du côté du Nord'est du fortin à l'emboucheure de cette riviere.

Muxasa.

Entre la riviere S. Pedro & la Carbonniere, il y a un village sur le bord de la mer nommé Muxasa, dans le fond d'une petite anse de sable, devant lequel on peut moüiller par quinze & seize brasses d'eau : Au dessus du village un peu dans le terrain, il y a une haute montagne qui est plate sur le haut, avec quelques taches blanches, on l'apelle la Table de Roland, elle en facilite la connoissance.

De la pointe de l'Est du Cap de Gatte à Cartagene, la route est le Nord'est quart d'Est environ 105. mil. entre les deux, il y a un grand enfoncement & les terres sont fort hautes; mais environ huit à neuf milles à l'Ouest-Sud-Ouest de Cartagene il y a une grosse pointe qu'on apelle Cap de la Sabia, sur lequel est un petit village, & du côté de l'Est une petite riviere.

Almazaron.

Presque à moitié chemin du Cap de la Sabie & Cartagene il y a un grand enfoncement avec une petite Isle du côté de l'Est, qu'on nomme l'Isle de Las Colombas, & dans le fond de cette anse il y a une petite Ville & un Château sur la pointe de l'Est, il y a aussi sur cette Isle une Tour à feu, comme nous avons dit.

On peut moüiller du côté de l'Ouest de cette Isle dans l'anse d'Almazaron, par quinze, dix-huit & vingt brasses d'eau; mais le fond n'y est pas trop bon, à cause de quelques roches qui y sont.

Environ quatre milles à l'Est quart Nord'est de l'Isle de Las Colombas est l'entrée du Port de Cartagene.

Cartagene.

La reconnoissance du Port de Cartagene est facile, parce qu'il y a une petite Isle ronde presque vis-à-vis du Port, environ une lieuë au Sud-Sud'est, qu'on apelle l'Isle Combrera; & le Port de Cartagene est dans un fond, si-tôt qu'on est par son travers, on en decouvre l'entrée qui est fort étroite & qui se trouve entre deux montagnes; on voit en même temps le Château de Cartagene dans le fond du Port, & la Ville est au pied, sur une pointe de moyene hauteur; à la gauche en entrant, il y a un petit fortin armé de six pieces de canon, & sur le haut de la pointe de la droite il y a deux batteries de canon assés considerables

Le Port de Cartagene est assés grand, & presque de figure ronde, dans le fond duquel il y a un ancien Château sur une hauteur, au pied duquel est la Ville de Cartagene, qui ne paroit que fort peu du côté de la mer, quoy qu'elle soit assés grande; elle est située dans une plaine au delà du Château; devant la Ville il y a un petit môle qui sert aux débarquemens.

Danger.

Au dedans de la pointe de la gauche en entrant, droit au Nord quart Nord'est, à prés de cent cinquante toises ou un cable & demy, il y a un petit banc de roches presque à fleur d'eau, de l'étenduë de dix à douze toises, où sur lequel pour peu qu'il fasse de mauvais temps la mer brise; aux environs de ce banc il y a cinq, huit & dix brasses d'eau jusques à la pointe où est le fortin dont il est parlé, telle-

tellement qu'on peut passer entre le danger & le fort, rengeant à discretion la pointe du fort; mais le meilleur est de laisser le danger sur la gauche.

Marques de ce Danger.

Les marques, venant de dehors pour aller droit sur la seche, sont, de voir un petit pavillon qu'on voit entre deux clochers de la Ville par une masse de moulin qui sont derriere, les voyant l'un par l'autre, on va droit dessus.

Si bien que pour l'éviter il n'y a qu'à voir le grand clocher par la gauche, ou vers l'Ouest de cette masse de moulin; la tenant un peu ouverte, mettant la prouë ou gouvernant sur le Château jusques à ce qu'on ayt passé cette seche, on peut aller moüiller où l'on veut; le meilleur moüillage est vis-à-vis de la Ville du côté de l'Ouest du Port, proche une grosse terre, où on y peut porter des amarres; on moüille en cet endroit, par quatre, cinq & six brasses d'eau, fond d'herbe vazeux; il ne faut pas s'aprocher de la Ville à plus de trois cables n'y ayant pas d'eau, non plus que dans un fond qui est du côté de l'Ouest de la Ville qui est tout comblé.

Autre Danger.

Environ cinquante toises au large de la pointe la plus avancée sur la droite en entrant, il y a quelques roches sous l'eau, sur lesquelles il n'y a que neuf à dix pieds d'eau, & en dedans de cette pointe il y a une Calanque qui en donne la connoissance.

En sorte que lors qu'on veut entrer dans le Port de Cartagene, il faut passer par le milieu de l'entrée, & gouverner comme nous avons dit sur le Château, jusques à avoir doublé l'autre seche dont on a parlé cy-devant.

On peut aussi moüiller par tout du côté de l'Est dans ce Port, il y a 4. 5. & 6. brasses d'eau, fond d'herbe vazeux.

On fait de l'eau à l'entrée de la Ville à quelques fontaines, mais elle est saumastre & de mauvaise qualité.

Le Traversier est le vent du Sud-Sud-Ouest, qui ne cause pas beaucoup de mer, à cause de la seche qui la romp & en met à couvert.

De l'Isle d'Ascombrera.

Environ trois milles au Sud quart Sud'est du Port de Cartagene il y a une petite Isle presque ronde que l'on apelle Ascombrera ou Combrera; elle est éloignée de la côte environ quatre à cinq cent toises, & presque vis-à-vis du Port de Cartagene; on y peut passer avec des Galeres à terre, passant à my-chenail, rangeant tant soit peu plus l'Isle que la plus prochaine pointe, parce qu'il y a quelques seches vers le Nord-Ouest de ladite pointe; il y a aussi quelques roches presque à fleur d'eau du côté de l'Ouest de l'Isle dont elles sont fort proches.

Ascombrera.

Entre Cartagene & cette Isle il y a une grande anse fort enfoncée qu'on apelle Ascombrera, dans laquelle on peut moüiller avec des Vaisseaux & Galeres, y étant à couvert de plusieurs vents; on peut moüiller par toute l'anse, mais principalement du côté du Sud vis-à-vis une petite Chapelle qui est proche la mer, où les Galeres d'Espagne disent la Messe lors qu'elles sont dans cette Rade; on peut même, si on veut, s'enfoncer plus avant que la Chapelle, y pouvant moüiller par huit & neuf brasses d'eau fond d'herbe vazeux; le traversier est l'Ouest-Sud-Ouest.

Port Genovez.

A huit à neuf milles à l'Est-Nord'est de l'Isle d'Ascombrera est le Port Genovez, qui est une petite anse avec quelques plages au pied des montagnes, dans laquelle on peut moüiller trois à quatre Galeres derriere une pointe de moyenne hauteur, sur laquelle on voit une tour ronde à la droite en entrant; & pour y aller moüiller il faut ranger sur la droite à cause d'une seche qui est presque par le milieu de l'entrée, & quelques autres roches proche la pointe de l'Ouest; le traversier est le vent de Sud qui est violent & fort dangereux.

Entre l'Isle d'Ascombrera & ce Port, il y a une grosse pointe peu avancée en mer, qu'on apelle Cap Suga; & environ deux milles au Sud'est quart d'Est du Port Genovez est une autre grosse pointe fort escarpée, qu'on apelle Cap Negre, au-dessus duquel est une haute montagne en pain de sucre; toute la côte est fort haute & fort escarpée, depuis cette Isle jusques au Cap de Palle.

Cap de Palle.

La pointe du Cap de Palle est de moyenne hauteur; mais auprés d'elle du côté de l'Ouest il y a une grosse montagne, dont le sommet paroit en pain de sucre, & presque sur le bout de la pointe du Cap de Palle il y a une tour quarrée de garde & une petite maison auprés.

Aux environs & fort prés de la pointe il y a quelques écueils hors de l'eau & à fleur d'eau.

Environ trois milles à l'Ouest-Sud-Ouest du Cap de Palle, il y a une grosse pointe un peu avancée en mer qu'on apelle Cap Blanc, proche duquel sont quelques taches blanches de sable; entre les deux il y a un peu d'enfoncement & une plage de sable, avec quelques écueils auprés.

Fornigues du Cap de Palle.

Environ deux milles au Nord'est quart d'Est de la pointe du Cap de Palle, est une petite Isle de moyenne hauteur qu'on apelle les Fornigues du Cap de Palle, du côté de l'Ouest de ces Fornigues, il y a un gros écueil, & un plus petit entre les deux, & d'autres aux environs de l'Isle.

Du côté de l'Est de cette Isle il y a plusieurs roches à fleur d'eau & sous l'eau, si bien que lors qu'on passe au dehors de cette Isle il faut s'en éloigner d'un mille pour le moins pour ne rien risquer.

Lors qu'on veut passer entre le Cap de Palle & l'Isle Fornigue, il faut passer à my-chenail, rangeant tant soit peu plus la pointe du Cap que de l'Isle, à cause d'une seche tres dangereuse qui est proche le dernier écueil de l'Isle, sur laquelle il n'y a que sept pieds d'eau; mais en rangeant à discretion la pointe du Cap de Palle on y peut passer librement, & avec toutes sortes de bâtimens.

Du côté du Nord du Cap de Palle il y a une grande anse dans laquelle on peut moüiller pour y être à couvert des vents, depuis le Sud'est jusques au Nord-Ouest; on y moüille lors qu'on ne peut doubler le Cap de Palle.

De l'Isle Grosse.

Environ neuf à dix milles au Nord du Cap de Palle est une petite Isle qu'on apelle l'Isle Grosse; elle paroit presque ronde; la pointe du Sud de cette Isle est fort haute & en pain de sucre, elle peut avoir 500. toises de long; elle est éloignée de la côte d'environ quatre milles.

Du côté de l'Est, loin de l'Isle environ 400. toises, il y a un écueil hors de l'eau & quelques roches, & droit à l'Est de cet écueil environ 600. toises, il y a une roche sous l'eau à laquelle il faut prendre garde lors qu'on range cette côte; on ne peut passer entre cet écueil & ladite Isle.

Mais on passe seurement entre la terre ferme & l'Isle Grosse, rangeant l'Isle à discretion.

Entre le Cap de Palle & l'Isle Grosse, la côte est haute jusques par le travers de l'Isle, où elle est un peu enfoncée, & où il y a même quelques plages; On peut moüiller auprés de l'Isle à un quart de lieuë, par sept, huit à neuf brasses d'eau fond de sable; on y est à l'abry du Nord'est & du Sud'est.

Environ

Environ trois milles vers le Nord-Oueſt de l'Iſle Groſſe, il y a une groſſe Tour de garde qui eſt ronde, ſituée ſur une baſſe pointe proche la mer, vis-à-vis de laquelle eſt une petite Iſle platte, d'environ 60. à 70. toiſes de long, d'où l'on ne peut paſſer à terre qu'avec des bateaux.

De l'autre côté de cette Tour il y a des ſalines & quelques étangs & marecages.

Cap Severa.

Environ ſeize milles au Nord quart de Nord'eſt de l'Iſle Groſſe, eſt le Cap Severa, qui eſt une pointe baſſe ſur laquelle il y a une Tour ronde; au deſſus de cette Tour il y a un petit bois de pin qui en donne la connoiſſance.

Depuis l'Iſle Groſſe juſques au Cap Severa, la côte eſt fort baſſe; proche la mer il y a une grande plaine où l'on voit quelques villages; mais en enfonçant dans les terres, ce ſont toutes hautes montagnes: le long de cette côte il y a pluſieurs Tours de garde & quelques maiſons, & preſque à moitié chemin de l'un à l'autre on voit un petit village qu'on nomme Severa, ſitué ſur une coline proche d'une pointe baſſe, & une Tour auprés de ce village du côté du Sud. Entre ce village & le Cap Severa il y a environ ſix à ſept milles, & entre deux eſt un grand enfoncement, avec une riviere au fond & quelques roches à fleur d'eau, & hors de l'eau proche de ces pointes.

A quelques deux milles vers le Nord du Cap Severa il y a une grande Tour quarrée, avec quelques maiſons au pied, devant leſquelles on peut moüiller par les ſept, huit & neuf braſſes d'eau fond de ſable fin; on peut de même moüiller entre cette Tour & la pointe du Cap Severa, où l'on eſt à couvert des vents de Sud-Oueſt, Oueſt & Nord-Oueſt.

L'Amatta.

Environ dix-ſept milles au Nord'eſt quart de Nord du Cap Severa eſt le Cap ſaint Paul; entre les deux il y a un grand enfoncement, & preſque à moitié chemin de l'un à l'autre on voit le Château de la Matte ſitué proche la mer ſur une hauteur de terre blanche, avec quelques maiſons auprés devant leſquelles on peut moüiller par quatre, cinq, ſix & ſept braſſes d'eau fond de ſable fin; c'eſt là où l'on va ordinairement charger de ſel.

Caſtel de Lougar Noivo.

Du Château de la Matte au Cap ſaint Paul il y a neuf milles au Nord'Eſt quart d'Eſt, entre deux il y a un grand enfoncement de terres baſſes proche la mer où ſont pluſieurs Salines; mais dans ces terres ce ſont de hautes montagnes, & du côté de l'Oueſt du Cap ſaint Paul, environ quatre milles, il y a un Château quarré ſitué ſur le bord de la mer qu'on nomme l'Ougar Noivo, devant lequel on peut moüiller avec des Vaiſſeaux & autres bâtimens qui vont charger de ſel, barrilles & baſtins.

Cap Saint Paul.

Le Cap ſaint Paul eſt la pointe du Sud de la Baye d'Alicant, il eſt de moyenne hauteur & fort uny à ſon extremité; il y a une Tour quarrée pour faire ſignal, & du côté de l'Oueſt de cette Tour, & fort prés il y en a une autre qui eſt ronde.

L'Iſle Plane.

Environ une petite demie lieuë à l'Eſt-Sud'eſt du Cap ſaint Paul, eſt une petite Iſle baſſe qu'on nomme l'Iſle Plane, & preſque vers le milieu du paſſage du Cap ſaint Paul à cette Iſle il y a une roche ſous l'eau fort dangereuſe; elle eſt tant ſoit peu plus proche de l'Iſle que du Cap ſaint Paul.

On peut neantmoins paſſer avec des Vaiſſeaux & Galeres entre le Cap ſaint Paul & cette Iſle, rangeant un peu plus le Cap que l'Iſle, pour éviter cette roche.

Dans le milieu de ce passage il y a cinq à six brasses d'eau, & l'on voit le fond en passant en cet endroit; il y a aussi quelques rochers proche la pointe de saint Paul.

L'Isle Plane a une demie lieuë de long, le bout de l'Ouest est le plus haut, & du côté du Sud'est il y a deux gros écueils & plusieurs autres petits aux environs à fleur d'eau, & sous l'eau ils s'avancent fort loin, c'est pourquoy il en faut passer fort au large, ou bien passer à terre, comme on l'a dit cy-devant.

Alicant.

De la pointe du Cap saint Paul à la Ville d'Alicant, la route est Nord quart de Nord'est environ quatorze milles de l'un à l'autre lieu, la côte est unie & basse, & forme un enfoncement dans lequel il y a deux Tours de garde sur le bord de la mer.

La Ville d'Alicant est située sur le bord de la mer au pied d'une montagne, sur laquelle est un ancien Château, qui de loin vous en donne la connoissance par la blancheur de ses murailles, dont il y en a une longue qui aboutit à la Ville; Cette montagne est de terre blanche qui se découvre de fort loin.

Devant la Ville & presque vers le milieu il y a un bout de Môle qui ne sert que pour les debarquemens.

On moüille ordinairement avec les Vaisseaux devant ce môle, dont on est éloigné d'environ un bon mille, par six, sept, huit & dix brasses d'eau fond d'herbe vazeux: Dans cette rade il n'y a point d'abry des vents du large, & la mer y est fort grosse de ces sortes de vents; mais comme le fond y est bon, on y resiste aisement; outre que cette montagne empêche la violence des vents du large, ou comme disent les Matelots, la terre refuse le vent.

Les Mates.

Un peu au-de-là de l'extremité de la Ville allant vers l'Ouest, il y a une basse pointe qui s'avance en mer, qu'on apelle la pointe des Mates; à l'Ouest de cette pointe on moüille avec les Galeres par trois, quatre, cinq & six brasses d'eau, fond d'herbe vazeux; on y est beaucoup plus à l'abry que devant la Ville, & l'on n'y sent pas tant la mer que dans la rade, à cause de cette pointe basse qui romp la mer des vents d'Est, & l'Isle Plane des vents de Sud.

Mais lors qu'on veut y aller moüiller il ne faut pas aprocher de cette basse pointe, parce qu'elle s'étend presque 300. toises, ou la longueur de trois cables sous l'eau; il n'y a que tres-peu de profondeur d'eau, le fond est de vase mattes & herbiez.

De l'autre bord de cette pointe vers le Nord-Ouest, il y a quelques maisons sur le bord de la mer, devant lesquelles on peut moüiller.

On fait de l'eau à quelques *Pouseraques* qui sont auprés de cette pointe, un peu avant dans les terres.

Le traversier est le vent de Sud-Sud'est & Sud'Est.

La Latitude est 38. degrez & 26. minutes.

La Variation est cinq degrez Nord-Ouest.

Cap de la Houerte.

Environ trois milles vers l'Est quart Sud'est de la ville d'Alicant est le Cap de la Houerte, qui est une longue pointe avancée en mer, sur laquelle est une Tour de garde; (ce Cap fait l'entrée de la baye d'Alicant du côté de l'Est) il ne faut pas le ranger de trop prés, parce qu'il y a plusieurs rochers hors de l'eau & sous l'eau, qui s'avancent plus de 300. toises; & quoy qu'on en soit assez éloigné, on voit le fond par le travers de cette pointe.

Mont

Mont Benidorme.

Quelques dix-ſept à dix-huit milles vers le Nord-Eſt quart d'Eſt du Cap de la Houerte giſt le Mont Benidorme, entre les deux il y a un grand enfoncement avec une plage de ſable, & pluſieurs villages & tours de garde le long de la marine.

Le mont Benidorme eſt une groſſe pointe avancée à la mer, qui eſt fort haute & eſcarpée du côté de la mer, elle ſemble de loin iſolée, particulierement lors qu'on range la côte d'un côté & d'autre, parce qu'elle eſt preſque Iſle, n'y ayant qu'une langue de terre fort baſſe qui la joint à la côte ; ſur le haut du mont il y a une tour de garde & une autre au pied.

Iſle Jouoſa.

Environ une demie lieuë vers le Sud-Oueſt du mont Benidorme, il y a une petite Iſle nommée Iſle Jouoſa ; on peut paſſer ſi on veut entre le mont & cette Iſle : vis-à-vis de l'Iſle il y a une petite Ville du même nom ſituée ſur le bord de la mer ſur une eminence, devant laquelle on peut moüiller par ſix, ſept, huit & dix braſſes d'eau, pour y être à couvert des vents d'Eſt & Nord'eſt.

A terre du mont Benidorme il y a auſſi un village qui porte ce même nom, un autre qui en eſt aſſez proche, & une tour ronde ſur une eminence du côté de l'Eſt.

On peut encore moüiller du côté du Nord-Nord'eſt de ce mont, par ſept à huit braſſes d'eau fond de ſable, pour les vents de Sud-Sud-Oueſt & Oueſt; mais ces ſortes de moüillages ne ſont bons que dans un beau temps ou de relâche, lors qu'on ne peut mieux faire, les vents du large qui y cauſent de groſſe mer, y étant violents & fort à craindre.

Mont de Carpi.

Environ ſept milles vers le Nord'eſt du mont Benidorme eſt le mont de Carpi ; entre les deux il y a un enfoncement ; le mont de Carpi eſt preſque ſemblable à celuy de Benidorme, à cela prés qu'il n'eſt pas ſi grand, c'eſt auſſi une preſque Iſle & de la même hauteur que celle de Benidorme.

Lors qu'on vient du côté de l'Eſt, étant prés du Cap ſaint Martin, le mont de Carpi paroit tout-à-fait ſeparé de la côte, comme un haut rocher eſcarpé.

On peut moüiller de tel côté qu'on veut comme au mont de Benidorme, lors qu'il y a neceſſité ; ſçavoir du côté du Sud-Oueſt pour les vents de Nord'eſt, & du côté du Nord'eſt pour les vents du Sud-Oueſt.

Du côté du Sud-Oueſt du mont de Carpi il y a une Tour de garde, & vers le Nord-Oueſt le long de la côte il y a deux autres Tours de garde ſur des petites eminences, & preſque par le milieu de la plage on voit le village de Carpi qui eſt proche de la mer.

Cap Mourera.

Environ ſept milles au Nord'eſt du mont de Carpi giſt le Cap de Mourera, qui eſt une groſſe pointe, au bout de laquelle il y a un gros écueil proche de terre, & ſur le haut de ce Cap il y a une Tour de garde.

Entre le mont de Carpi & le Cap de Mourera il y a un enfoncement. On peut moüiller derriere ce Cap, pour y être à couvert des vents de Sud'eſt, où l'on eſt par ſept, huit, neuf & dix braſſes d'eau.

Cap de la Nau.

Au Nord'eſt du Cap de Mourera, environ cinq à ſix milles, eſt le Cap de la Nau, qui eſt le plus avancé de cette côte, qu'on apelle ordinairement Cap ſaint Martin, proche cette pointe il y a un gros écueil.

Lors qu'on vient du côté du Nord, ayant doublé le Cap de la Nau, on découvre en même temps le mont de Carpi & Benidorme ; toute la côte eſt fort haute, depuis Alicant juſques au Cap ſaint Martin.

Et lors qu'on vient du large, on voit une haute montagne au-deſſus de Benidorme, qui eſt coupée presque en forme d'un embraseure, & une autre montagne fort haute, ayant la figure d'un pain de sucre, qui est fort proche de l'autre montagne. Il paroit sur le haut du Cap saint Martin une tour qui est située sur une haute montagne, & la montagne de Mongon proche le Cap saint Antoine, qui est faite en pain de sucre. On la voit du côté du Sud, & du côté du Nord.

Cap Saint Martin.

Environ trois milles vers le Nord-Ouest du Cap de la Nau est le Cap saint Martin, qui fait l'entrée de la rade d'Exabia; il y a un gros écueil prés de la pointe, on n'y peut passer qu'avec des bateaux; & entre le Cap de la Nau & celuy de saint Martin il y a une grosse Isle ronde assés haute, éloignée de la côte de la portée du canon: mais on ne peut passer à terre de cette Isle aussi qu'avec des bateaux, à cause d'un banc de roches qui vient presque joindre l'Isle; il y a une petite anse de sable entre l'Isle & le Cap saint Martin, où il est dangereux de moüiller, à cause du fond qui s'y rencontre qui n'est que de roches.

Il est bon dans cet endroit de parler des Isles d'Ivice, Mayorque, Minorque & des Colombretes, pour ensuite reprendre le Cap S. Martin, & continuer le long des Côtes.

L'Isle d'Ivice.

Du Cap de la Nau, qui est proche celuy de saint Martin, au plus proche terrain d'Ivice, il y a environ 38. milles à l'Est quart de Nord'Est. L'Isle d'Ivice est haute en de certains endroits, elle peut avoir environ 100. milles de tour; elle est beaucoup plus longue que large: à la pointe de l'Ouest il y a un gros rocher à deux pointes, qui paroit de loin comme un Vaisseau lors que le Soleil donne dessus; il est éloigné de la pointe de l'Ouest d'Ivice d'un mille, on le nomme le Belgran.

De la pointe de l'Ouest d'Ivice à la pointe du Nord de ladite Isle, qu'on apelle Cap Comiguir, la route est Nord'Est quart de Nord environ 18. milles; & tout proche de cette pointe il y a un autre gros rocher derriere lequel on peut moüiller dans une necessité, sçavoir du côté du Sud, entre l'Isle d'Ivice & le rocher, où l'on sera par douze, quinze & vingt brasses d'eau bon fond.

Port Mezeno.

Environ vingt milles à l'Est quart de Nord'Est du Cap Comiguir est une grosse pointe, où du côté de l'Est il y a une anse qu'on apelle Mezeno; dans cette distance on trouve une autre petite anse où on peut moüiller des vents à la terre, on la nomme Magno, il y a cinq, dix & quinze brasses d'eau, elle est environ six à sept milles à l'Ouest de Mezeno.

Mezeno est une petite anse du côté du Nord de l'Isle d'Ivice; on y peut moüiller par six, huit à neuf brasses d'eau fond d'herbe vazeux; les habitans d'Ivice l'apellent Garache Fraque: C'est un lieu fort desert, entre deux montagnes escarpées, où il n'y a aucune habitation; neantmoins cet endroit est bon pour des Galeres qui viendroient du costé du Nord, lors que les vents seront au Sud'Est, Sud & Sud-Ouest; dans le fond de l'anse il y a une petite plage, derriere laquelle il y a de l'eau douce assés bonne; le Traversier est le vent de Nord, auquel il faut faire attention pour ne pas se laisser surprendre, & estre diligent à tourner la pointe de l'Isle d'Ivice.

Environ neuf à dix milles à l'Est quart de Sud'Est de Mezeno est la pointe la plus à l'Est de l'Isle d'Ivice, & de cette pointe à celle de Tagomago, il y a environ six milles, entre les deux il y a deux anses de sable où l'on pourroit moüiller, pour les vents de Nord-Ouest, Ouest, jusques au Sud; mais le meilleur moüillage est proche la pointe du Nord, vers le milieu de la plage: on asseure que souvent les Corsaires d'Alger y espalment, cette plage n'étant point habitée

Toute cette coste depuis la pointe de l'Ouest de l'Isle venant vers le Nord est fort haute, trés escarpée & inhabitée; mais elle est fort nette de tous dangers.

Isle Tagomago.

A l'Est de la pointe de Tagomago, un petit mille, il y a une autre petite Isle presque ronde assés haute, qu'on apelle l'Isle Tagomago, où l'on peut passer à terre de cette Isle à my-canal, rangeant un peu plus l'Isle Tagomago que la pointe d'Ivice, il y a assés de profondeur d'eau entre les deux.

Danger.

Vers le Nord de la pointe de Tagomago, à une portée de fusil, il y a un petit banc de roches presque à fleur d'eau où l'on voit briser la mer: On pourroit dans une necessité passer entre ce banc & le Cap de Tagomago, il y a douze à quinze brasses d'eau : mais le meilleur & le plus seur est de passer par le milieu, comme nous avons dit, & d'éviter cette pointe.

De l'Isle Tagomago allant à la pointe de S. Hilaire la route est le Sud Ouest; environ neuf milles & presque à moitié chemin il y a proche de terre une petite Isle, au dehors de laquelle environ 200. toises, on voit un écueil hors de l'eau qui paroit comme un bateau; on peut passer avec une Galere entre les deux Isles, y ayant quatre à cinq brasses d'eau, en passant par le milieu il n'y a rien à craindre.

Dangers de S. Hilaire.

Environ un quart de lieuë vers le Sud'est de cet écueil il y a une seche sous l'eau, sur laquelle il n'y a que quatre pieds d'eau, qui est un petit banc de mattes, c'est à dire de sable & vaze, en sorte que lors qu'il fait calme on voit la blancheur de ce fond, & dans un gros temps la mer brise dessus.

Ordinairement on passe entre cette seche & l'écueil le plus au large qu'on peut, comme il est remarqué cy-dessus, rangeant à discretion l'écueil que l'on voit hors de l'eau, il y a douze, quinze à vingt brasses d'eau dans ce passage.

Saint Hilaire.

A deux milles vers le Sud-Ouest de ces écueils, est l'anse de saint Hilaire; on voit dans le fond sur une petite eminence une tour de garde & trois ou quatre maisons qui sont auprés, au dessus desquelles allant vers l'Ouest on trouve une petite riviere où l'on fait de l'eau aisément, y entrant avec des bateaux, quoy qu'il n'y ayt que fort peu de profondeur à son entrée: On fait les aigades proche un moulin, qui est sur la droite en entrant dans la riviere.

Il y a aussi une tour quarrée au dessous de celle de S. Hilaire qui sert de reconnoissance.

Moüillage.

Du costé du Sud-Ouest de la riviere de saint Hilaire, il y a une grosse pointe qu'on apelle le Cap saint Hilaire, proche laquelle on peut moüiller vis à vis l'embouchure de la riviere, à la portée du canon, on y est par quatre, cinq & six brasses d'eau fond d'herbe vazeux, & l'on est à couvert par cette pointe des vents de Sud-Ouest.

Le Traversier est le vent de Sud'est & d'Est-Sud'est qui y donne directement.

Du costé du Sud'Est du Cap saint Hilaire il y a une longue Callanque, où quelques Galeres pourroient moüiller: On peut y faire du bois dans cet endroit étant tout proche de la mer.

On ne moüille guiere devant saint Hilaire que pour y faire de l'eau, parce qu'on est fort exposé aux vents du large; le moüillage n'est bon que pour les vents qui viennent de la terre.

Du Port d'Ivice.

Quelques deux à trois milles au Sud-Oueſt quart de Sud du Cap ſaint Hilaire, ſont deux écueils hors de l'eau, qu'on apelle les Fornigues de S. Hilaire : on peut paſſer à terre de ces deux écueils ſi l'on veut ſans rien craindre.

Environ trois à quatre milles à l'Oueſt quart de Sud-Oueſt des Fornigues, eſt l'entrée du port d'Ivice, qui eſt preſque vers le milieu de l'Iſle du coſté du Sud ; ce port eſt d'une aſſés grande étenduë, mais il y a peu d'eau dans le fond.

En entrant dans ce port ſur la pointe de la gauche il y a une forteresſe aſſés conſidérable ; cette pointe eſt d'une hauteur mediocre ; la ville d'Ivice eſt au pied de cette forteresſe en dedans du port.

Dans le fond du port du coſté de la Ville il y a un petit village, & preſque vers le milieu du port il y a deux moulins à vent, proche leſquels on va faire de l'eau.

Vers le Nord'Eſt de la ville il y a une Iſle de moyenne hauteur, qui eſt aſſés longue ; lors qu'on vient du coſté de l'Eſt elle ne paroit pas iſolée ; on ne peut point paſſer à terre de cette Iſle, pas même avec des bateaux.

Du coſté de l'Eſt de cette Iſle il y a une grande anſe que bien de gens prennent lors qu'on vient de l'Eſt pour le port d'Ivice; pluſieurs perſonnes s'y ſont trompées faute d'attention & de connoiſſance; c'eſt un endroit à éviter, le fond n'en valant rien.

A la pointe de cette Iſle il y a un gros écueil, où il n'y a paſſage que pour des bateaux, il faut ranger cette Iſle à diſcretion.

Du Moüillage d'Ivice.

Le moüillage ordinaire eſt du coſté de l'Iſle dont nous venons de parler, par trois, quatre & cinq braſſes d'eau, fond d'herbe & vaze; avec des Galeres on porte des amarres ſur l'Iſle, & on a un fer en mer vers le Sud-Oueſt.

Entre l'Iſle & la pointe où eſt le Château d'Ivice il y a cinq à ſix braſſes d'eau ; devant la Ville il y a un petit môle qui ne ſert que pour les debarquemens ; il ne peut s'aprocher de ce môle que des tartanes ou autres petits bâtimens.

Le Port d'Ivice eſt fort grand, mais il eſt tout remply de vaze & d'herbiez, & l'on va moüiller d'ordinaire proche l'Iſle, comme il a eſté dit cy-devant.

La latitude du Port d'Ivice eſt 39. deg. 3. minutes.

Les traverſiers ſont les vents de Sud & Sud'Eſt qui donnent droit à l'embouchеure, & environ quatre milles au Sud-Oueſt quart de Sud de l'entrée du Port, il y a deux écueils hors de l'eau de la groſſeur d'un bateau, entre leſquels on peut paſſer avec des Vaiſſeaux & des Galeres, y ayant ſix à ſept braſſes d'eau.

Environ ſept à huit milles au Sud-Oueſt de la pointe du Port d'Ivice il y a une longue pointe fort haute, qu'on apelle Cap Saline ; entre ces deux pointes il y a un grand enfoncement dans lequel on pourroit moüiller proche la pointe d'Ivice, par ſix, ſept & huit braſſes d'eau en dedans des deux écueils dont on vient de parler.

Cet endroit n'eſt propre que pour les vents de Nord'Eſt, Nord & Nord-Oueſt, & lors qu'on ne peut gagner le Port d'Ivice.

Salines.

Vers l'Oueſt-Nord-Oueſt du Cap Saline il y a une longue Iſle platte proche de terre où ſont pluſieurs ſalines : on peut moüiller entre cette Iſle & les ſalines avec des moyens bâtimens dont on ſe ſert pour y aller charger du ſel.

Depuis cette Iſle des Salines juſques à l'Iſle de Belgran & la pointe de l'Oueſt d'Ivice il n'y a point de moüillage, & la côte eſt fort haute en certains endroits.

A deux milles au Sud'Eſt du Cap Saline, qui eſt le plus proche de l'Iſle Fromentiere, il y a un écueil hors de l'eau, & quelques autres qui ſont autour de ce Cap, lequel ſe trouve entouré de bancs de ſable qu'il faut éviter avec ſoin.

Isle Fromentiere.

Environ treize à quatorze milles au Sud quart de Sud-Ouest de la ville d'Ivice, & cinq à six milles au Sud-Sud'est du Cap Saline est l'Isle Fromentiere; elle est basse par le milieu, mais les pointes de l'Est & de l'Ouest sont assés hautes, principalement celle de l'Est qu'on apelle le Cap Barbarie, elle n'est point habitée; il y a beaucoup de bois de pin, où l'on en peut faire facilement.

Elle peut avoir environ 45. à 50. milles de circuit, mais elle est fort étroite en certains endroits.

On peut moüiller autour de cette Isle suivant les vents qui regnent.

Environ cinq milles du costé du Nord de l'Isle Fromentiere, il y a un gros Islet presque rond, avec un écueil auprés qui est du côté du Sud'est, & à une demie longueur de cable de cet écueil vers l'Est il y a aussi une roche sous l'eau.

On moüille ordinairement avec les Vaisseaux entre cet Islet & les Fromentieres, par dix, douze & quinze brasses d'eau fond d'herbe vazeux.

Pour les Galeres elles moüillent proche l'Isle de Fromentiere, dans une plage de sable, qui est au Nord-Ouest du Cap Barbarie, où elles sont par quatre & cinq brasses d'eau fond de sable; & c'est l'endroit où l'on peut faire du bois le plus commodement.

Le Cap Barbarie est la pointe de l'Isle Fromentiere, qui est une haute pointe unie sur le haut, mais escarpée de toutes parts.

Espalmador.

A la pointe du Nord de l'Isle Fromentiere il y a une petite Isle à la portée du fusil, où il n'y a de passage, que pour des bateaux, & encore avec peine, on l'apelle l'Espalmador; c'est le plus proche terrain de l'Isle d'Ivice : sur la pointe du Nord de l'Espalmador il y a une vieille tour ruinée, dont on voit encore quelques vestiges qui la font connoître: car à moins d'être par le travers de cette petite Isle, on ne peut pas juger qu'elle soit separée de la Fromentiere.

On peut passer facilement avec des Vaisseaux, & à plus forte raison avec des Galeres, entre l'Isle de l'Espalmador & l'Isle d'Ivice, rengeant à discretion la pointe de l'Espalmador où est cette vieille tour, il y a cinq, six à sept brasses d'eau; on voit le fond de tout ce passage, mais il faut s'éloigner du rocher qui est à la pointe du Cap Saline dont on a parlé cy-devant.

Lors qu'il fait mauvais temps la mer brise presque par tout ce passage, principalement lors qu'il fait des vents d'Est-Nord'est, ou d'Ouest-Sud Ouest, qui sont les traversiers de ce passage.

L'Espalmador des Fromentieres.

Dans cette même petite Isle du costé de l'Ouest il y a un petit Port en forme de fer à cheval qu'on apelle Espalmador, à cause que quelquesfois les Brigantins d'Alger, ou autres petits bâtimens y viennent espalmer.

Sur la gauche en entrant est une petite Isle platte, qui rend en partie ce moüillage assés bon.

On peut moüiller avec des Galeres & autres bâtimens en dedans de cette Isle platte, la laissant sur la gauche en entrant, on y trouve trois, quatre & cinq brasses d'eau fond d'herbe vazeux & de sable.

On est à l'abry dans ce moüillage des vents depuis le Nord-Ouest, Nord, jusques au Sud'est; le traversier est le vent d'Ouest.

On peut dans une necessité trouver de l'eau douce dans l'Isle de l'Espalmador, y faisant des trous dans un lieu où il y a quelques joncs, mais elle est un peu saumastre; pour du bois il s'en trouve dans tous ces endroits-là.

Autre Moüillage.

Vers le Sud-Ouest de l'Espalmador il y a une grande anse de sable, dans le fond de laquelle on peut aussi moüiller pour y être à couvert des vents d'Est jusques au Sud-Ouest.

On est à la portée d'un pierrier de la plage par quatre à cinq brasses d'eau, fond de sable fin.

Dans le fond de cette plage il y a un étang qui a communication à la mer, où l'on va faire du bois aux environs; le traversier est le Nord-Ouest qui y donne directement.

Du costé du Sud de l'Isle Fromentiere il y a entre les deux pointes une grande plage de sable, où le terrain est fort bas; on y peut aussi moüiller lors qu'on vient du large, & qu'on ne peut gagner Ivice.

On est à couvert dans ce moüillage des vents d'Est, Nord'est, jusques au Nord-Ouest; mais le meilleur moüillage est du côté de l'Est de cette plage, sous le Cap Barbarie, vis-à-vis de deux rochers qu'on voit sur le bord de la mer, où l'on trouve six à sept brasses d'eau fond de sable blanc, & à portée de canon de la plage.

Les remarques que j'ay fait cy-dessus font assés connoître à ceux qui sont experimentez qu'il faut bien prendre garde au changement des vents, pour n'être pas surpris dans un de ces moüillages; lorsque le vent traversier donne il faut promptement aller moüiller à son oposé pour pouvoir se garantir du vent & de la mer.

On peut aussi ranger l'Isle Fromentiere de tous côtez sans rien craindre, la coste étant fort nette.

La latitude de l'Espalmador est de 38. deg. 51. minutes.

La variation est de 5. degrez vers le Nord-Oüest.

La pluspart du temps les courans portent le long de ces costes au Nord'est, principalement dans les beaux temps: car lors qu'il a fait de gros vents, les courans viennent du côté d'où étoit le vent.

Isle de Mayorque.

Environ 55. milles au Nord'est quart d'Est de la pointe d'Ivice est celle de l'Ouest de Mayorque.

L'Isle de Mayorque est fort grande & fort fertile, principalement du costé du Midy: car du costé du Nord ce sont toutes montagnes; il y a dans cette Isle plusieurs endroits où l'on peut moüiller avec des Vaisseaux & Galeres.

Isle Dragonniere.

A la pointe de l'Ouest de l'Isle de Mayorque il se trouve une grosse Isle qu'on nomme la Dragonniere, elle est fort haute, éloignée de l'Isle de Mayorque d'environ d'un petit mille.

Sur le haut de l'Isle il y a une tour de garde où l'on peut passer dans un besoin; entre l'Isle de Mayorque & la Dragonniere il n'y a rien à craindre en passant au milieu du chenail, n'y ayant qu'une roche hors de l'eau qu'on voit, qu'il faut laisser du costé de Mayorque; mais il vaut mieux passer en dehors de l'Isle Dragonniere pour ne rien risquer: Proche la Dragonniere il y a aussi un autre écueil hors de l'eau; on peut passer entre ces deux écueils, aprés quoy il n'y a plus rien à craindre.

On peut moüiller du costé du Sud-Sud-Oueст de l'écueil voisin de la Dragonniere, par les douze à treize brasses d'eau fond de gros sable, & porter une amarre sur l'Isle Dragonniere: On y est à l'abry des vents d'Ouest & Nord-Ouest, & du côté de Mayorque, du Nord'est jusques au Sud'est; la latitude est trente-neuf degrez quarante-cinq minutes.

Landrache.

Trois à quatre milles vers le Sud'est de l'Isle Dragonniere il y a un enfoncement qu'on apelle l'Andrache, qui autrefois étoit un bon moüillage pour les Galeres; mais s'étant comblé il n'y peut tenir à present que deux ou trois Galeres; mais il n'y a point d'eau douce.

Port Paquet.

Quelques neuf à dix milles au Sud'est quart d'Est de la Dragonniere est la pointe de l'Ouest du port Paquet; elle est fort grosse & escarpée; on peut ranger cette côte fort proche.

Environ quatre milles à l'Eſt quart de Sud'eſt de la pointe de l'Oueſt du port Paquet, il y a une longue pointe apellée Cap de la Savatte, ſur laquelle eſt une Tour de garde qui eſt quarrée, vis-à-vis de laquelle il y a un gros Iſlet, & un plus petit auprés, avec quelques rochers à fleur d'eau, & d'autres ſous l'eau, dont il faut s'éloigner lors qu'on paſſe aux environs; on peut paſſer à terre de ces Iſlets avec des bateaux.

Entre ces deux pointes il y a un grand enfoncement, dans le fond duquel vers le Nord-Oueſt il y a une groſſe pointe ſur laquelle eſt une Tour de garde, derriere laquelle du côté du Nord'eſt ſe trouve une grande Calanque où l'on peut moüiller avec dix à douze Galeres, par quatre à cinq braſſes d'eau fond d'herbe & vaze; qui eſt ce qu'on apelle le port Paquet.

Le vent qui incommode le plus, eſt le vent de Sud; mais n'ayant que cinq à ſix Galeres on peut y être à couvert de tous les vents du large, il n'y a que le *Reſſac* de la mer qui puiſſe nuire.

Du coſté du Nord'eſt il y a une petite plage ſur laquelle à quelque diſtance de la mer il paroit deux maiſons & deux puits où l'on peut faire de l'eau.

Porto-Pin.

Quelques ſept milles à l'Eſt quart de Nord'eſt des Iſles du port Paquet, ou du Cap de la Savatte, eſt l'entrée du Porto Pin; entre les deux il y a un peu d'enfoncement, & environ vers le milieu il ſe void une tour quarrée qu'on apelle Garachicque; ſur la pointe de l'Oueſt de Porto Pin il y a une petite forterelle à quatre baſtions.

Le Porto-Pin eſt une petite Calanque en forme d'une Riviere, dont l'entrée eſt fort étroite, elle a environ 60. toiſes entre les deux pointes; mais un peu en dedans des pointes il y a un plus grand eſpace; ce Port a environ cent cinquante toiſes de long.

Il peut entrer ſept à huit Galeres dans le Porto-Pin lors qu'elles ſont Conillées, c'eſt à dire en retirant les rames dans la Galere où l'on les range par andanes; il faut obſerver qu'elles doivent moüiller un fer à l'entrée, & porter des amarres à terre d'un côté & d'autre.

Entre les deux pointes de l'entrée il y a cinq à ſix braſſes d'eau, & au dedans dix-huit, quinze & dix pieds d'eau fond d'herbe & vaze: il ne faut pas trop s'enfoncer dans ce Port, n'y ayant pas d'eau dans le fond.

Lors qu'il n'y a point de Galeres on peut y entrer avec un Vaiſſeau, s'amarrant à quatre amarres; les Mayorquins y font hiverner leurs vaiſſeaux & barques.

A la pointe de la gauche en entrant il y a une Tour quarrée & une maiſon auprés, cette Tour ſert de fanal qu'on allume le ſoir pour les reconnoiſſances.

Sur l'autre pointe il y a une autre eſpece de tour quarrée & une Chapelle auprés.

Le traverſier eſt le vent de Sud'eſt.

La Ville de Mayorque.

La Ville de Mayorque eſt environ deux milles à l'Eſt de Porto-Pin; entre les deux on voit ſur le haut de la côte une eſpece de grande Tour avec quelques petites auprés qui la joignent, & une au milieu qui ſert de Donjon; cette Tour eſt armée de quelques huit à dix pieces de canon.

Lazaret.

Entre le Porto-Pin & cette Tour il y a un grand corps de maiſon qui ſert de Lazaret ou d'Infirmerie, cette maiſon eſt un peu élevée ſur le terrain.

La ville de Mayorque eſt fort grande, ſituée ſur le bord de la mer; elle eſt facile à reconnoître par pluſieurs belles Egliſes, principalement par la Cathedrale qui eſt proche les murs vers la mer.

Il y a un Môle devant la Ville qui s'avance droit à la mer; environ 150. toiſes ſur la pointe il y a un petit fort armé de quelques canons; on peut mettre ſix à ſept Galeres vers ce Môle, auprés duquel il y a dix, douze & quinze pieds d'eau fond d'herbe & de vaze, le traverſier eſt le vent de Sud-Oueſt; on fait de l'eau du côté du Sud'eſt de la Ville, vers des moulins à vent qui ſont proche la mer, & dans une grande plaine.

Rade de Mayorque.

Lors qu'on ne veut pas entrer dans le Porto-Pin, ny dans le Môle de Mayorque, on moüille ordinairement à la petite portée de canon de la tête du môle, & vis à vis le Lazaret ou Infirmerie, dont nous avons déja parlé, qui reste du côté du Nord, & le môle presque à l'Est.

On trouve dans ce moüillage quatre, cinq, six & sept brasses d'eau fond d'herbe & de vaze, où les ancres tiennent fort bien.

Le vent de Sud-Ouest, qui est le traversier, y donne directement; mais comme la terre du côté du Nord est fort haute, elle empêche qu'il n'entre avec violence.

La Latitude est de 39. degr. 43. minutes, & la variation est de 5. degrez vers le Nord-Ouest.

Cap Blanc.

Environ treize à quatorze milles au Sud du Môle de Mayorque est le Cap Blanc, qui est une grosse pointe escarpée, sur laquelle il y a une Tour de garde qui est ronde; entre le Môle & ce Cap il y a un grand enfoncement & une grande plaine, & presque au milieu de la plaine une petite riviere.

Cap Saline.

Environ quatorze milles au Sud'est quart d'Est du Cap Blanc est le Cap Saline; entre les deux il y a un peu d'enfoncement, dans lequel on peut moüiller lors qu'on y est contraint, par huit à dix brasses d'eau, fond de gros gravier & sable.

Entre ces deux pointes il y a beaucoup de rochers hors de l'eau & sous l'eau, ainsi il ne faut pas aprocher la terre lors qu'on y veut moüiller de plus d'une portée de canon, & sonder avant que de moüiller à cause du fond.

Le Cap Saline est une longue pointe basse qui s'avance le plus en mer vers le Sud de l'Isle de Mayorque; c'est le plus proche terrain de l'Isle Cabrera: Un peu à l'Est du Cap Saline il y a une tour ronde, entre cette tour & la pointe du Cap: on peut moüiller avec des Galeres pour entrepôt, éloigné de la pointe du Cap Saline environ d'une demie lieuë vers l'Est, où il y a treize à quatorze brasses d'eau, fond de sable; mais on peut aprocher la côte à la portée du fusil.

Isle Cabrera.

L'Isle Cabrera est au Sud-Ouest du Cap Saline, environ cinq à six milles; elle est assés haute, & peut avoir environ quatre à cinq lieuës de circuit: à l'extremité de cette Isle au Nord'est il y a un petit Islet proche duquel sont quelques gros rochers hors de l'eau.

Quelques cinq milles au Sud-Ouest quart d'Ouest du rocher le plus au Nord'est est le Cap de l'Ouest de la même Isle; il est de moyenne hauteur, & paroit fort raboteux venant du côté du Nord'est, où l'on le reconnoit par une grande tache noire, qui est une grotte, laquelle est vers le Sud'est de ce Cap.

Port de la Cabrera.

Le Port de l'Isle Cabrera est du côté du Nord-Ouest de l'Isle; il est fort bon pour des Galeres, & même pour des Vaisseaux: l'embouchure en est large de la portée d'un fusil, & il a une portée de canon d'enfoncement, il gist Sud-Sud'est, son traversier est Nord Nord-Ouest; mais on y est presque à couvert en tout temps.

En entrant dans le Port il faut ranger du côté de la droite pour bien decouvrir l'entrée du Port; on peut aprocher de la pointe de la droite à deux longueurs de Galeres, la laissant à la droite du côté de l'Ouest.

Sur la pointe de la gauche, qui est de moyenne hauteur, il y a une petite forteresse située sur une eminence

eminence de rochers fort raboteux, devant laquelle il faut moüiller si-tost qu'elle vous reste au Nord: on s'y affourche Est-Nord'est & Oueſt-Sud-Oueſt, ayant une ancre au large par neuf à dix brasses d'eau fond de ſable vazeux, & mettant une amarre à terre on peut moüiller par tout à quatre & cinq brasses d'eau.

Porto Pedro.

Environ quinze à ſeize milles à l'Eſt quart du Nord'eſt du Cap Saline, que nous avons dit cy-devant être la pointe du Sud de l'Iſle de Mayorque, eſt le Porto-Pedro, entre les deux la côte eſt fort unie & baſſe, on la peut ranger d'aſſés proche: un peu plus proche du Cap Saline que du Porto Pedro, il y a une calanque en forme de riviere, que quelques-uns par mepriſe ont pris pour Porto Pedro, & à quoy il faut prendre garde. On ne peut aller dans cette calanque qu'avec des Tartanes, encore avec peine.

Reconnoiſſance de Porto Pedro.

La reconnoiſſance de Porto Pedro eſt facile, étant preſque par le milieu de la côte du Sud de l'Iſle de Mayorque, ſur le bord de laquelle il y a cinq Tours de garde, & celle du milieu eſt celle de Porto Pedro; elle eſt quarrée, il y a une petite maiſon au pied, & toutes les autres Tours ſont rondes; on la decouvre de plus loin venant de l'Oueſt, que du côté de l'Eſt, en ſorte qu'il n'y a qu'à compter ces Tours depuis le Cap Saline, on trouvera deux Tours, & la troiſiéme eſt celle du Porto Pedro.

Il en eſt de même du côté de l'Eſt; on y void auſſi deux autres Tours rondes, dont la troiſiéme eſt celle du Porto Pedro.

Le Porto Pedro, comme nous avons dit, eſt du côté du Sud de l'Iſle Mayorque, dans un terrain bas; l'entrée en eſt fort étroite, n'ayant que 150. toiſes; il eſt aſſés ſpatieux, mais il n'y a pas de profondeur d'eau dans le fond de ce Port.

Sur la pointe de la gauche en entrant il y a une Tour quarrée & une petite maiſon auprés, comme il a déja eſté dit, & du même côté de la Tour, & au dedans du Port il y a une grande Calanque, où il n'y a pas de profondeur d'eau, mais entre les deux pointes de l'entrée il y a quinze à ſeize braſſes d'eau.

Le Traverſier eſt le vent de Sud Sud'eſt.

Du Moüillage.

On peut moüiller dans ce Port avec des Vaiſſeaux & Galeres, il y peut contenir 18. à 20. Galeres; le meilleur moüillage eſt du côté de la droite en entrant, où l'on eſt plus à l'abry des vents du large: il y a par tout le milieu depuis 10. juſques à 4. braſſes d'eau: on a un fer en mer & des amarres à terre: on s'y amarre quelquefois à quatre, ayant la poupe vers le Nord'eſt, & pour lors on eſt par trois à quatre braſſes d'eau fond d'herbe & vazeux.

Il ne faut pas s'aprocher du côté de l'Oueſt autour d'une groſſe pointe qui s'y trouve n'y ayant pas d'eau, non plus que dans le fond du Port.

On peut faire du bois ſur la droite en entrant, mais il n'y a point d'eau douce: on fait neanmoins des trous dans un bas terrain qui eſt dans le fond du Port proche quelques joncs, quoy que cette eau ſoit ſaumâtre.

La Latitude eſt 39. degrez 29. minutes, & la variation cinq degrez vers le Nord-Oueſt.

Port Colom.

Environ douze milles au Nord'eſt du Porto Pedro, il y a une grande Calanque qu'on apelle Port Colom, il étoit autrefois fort bon, mais preſentement s'étant comblé on ne peut s'en ſervir.

Entre le Porto Pedro & ce Port il y a deux Tours de garde, comme il a eſté remarqué cy-deſſus.

Lors qu'on vient du côté de l'Eſt on ne voit point la Tour de Porto Pedro, à moins d'être preſque vis-

vis-à-vis l'entrée du Port, principalement lors qu'on eſt proche la côte, à cauſe d'une groſſe pointe remplie d'arbres qui couvrent l'entrée du Port, & empêchent qu'on ne voye la Tour.

Baye d'Artas.

A cinq à ſix milles au Nord'Eſt du Port Colom eſt la pointe de la Baye d'Artas qui eſt baſſe ; il y a de cette pointe au Cap Rouge environ ſept milles au Nord'Eſt : entre ces deux pointes on trouve un grand enfoncement avec une plage de ſable qu'on apelle Baye d'Artas, dans laquelle on peut moüiller avec des Galeres, pour les vents du Sud-Oueſt, Oueſt & Nord-Oueſt ; derriere la pointe du Sud-Oueſt on eſt par cinq ou ſix braſſes d'eau fond d'herbe vazeux, & étant tant ſoit peu à terre on y eſt à couvert du vent du Sud.

Preſque par le milieu de la Baye il y a une petite riviere où on peut faire aiſement de l'eau ; dans le fond de la Plage preſque au milieu eſt le village d'Artas qui eſt ſitué ſur une eminence.

On peut auſſi moüiller du côté de l'Eſt proche le Cap Rouge, mais le fond n'y eſt pas des meilleurs, y ayant quelques roches ſous l'eau qui gâtent les cables.

Cap Rouge.

Le Cap Rouge eſt celuy du Nord'Eſt de la Baye d'Artas qui eſt de figure ronde & fort haut, ſur lequel il y a une Tour ronde de garde, & quelques taches rouges d'où il tire ſon nom.

Cap la Pedre.

Environ trois milles au Nord quart de Nord'Eſt du Cap Rouge giſt le Cap la Pedre, ſur le haut duquel eſt une Tour de garde, & entre ces deux Caps eſt un petit enfoncement du côté du Cap la Pedre, où il y a une longue pointe baſſe avancée en mer, qui eſt fort hachée, qui fait avec une autre petite pointe une anſe de ſable, dans laquelle on pourroit moüiller dans une neceſſité : il y a un écueil hors de l'eau au bout de cette pointe où l'on y peut faire de l'eau.

L'on voit un petit village & quelques moulins à vent ſur une hauteur, preſque par le milieu de cette plage.

On peut auſſi moüiller dans une neceſſité du côté du Nord du Cap de la Pedre, entre la pointe du Cap de la Pedre & celle du Sud de la grande Baye d'Alcudy, où l'on ſera par huit, dix & quinze braſſes d'eau fond de ſable & d'herbe : on peut même faire de l'eau à la plage, d'où l'on decouvre le même village & les moulins dont on vient de parler.

La pointe du Cap la Pedre va en pente vers la mer, c'eſt la pointe la plus à l'Eſt de l'Iſle de Mayorque, & fait l'entrée de la Baye d'Alcudy.

Baye d'Alcudy.

La pointe du Cap Lapedre & celle d'Alcudy giſſent Sud'eſt & Nord-Oueſt ; il y a environ dix neuf milles de l'une à l'autre, entre les deux eſt la grande Baye d'Alcudy, dans le fond de laquelle il y a un petit Iſlet : La ville d'Alcudy ou Alcudia eſt ſituée dans un bas terrain proche la mer ; on y voit quelques moulins à vent proche la Ville.

L'on moüille ordinairement entre la Ville & l'Iſlet, tant ſoit peu plus en dedans de l'Iſlet & d'une Tour ronde qui ſe voit un peu éloignée de la marine. Pour lors on ſe trouve par trois, quatre & cinq braſſes d'eau, fond de terre graſſe ou vaze, à une portée de canon au large de la côte, & environ à une petite lieuë de la Ville d'Alcudy.

Cap d'Alcudy.

Le Cap d'Alcudy eſt une longue pointe fort haute, qui ſepare la Baye d'Alcudy de celle de Poyance ;

cette pointe est fort haute & escarpée vers la mer, & sur le haut il y a une Tour à feu qui ser à faire signal.

Baye de Poyance.

Quelques sept milles au Nord quart de Nord'est du Cap d'Alcudy, est le Cap Fromentel : entre ces deux Caps il y a une grande Baye, qu'on apelle Baye de Poyance, large d'environ six à sept milles, & profonde de huit à neuf ; dans laquelle les Vaisseaux & Galeres peuvent fort bien moüiller, & l'on y peut même venir de nuit sans aucun danger

Du côté du Nord de la Baye il y a une pointe un peu avancée en mer, sur laquelle est une Tour exagone, qui est armée de trois à quatre pieces de canon, au-dessus de laquelle vers la montagne est une autre Tour plus petite & ronde.

Le moüillage ordinaire, principalement pour les Galeres, est de l'autre bord de cette pointe, par trois, quatre & cinq brasses d'eau, fond d'herbe vazeux, & où il se trouve quantité de grandes Nacres : On porte, si l'on veut, une amarre à terre sur cette pointe, qui met à couvert des vents d'Est & même de Sud'est; si bien que pour peu que l'on en soit proche on est aussi à couvert de la mer & des vents du large.

A l'égard des Vaisseaux, ils moüillent un peu plus au large au dedans de la pointe, à la portée du pierrier de la côte, par sept à huit brasses d'eau où il y a un même fond.

Du côté du Sud de la Baye on voit encore la ville d'Alcudy dans un bas terrain entre deux montagnes, & dans le fond de la Baye vers l'Ouest où l'on moüille, on voit la petite ville de Poyance située sur une eminence, éloignée de la mer d'environ une demie lieuë.

Proche la mer, & vis-à-vis de cette Ville, il y a quelques arbres & quelques Jardins, où il y a des *Pouseraques* où l'on fait de l'eau, elles sont un peu éloignées du bord de la mer.

Le Traversier est le vent d'Est qui y donne à plain, mais le vent qui incommode le plus est le Sud-Sud-Ouest qui vient par dessus la ville d'Alcudy; comme il vient de l'autre Baye, & passe entre deux montagnes, il souffle quelquesfois violemment.

Depuis la pointe de Poyance où est cette Tour jusques à la ville d'Alcudy en traversant, on voit presque par tout le fond de la mer, parce qu'il n'y a dans cet alignement que huit à dix brasses d'eau, & que les eaux y sont fort claires; le fond est de matte, vaze & d'herbes.

La Latitude est de quarante degrez, & la variation de cinq degrez vers le Nord-Ouest.

Cap Fromentel.

De la pointe de Poyance au Cap Fromentel, il y a environ cinq milles; vers le milieu de ce trajet il y a une petite Isle de moyenne hauteur qu'on apelle l'Isle Fromentelle, elle est tout proche de terre, n'y ayant passage que pour des bateaux.

Vers le Nord-Ouest de cette Isle il y a une plage de sable, où l'on pourroit moüiller avec des Galeres lors qu'on ne peut gagner le moüillage de Poyance : on peut faire du bois dans ce lieu.

Le Cap Fromentel est une grosse pointe fort haute & fort escarpée de toutes parts : on peut la ranger à la longueur de la rame, y ayant quinze brasses d'eau : ce Cap est le plus au Nord'est de l'Isle de Mayorque.

De l'autre bord de ce Cap vers le Nord-Ouest il y a une petite Calanque, mais le moüillage n'en est pas bon.

Côte du Nord de Mayorque.

Depuis le Cap Fromentel à l'Isle Dragonniere, la côte est inhabitée, fort haute & escarpée, on l'apelle côte Solery, où il n'y a aucun moüillage ; & presque par le travers du milieu de cette côte, environ huit milles, il y a un petit banc de roches & sable, sur lequel il n'y a que deux brasses d'eau; un Vaisseau Holandois y a échoüé.

Isle de Minorque.

Environ cinquante milles à l'Est cinq degrez vers le Nord du Cap la Pedre de l'Isle de Mayorque, est la pointe du Port Maon qui est du côté du Sud'est de l'Isle de Minorque.

L'Isle de Minorque est plus longue que large, elle a environ 95. à 100. milles de tour, elle gist à l'Est-Nord'est de l'isle de Mayorque; elle a deux bons Ports, sçavoir Port Fornelle & Port Maon.

Port Maon.

A la pointe du Sud de l'Isle de Minorque, il y a un Islet fort bas nommé Laire de Maon, éloigné de la pointe de Minorque d'une bonne portée de fusil : On peut passer à terre de cet Islet avec des Galeres & Barques, y ayant quatre brasses d'eau dans son plus étroit passage, dont on voit le fond fort aisement.

De la pointe du Sud de l'Isle de Minorque à celle du Nord'est, nommée la pointe de la Garde, la route est Nord'est quart de Nord environ six milles; sur le haut de cette pointe il y a une Tour de garde qui est ronde, elle est située sur une eminence.

Environ une bonne portée de fusil vers l'Ouest-Sud'Ouest de cette pointe de la garde, est l'entrée du Port Maon qui est tres-bon, & semblable à une riviere; il n'a à son entrée qu'une demie portée de fusil de largeur, & une lieuë de longueur; le vent qui y donne à plain dans l'entrée est le Sud'est quart de Sud.

Du côté du Sud-Ouest de l'entrée il y a une Citadelle sur le bord de la mer & quelques maisons auprés qu'il faut laisser sur la gauche en entrant, observant de passer à my-canal à cause de quelques petits rochers qui sont des deux costez: Il y a aussi dans le Port quelques petits Islets qu'on laisse sur la droite avant qu'on soit arrivé devant la ville de Minorque, laquelle est du costé du Sud-Ouest.

On moüille ordinairement devant la Ville qui est éloignée d'environ trois quarts de lieuë de l'entrée du Port: il faut s'y amarrer à quatre; sçavoir deux fers à prouë, par sept à huit brasses d'eau fond d'herbe vazeux, & deux amarres qu'on porte à terre, ayant la poupe de la Galere vers la Ville à une demie longueur de Galere de terre, où l'on trouve cinq à six brasses d'eau.

On fait de l'eau devant la Ville proche la mer.

La Latitude est 40. deg 2. minutes.

On peut aussi moüiller, aprés avoir depassé la Citadelle qui est à l'entrée du Port, mais il faut s'affourcher à quatre comme devant la Ville; on y peut aussi faire de l'eau dans le fond de quelques Calanques qui y sont.

On peut passer tout autour des Isles qui sont dans le Port, selon que le besoin le requiert, excepté du costé du Nord-Nord'est de celuy qui est devant la Ville où il n'y a point de passage.

Port Fornelle.

Port Fornelle est un assés bon Port pour toutes sortes de bâtimens, il est situé du costé du Nord'est de l'Isle de Minorque, sa reconnoissance est une petite tour ronde & blanche, qui est sur la pointe du Sud'est de l'entrée du Port; & environ cinq milles au Nord-Ouest quart d'Ouest de cette pointe il y en a une autre fort haute & escarpée, & entre les deux l'on void un grand enfoncement.

Un peu en dedans de la pointe de la droite en entrant dans le Port, il y a une Forteresse à quatre bastions.

Lors qu'on vient du costé du Sud'est pour entrer dans le Port Fornelle, il faut ranger à discretion la pointe du Sud'est sur laquelle est cette tour blanche qui reste sur la gauche; en faisant cette route l'on decouvre l'entrée du Port, & la Forteresse qui est sur la droite: L'entrée du Port est fort étroite n'ayant qu'environ 200. brasses d'ouverture; mais elle s'élargit à mesure qu'on entre dans le Port, qui a prés de deux milles de longueur, & est presque de figure ronde.

Il y dans le fond du Port une petite Isle.

Les Traversiers sont depuis le Nord-Nord'est jusques au Nord-Nord-Ouest, le vent de Nord y donne à plain.

Le moüillage ordinaire est du costé de l'Ouest, à une petite portée du canon de la Forteresse; on y trouve quatre à cinq brasses d'eau fond d'herbe vazeux.

Du costé de l'Est de ce Port il n'y a point de profondeur d'eau, non plus que dans le fond; il y a même quelques roches qui pourroient gâter les cables; à l'entrée du Port il y a dix à onze brasses d'eau, & jusques auprés de l'Isle cinq brasses.

Du costé du Sud-Ouest de l'Isle de Minorque il y a un peu d'enfoncement où l'on pourroit moüiller; mais il ne faut pas aprocher de cette coste de trop prés, parce qu'il y a quelques roches proche de l'Isle.

La Latitude est de 40. degrez 14. minutes.

Des Isles Colombrettes.

Environ 90. milles au Nord-Nord'Est du Cap S. Martin, & presque à l'Ouest-Nord'Ouest de l'Isle Dragonniere de Mayorque, environ aussi 90. milles, sont les Isles Colombrettes, dont la plus grosse qui est celle du Nord peut avoir environ deux milles de tour; elle est assés haute, principalement par les deux extremitez: Elle est éloignée de la premiere terre qui est le Cap d'Oropesa de 30. milles.

Du costé de l'Est de la principale Isle il y a une petite anse en forme d'un demy cercle, dans lequel on pourroit moüiller avec des Galeres, & même un Vaisseau dans une necessité; l'ouverture de l'anse est de 110. toises, & environ 150. toises d'enfoncement, de sorte qu'on y peut mettre huit à dix Galeres.

A la pointe de la gauche en entrant il y a deux hauts rochers proche de l'Isle, où il ne peut passer que des bateaux, par le peu de distance qu'il y a entre l'Isle & ces rochers, qui mettent à couvert des vents de Sud'Est; on les peut ranger en dehors de fort prés.

A l'entrée de cette anse il y a huit à dix brasses d'eau, & au milieu sept, six, quatre & trois brasses fond d'herbe vazeux: mais il s'y trouve quelques pierres mouvantes qui gâtent les cables, à moins de les garnir dix à quinze brasses proche de l'ancre. Il y a de plus un autre inconvenient pour l'amarrage, qui est qu'il ne se trouve aucuns rochers autour du Port où l'on puisse acrocher les cordages, la côte étant fort unie.

Un peu au dedans du Port du costé de la gauche en entrant il y a deux petites pointes de rochers hors de l'eau; mais on les peut aprocher tant qu'on veut, y ayant quatre brasses d'eau tout proche: On pretend même que quelques Corsaires d'Alger y viennent espalmer; mais il ne faudroit pas s'y laisser surprendre par les vents de Nord-Nord'Est jusques au Sud'Est: Le vent d'Est qui est le traversier y donnant à plain, ce qui rend la mer fort grosse.

Sur le haut de l'Isle il n'y a que des broussailles & peu de terrain; il s'y trouve quantité de Couleuvres d'une prodigieuse grosseur; c'est de là que leur vient le nom de Coulombrettes.

Quelques personnes pretendent qu'il s'y trouve de l'eau douce.

On peut librement aprocher la grosse Isle des Coulombrettes, principalement du costé du Nord, de l'Est & du Sud-Est: Mais du costé du Sud environ quatre milles il y a un haut rocher blanc qui de loin paroit un Vaisseau à la voile, & un quart de lieuë vers le Sud de ce rocher il y en a un autre qui est plus bas: & entre la grosse Isle & l'écueil qui semble un Vaisseau, il y a deux autres gros rochers & quelques petits aux environs: Cependant on peut passer entre ces rochers & la grosse Isle dans un besoin.

Il est bon de faire remarquer icy que ces Isles sont mal placées dans toutes les Cartes Holandoises & Provençales, aussi bien que les terrains des environs; on en peut voir la difference dans la Carte de la Mediterranée que j'ay faite, où l'on les trouvera exactement situez, ayant esté exprés dans cette Isle pour y faire des observations.

Exabia proche le Cap S. Martin.

Environ quatre milles vers le Nord quart de Nord-Ouest du Cap S. Martin est le Cap S. Antoine entre ces deux Caps il y a une grande anse de sable qu'on apelle Exabia ou Cabea, dans laquelle le Vaisseaux & Galeres peuvent moüiller, principalement pour les vents de Sud'Est, Sud, jusques au Nord.

Le moüillage ordinaire des Galeres, est du costé du Nord-Ouest, proche le Cap S. Antoine, vis-à-vis d'une Tour & de quelques Magasins à Pecheurs qui sont auprés. Cette Tour est sur une basse point

proch

proche la mer ; elle est armée de deux petits canons pour la deffense du moüillage : On est éloigné de cette Tour d'environ deux longueurs de cables, pour lors on sera par sept, huit & dix brasses d'eau fond d'herbe vazeux ; on peut porter si on veut une amarre à terre proche la Tour.

Le Traversier est depuis le Nord'Est jusques au Sud'Est, ces vents y causent une grosse mer.

Lors que les vents seront du costé du Sud ou Sud-Ouest, on peut aller moüiller dans la même anse du costé du Cap S. Martin, en dedans d'un gros écueil, qui est à la pointe dudit Cap à une bonne portée de fusil de la coste, on y trouvera quatre, cinq & six brasses d'eau fond d'herbe & sable ; mais il ne faut pas trop s'aprocher de la côte, à cause de quelques roches tombées de la montagne qui se sont étenduës aux environs qui gâtent les cables.

On peut aussi moüiller par tout le milieu de cette anse avec des Vaisseaux, y ayant quatorze à quinze brasses d'eau bon fond.

On reconnoît facilement Exabia, par le moyen de l'Isle qui est proche le Cap S. Martin, dont on a déja parlé, principalement lors qu'on vient du côté de l'Ouest, la tour que l'on voit sur le haut du Cap saint Martin servira aussi de reconnoissance.

Dans le milieu de la plage il y a un petit étang d'un costé avec un Fortin, & de l'autre une Tour de garde, qui sont situez dans une grande plaine.

Derriere les Magasins à Pescheurs qui sont proche la Tour, qui est du costé du Nord-Ouest, il y a plusieurs jardins dans lesquels il y a des puits où l'on peut faire de l'eau qui se trouve trés-bonne.

Environ deux milles vers l'Ouest de ces Magasins est la petite ville d'Exabia, située dans cette plaine, & au pied d'une montagne faite en pain de sucre, qu'on apelle la montagne de Mongon, elle paroit de tous les costez ; lors qu'on vient de l'Oüest on la voit par dessus le Cap S. Martin.

Cap S. Antoine.

Vis à-vis la montagne de Mongon est le Cap S. Antoine qui est la pointe du Nord de l'anse d'Exabia : C'est une pointe longue & haute, fort unie sur le haut & fort escarpée, principalement vers la mer.

Sur le haut de la pointe il y a un Monastere de Religieux, & un peu plus avant il y a quatre à cinq moulins à vent qui en donnent la connoissance.

On reconnoit encore la rade d'Exabia, lors que l'on vient du costé du Nord & du Nord'Est, par une haute montagne qui se decouvre de fort loin au-dessus de Denia, & un peu plus vers le Sud : On voit celle de Mongon dont il a esté parlé, elle paroit de plus de 60. milles en forme d'une tente de Galere, & à mesure qu'on l'aproche on decouvre aussi le Cap saint Antoine, qui paroit une pointe droite & plane sur le haut.

On decouvre ce Cap plûtôt que celuy de S. Martin, principalement lors qu'on est dans le Golfe de Valence ; ensuite on voit le Cap Saint Martin d'environ trente milles, au-dessus de ce Cap il y a une montagne ronde sur laquelle est une tour.

Denia.

A cinq à six milles au Nord-Oüest du Cap S. Antoine, est la petite ville de Denia, située sur une pointe avancée en mer, qui est de hauteur mediocre ; elle paroit isolée, à cause que de l'autre costé le terrain est fort bas.

Devant la ville de Denia il y a un petit Port, où les bâtimens mediocres peuvent moüiller, il y a six à sept brasses d'eau fond de sable ; mais comme aux environs il y a quelques mattes ou bas fonds, il est besoin de prendre des Pilotes du lieu, lesquels ne manquent pas de venir à bord au moindre signal que l'on leur fait.

On voit de fort loin le Château, qui est presque au milieu de la Ville, lequel paroit fort blanc.

Vers la pointe du Nord-Oüest de Denia, il y a une longue pointe de mattes & d'herbiez qui s'avancent plus d'un mille sous l'eau droit au large.

Gandia.

Environ ſeize à dix-ſept milles vers le Nord-Oueſt de Denia, eſt la petite ville de Gandia, ſituée dans un bas terrain, un peu éloignée du rivage de la mer; & ſur le bord de la mer il y a quelques magaſins devant leſquels on moüille à la petite portée du canon de la plage, à huit, neuf & dix braſſes d'eau, fond de gros ſable & gravier.

Prés les magaſins de Gandia, il y a une Tour ronde de garde, ſituée ſur une petite eminence qui en rend la reconnoiſſance plus facile.

Coulibre.

Environ 38. à 40. milles vers le Nord-Oueſt quart de Nord du Cap S. Antoine eſt le Cap Coulibre, qui eſt une groſſe pointe ſur laquelle ſont deux Tours de garde qui ſont rondes.

Entre Denia & ce Cap, c'eſt une grande plage de ſable, & une grande plaine proche la mer, dans laquelle il y a quelques Villes & Villages; entre leſquels il y en a un qui eſt entre Denia & Gandia ſur le bord de la mer, nommé Olliva; mais entrant dans les terres ce ſont toutes hautes montagnes.

A quelques cinq milles vers le Sud du Cap Coulibre il y a une groſſe pointe, & entre ces deux Caps un grand enfoncement; la petite ville de Coulibre eſt ſituée dans le fond de cet enfoncement vers le Nord-Oueſt.

On peut moüiller entre ces deux pointes par cinq, ſix, ſept à huit braſſes d'eau, fond de gros gravier; mais il ne faut pas trop s'enfoncer dans cette anſe, parce qu'il n'y a pas de profondeur d'eau.

Valence.

Quelques vingt-deux milles au Nord-Nord-Oueſt de la pointe de Coulibre eſt la riviere de Valence, à l'entrée de laquelle ſur la droite il y a un village nommé Grao, devant lequel on moüille ordinairement avec les Vaiſſeaux & autres bâtimens, parce que la ville de Valence eſt environ ſept à huit milles loin de l'entrée de la riviere, ainſi les Vaiſſeaux ne peuvent y aller: On y moüille par ſept, neuf & dix braſſes d'eau fond de ſable; il n'y a point d'abry que des vents qui viennent de la terre.

Entre Coulibre & Grao, ce ſont tous terrains fort hauts; mais le long de la mer il y a quelques baſſes terres & plages.

Du côté du Nord de Grao, il y a une Tour ſur une petite eminence, qui ſert en partie à la reconnoître.

De Grao au Cap d'Oropeſſo la route eſt le Nord-Oueſt quart d'Oueſt, environ 50. milles entre les deux il y a un grand enfoncement dont les terres ſont fort hautes: On y decouvre pluſieurs Villes & Villages, & quelques Tours de garde qui ſont feu la nuit pour avertir des bâtimens qu'on a decouvert le jour: Il n'y a point de moüillage le long de ces côtes, ſi ce n'eſt pour ſe garantir des vents de terre.

Cap d'Oropeſo.

Environ cent milles au Nord cinq degrez vers l'Eſt du Cap S. Martin eſt le Cap d'Oropeſo, qui eſt une groſſe pointe fort haute: en avançant un peu dans les terres par le travers de ce Cap, il y a une groſſe montagne en pain de ſucre qu'on apelle le Mont d'Oropeſo qui ſe voit de fort loin, ſur tout lors qu'on vient du coſté du Sud d'un temps clair, on la voit même du Cap S. Martin.

Preſque ſur la pointe de l'Oueſt du Cap d'Oropeſo, il y a un petit Château qui paroit comme une groſſe tour ronde; & vers l'Oueſt du Château il y a une grande anſe dans laquelle on peut moüiller pour les vents de Nord-Oueſt juſques au Nord'Eſt: On y eſt par dix à douze braſſes d'eau fond de ſable vazeux.

Vers le Sud de la pointe la plus avancée de ce Cap, environ deux milles, il y a une roche fort dangereuſe, à laquelle il faut prendre garde.

Du côté du Nord de cette pointe, environ trois milles, est le village d'Oropeso ; il y a une Tour de garde entre cette pointe & le village.

Peniscola.

Quelques 22. à 23. milles au Nord'est quart de Nord de la pointe d'Oropeso, est celle de Peniscola, sur laquelle est une petite Ville qui paroit comme un Château, elle semble être Isolée, à cause qu'elle s'avance en mer, & que du côté du Nord-Ouest ce n'est qu'une langue de terre basse & une plage de sable.

On peut moüiller du côté du Nord de Peniscola, pour les vents de Nord Ouest, Ouest & Sud-Ouest; on y est par 6. 8. & 10. brasses d'eau, fond de sable vazeux.

Il semble qu'on pourroit également moüiller du côté du Sud de Peniscola, mais le fond n'en vaut rien: De plus, vers le Sud de cette pointe, environ un quart de lieuë, il y a sous l'eau une roche dangereuse qu'il faut éviter lors qu'on vient du côté du Sud, & qu'on veut aller moüiller devant Peniscola.

La Ravitta du Zoffa.

Environ 18. milles au Nord'est quart de Nord de Peniscola, est la montagne de la Rabitta ou Ravitta, qui fait l'entrée du Zoffa.

Il y a entre Peniscola & cette montagne, une grande plage bordée de sable avec une grande plaine, où l'on voit plusieurs petites Villes & Villages; entr'autres, & presque par le milieu de cette plage, sur le bord de la mer, est la petite ville de Vineros, devant laquelle on peut moüiller avec les vents à la terre, à la petite portée du canon, où il y a six, huit & neuf brasses d'eau fond de sable vazeux, comme tout le long de la plage.

On la reconnoit par une grande Eglise & un haut clocher, qui est presque au milieu de la Ville; elle est entourée de murs, & il y a quelques fortifications a l'antique pour se défendre de la descente des Turcs.

Au devant de la Ville sur le bord de la mer, il y a plusieurs maisons & magasins de Pescheurs, qui empêchent d'abord de voir les murs de la Ville.

Sur le bord de la mer joignant la Ville, il y a un petit fort armé de quatre à cinq pieces de canon. pour sa deffense.

Dans la Ville & au dehors il y a plusieurs puits où l'on peut faire de l'eau, qui est tres-bonne: C'est un lieu où ordinairement il y a une grande abondance de vin, & où plusieurs barques vont charger.

A la pointe du Sud-Ouest de la Ravitta, il y a deux Tours de garde, proche lesquelles est une petite Ville nommée Alcanario, devant laquelle & entre les deux Tours il y a une petite riviere; Cette Ville separe la Catalogne d'avec le Royaume de Valence.

La Rabitta ou Ravitta est une grosse montagne fort haute, qui fait l'entrée de la grande baye du Zoffa du côté de la gauche en entrant: De quelque part qu'on la voye elle ressemble presque à une tente de Galere, & se voit de fort loin, soit du côté du Sud Ouest ou du Nord'est, elle paroit isolée.

Baye du Zoffa ou Alfaques.

La Baye du Zoffa est fort grande, ayant environ dix à douze milles de long & quatre à cinq de large ; elle est formée par plusieurs Isles basses & marecageuses, qui sont bordées de grandes plages de sable.

On reconnoit l'entrée de cette Baye par la montagne de la Ravitta qui paroit de fort loin ; mais on ne peut voir ces bas terrains qui sont sur la droite de cette baye, à moins que d'en être à huit ou neuf milles prés.

La reconnoissance de Peniscola sert pour connoître la montagne de la Ravitta, principalement lors qu'on vient du côté du Sud, & celle-cy fait connoître la baye du Zoffa.

Lors qu'on vient du côté du Sud pour aller moüiller dans la baye du Zoffa, il faut ranger à petite portée de canon le costé de la montagne de la Ravitta, où l'on voit quelques Tours de garde sur le bord de la mer:

mer: Mais comme du côté de la droite, où sont ces basses terres, il y a de longues pointes de sable qui s'avancent à prés de deux milles loin des plages, & sur lesquelles il y a tres peu d'eau, on observera de laisser toûjours les deux tiers du chemin de l'entrée sur la droite, & de cette maniere on évitera tous ces dangers.

Entre cette basse pointe & la côte de la Ravitta, on trouve quatre à cinq brasses d'eau, presque également par tout, avec un fond de vaze molle où l'on ne sçauroit briser en cas qu'on y échouë.

Moüillage du Zoffa.

Le moüillage ordinaire est vis-à-vis un vieux Monastere ruiné, lequel est au pied de la montagne de la Ravitta à la petite portée du canon : On y est par quatre brasses d'eau fond de vaze molle, où les ancres tiennent parfaitement bien.

Un peu au-dessus de cet ancien Monastere qui est sur le bord de la mer, il y a une Tour de garde quarrée qui est située sur une petite eminence.

Vers le Sud-Sud-Ouest, environ une demie lieuë de ce Monastere, il y a une Tour ronde de garde armée d'une piece de canon, qui est située sur le rivage; auprés de laquelle du côté du Sud Ouest il y a une source d'eau.

Ordinairement on la va faire à un grand puits qui est au devant ledit Monastere.

Il est facile aussi de faire du bois.

On peut moüiller par tout où l'on voudra entre cette Tour & le Monastere, à une distance de la côte d'environ un mille; mais pour ne rien risquer & être plus élevé, il ne faut pas passer plus avant que le Monastere du côté du Nord.

On peut aussi aller moüiller du côté de l'Est de cette basse pointe, environ quatre milles de ce Monastere, en s'éloignant un bon mille des basses terres: On y sera également par quatre brasses d'eau fond de vaze & sable: En l'année 1680 nous y espalmames les Galeres du Roy.

Dans le fond de cette Baye, vers l'Est du Monastere, il y a une petite Isle platte, sur laquelle il y a une Tour à six costés qu'on apelle la Tour de S. Jean; elle est éloignée de dix milles du Monastere; le terrain qui se trouve entre ce Monastere & cette Tour du côté du Nord, ce sont toutes basses terres remplies de marecages & d'étangs, bordez de grands arbres; mais dans les terres ce sont toutes hautes montagnes.

Et environ quatre à cinq milles vers le Nord Ouest du Monastere, il y a une petite Ville qu'on apelle Anposta, située dans une grande plaine.

Les traversiers du moüillage du Zoffa, sont les vents depuis le Sud Sud'est jusques au Sud-Sud-Ouest.

On remarque qu'ordinairement pendant l'Esté le vent de Sud-Ouest y regne presque tous les jours, ce qu'on apelle l'Embas, & que pendant la nuit il vient au Nord & au Nord'est, par raport à la situation des terrains.

Le vent de Nord-Ouest y est fort impetueux; mais comme il vient de la terre il n'excite pas une grosse mer.

La Latitude est 40. deg. 22. minut. & la variation de 5. à 6. degrez vers le Nord-Ouest.

Lors qu'on vient du costé de Salo, voulant aller à la rade du Zoffa, il faut s'éloigner de ces basses terres dont nous avons parlé, étant certain que les courans portent ordinairement à la plage, à cause de la riviere & des étangs: J'y ay vû plusieurs Vaisseaux échouez à la plage, en sorte que partant de la rade de Salo pour aller au Zoffa il faut, pour éviter ces plages, faire la route du Sud-Ouest quart de Sud, principalement lors qu'il est nuit.

Salines & Plages du Zoffa.

Environ dix-huit milles vers l'Est-Nord'est de la pointe de la Ravitta, est l'entrée de la riviere de Tortose; il y a entre cette riviere & cette pointe plusieurs Isles fort basses bordées de sable qui s'avancent fort au large, en sorte qu'il faut faire un grand tour pour aller dans la riviere de Tortose, & s'éloigner des Isles du moins de deux milles; on trouvera à cette distance quatre à cinq brasses d'eau.

Presque au deux tiers du chemin du Zoffa à l'entrée de la riviere de Tortose, on voit sur ces Isles plates plusieurs monceaux de sel, qui de loin paroissent fort blancs, & deux Tours de garde, dont une qui est celle

du

du côté du Nord'est est quarrée, y ayant une grande cabane entre deux : On voit aussi plusieurs monticules de bruscages, qui semblent de loin à des arbres.

Et la Tour de S. Jean dont nous avons parlé, qui paroît au dessus ces bas terrains, & qui semble même y être contiguë.

Riviere de Tortose.

La Riviere de Tortose est à la fin de ces plages dont nous venons de parler, on y peut entrer avec de moyennes Barques & Tartanes.

On reconnoit l'embouchure de cette riviere, premierement par les eaux blanches & troubles qui en sortent, ensuite par quelques cabanes de Pecheurs qui sont sur la droite en entrant ; & sur la gauche on voit les Tours des Salines, & celle de S. Jean un peu au loin.

On peut moüiller à l'ouverture de l'embouchure de cette riviere à une petite demie lieuë de terre, où l'on sera par quatre à cinq brasses d'eau fond de vaze môle.

Le vent de Sud'est donne à plain dans l'embouchure de la riviere ; la ville de Tortose est environ six milles dans la riviere sur la droite.

Environ cinq milles vers le Nord de l'embouchure de cette riviere, il y a une grosse tour ronde située sur le bord de la mer ; entre la riviere & cette Tour il y en a deux autres, mais plus petites, qui sont aussi sur le bord de la mer.

Depuis l'entrée de la riviere de Tortose jusques à la pointe de Salo, la route est le Nord'est, environ trente-sept milles entre les deux, il y a un grand enfoncement & un bas terrain, où l'on voit plusieurs Villes, Villages & Tours de garde ; & dans la plûpart de ces côtes il y a des plages de sable ; mais avançant dans les terres il y a de hautes montagnes.

Reconnoissance de Salo.

Estant par le travers de la riviere de Tortose, on commence à découvrir la pointe de Salo, qui paroît comme une petite Isle noire, & quelques taches de sable blanc ; on la voit de même du côté de l'Est.

Rade de Salo.

La Rade de Salo est vers l'Oüest d'une longue pointe qui s'avance dans la mer, environ une demi lieuë ; elle est de moyenne hauteur & a presque à l'extremité une vieille Tour quarrée qui tombe en ruine, laquelle aide à la reconnoître ; un peu plus au dedans sur la même pointe, il y a une autre Tour à huit côtez, armée de trois pieces de canon pour la défense du moüillage.

Vers l'Ouest de cette Tour, sur le bord de la plage, il y a une autre Tour quarrée, avec quelques vieilles ruines aux environs, & deux magasins de Pescheurs qui sont proche la mer, éloignez de la grosse Tour d'environ un petit quart de lieuë vers le Nord-Ouest.

Moüillage de Salo.

Le moüillage ordinaire de Salo est entre ces deux Tours vis-à-vis cette plage, à un bon quart de lieuë loin, où l'on sera par 6. 8. à 9. brasses d'eau fond d'herbe vazeux ; les ancres y tiennent si fort qu'on est obligé de les soûlever de temps en temps.

La Commandante moüille plus proche de terre & vers la grande Tour, qui est sur une petite pointe où l'on peut porter une amarre, quelques autres Galeres en peuvent faire de même.

On peut moüiller par tout aux environs avec des Vaisseaux & des Galeres ; mais avec les Vaisseaux on ne doit pas tant s'aprocher de la plage, de peur d'un vent de Sud, avec lequel on ne pourroit doubler la pointe si l'on vouloit apareiller.

Les Traversiers de la Rade de Salo, sont les vents depuis l'Est-Sud'est jusques à l'Ouest-Sud-Ouest ; mais le Sud y donne directement à plain.

On remarque cependant que ce vent n'y entre que rarement ; mais la mer qui vient du Sud fait beaucoup

beaucoup rouler le vent de Nord-Oueſt, ne laiſſant pas d'y eſtre auſſi fort violent quoy qu'il vienne du côté de la terre.

Environ 4. à 500. toiſes vers le Nord-Oueſt de cette vieille Tour qui eſt ſur le bord de la plage, il y a quelques ruiſſeaux où l'on peut faire de l'eau.

Tout ce terrain eſt fort bas, & l'on y voit pluſieurs Villes & Villages au pied des montagnes: car environ deux lieuës loin de la mer, ce ſont toutes hautes montagnes.

Vers le Nord de la grande Tour de Salo, environ une lieuë, il y a une petite Ville nommée Ville Secque, où pluſieurs barques & autres bâtimens vont charger du vin; il s'y recueille auſſi quantité de figues.

La Latitude eſt quarante-un degrez deux minutes, la variation de cinq à ſix degrez Nord Oueſt.

Reconnoiſſance de Salo.

Lors qu'on vient du coſté de l'Eſt, le long de la côte, & qu'on eſt encore à vingt cinq ou trente milles de la pointe de Salo, on ne la peut voir à moins d'être à huit à neuf milles au large de la côte, parce qu'étant proche de la plage on decouvre premierement la pointe de Tamaril qui ſemble à celle de Salo; mais aprochant tant ſoit peu on decouvre celle de Salo, qui paroit iſolée & par monticules & terrains noirs. Cependant on y voit en aprochant quelques taches de ſable blanc qui en donne la connoiſſance, auſſi bien que la vieille Tour qui eſt ſur la pointe.

On peut moüiller du coſté de l'Eſt de la pointe de Salo, au cas qu'on ne la puiſſe pas doubler.

Tarragone.

Au Nord'eſt quart de Nord de la pointe de Salo, environ ſept milles, eſt la Ville de Tarragone; entre cette Ville & cette pointe eſt un enfoncement & une plage de ſable, vers le milieu de laquelle ſe trouve une petite riviere & quelques grandes maiſons aux environs.

La ville de Tarragone eſt une petite Ville de guerre ſituée ſur une moyenne hauteur, à une petite portée de canon de la mer; il paroit qu'elle a eſté autrefois bien fortifiée, mais preſentement tout eſt preſque ruiné. Devant la Ville du coſté de la mer, il y a encore quelques demy-lunes & redoutes, d'un côté & d'autre, & ſur le bord de la mer il y a une Tour à ſix côtez pour deffendre le moüillage; elle eſt armée de trois pieces de canon.

Il y a vis-à-vis cette Tour un petit môle qui s'avance droit dans la mer environ 70. toiſes, lequel n'eſt propre que pour les debarquemens, & pour mettre de moyennes barques à couvert des vents d'Eſt: Du côté de l'Oueſt de ce môle il y a quelques vieilles fortifications terraſſées, & quelques maiſons de Peſcheurs: On y peut faire de l'eau dans des jardins qui ſont environ 5. à 600. toiſes vers l'Oueſt, où il y a une petite riviere avec un pont, & quelques grandes maiſons au bord de la mer.

On moüille ordinairement vers le Sud-Oueſt du môle, à la petite portée du canon, par 8 à 9. braſſes d'eau fond de ſable fin; mais ce moüillage n'eſt guiere bon, à moins que les vents ne ſoient à la terre.

Tamaril.

Environ deux milles vers le Nord'eſt de la ville de Tarragone, eſt un grand village nommé Tamaril, éloigné de la mer d'environ une demi lieuë; il eſt ſitué ſur une petite eminence, qui paroit de loin comme une grande Citadelle blanche.

Lors qu'on vient du côté de l'Eſt pour aller à Salo, étant le long de la côte à 25. ou 30. milles de la pointe de Salo, on ne la peut encore decouvrir, mais bien celle de Tamaril, ſur le haut de laquelle il y a une Chapelle & quelques maiſons blanches; & un peu au-deſſus vers le Nord'eſt on voit le village de Tamaril, qui reſſemble à Tarragone, que l'on decouvre immediatement aprés; il paroit une grande Egliſe au milieu de ce village.

On peut auſſi moüiller du côté de l'Eſt de la pointe de Tamaril, avec des Barques & Tartanes, de même que tout le long de la côte juſques à Barcelonne.

Depuis la pointe de Salo juſques à celle de Caſtel-Fero, il y a environ 26. milles à l'Eſt-Nord'eſt, prenant un peu vers l'Eſt: Entre ces deux pointes la côte eſt preſque unie, le terrain étant bas proche la mer,

mer, & bordé de plages de ſable; mais dans les terres ce ſont toutes hautes montagnes, & pluſieurs Villes, Villages & Tours de garde le long de la mer, devant leſquels on peut moüiller avec les vents à la terre.

Sigla.

Environ cinq à ſix milles vers l'Oueſt de la pointe de Caſtel-Fero eſt la petite ville de Sigla, ſituée ſur le bord de la mer, proche d'une petite pointe, & au milieu d'une plage de ſable.

Sur cette pointe il y a une grande Egliſe entourée de grandes murailles, & deux moulins à vent du côté de l'Eſt qui en donnent la connoiſſance.

Preſque tout le long de cette plage, il y a pluſieurs maiſons & magaſins de Peſcheurs, & l'on trouve dans cet endroit toutes ſortes de rafraichiſſemens.

On peut moüiller du coſté de l'Oueſt de cette petite pointe vis-à-vis de la plage, avec des Galeres, ſur tout avec les vents de terre; mais pour les barques & autres bâtimens, ils peuvent s'aprocher de la pointe ſur laquelle eſt l'Egliſe dont nous venons de parler, pour y eſtre à couvert des vents d'Eſt-Nord'eſt.

Les Traverſiers de la plage ſont les vents de Sud, & Sud-Sud'eſt, qui y donnent à plain.

Caſtel-Ferre.

Le Cap de Ferre eſt environ cinq à ſix milles vers l'Eſt de Sigla, c'eſt une longue pointe de rochers noirâtres ſur l'extremité de laquelle eſt une Tour de garde; entre la pointe de Sigla & celle cy la coſte eſt fort haute, excepté vers le milieu, où il y a deux ou trois maiſons ſur le bord d'un valon.

Du coſté de l'Eſt du Cap Ferre, il y a un petit Village ſur le bord de la mer, & ſur une coline au deſſus eſt le Caſtel-Ferre.

Vis à vis ce Village il y a un peu d'enfoncement où l'on peut moüiller, pour les vents d'Oueſt-Nord'Oueſt & Nord, par 8. 9. & 12. braſſes d'eau fond de ſable.

Plages du Bregat.

Environ quinze milles vers l'Eſt Nord'eſt de la pointe de Caſtel-Ferre, eſt la montagne de Montjouy qui eſt proche Barcelone: Il y a entre cette pointe & le Montjouy une grande plaine couverte d'arbres, & une longue plage de ſable, dont il y a des pointes qui s'avancent beaucoup en mer, & c'eſt ce qu'on apelle les plages du Bregat; en ſorte que partant du Cap de Caſtel-Ferre pour venir à Barcelone, il faut faire un grand tour pour éviter ces plages.

Riviere du Bregat.

La riviere du Bregat eſt environ à une petite lieuë au Sud-Sud-Oueſt de Montjouy; on la reconnoit par une groſſe Tour ronde qui eſt ſur le bord de la riviere du côté de la droite, & une maiſon ſur la gauche: Cette Tour eſt armée de deux bonnes pieces de canon pour deffendre l'entrée de la riviere, qui eſt bordée tout au long de pluſieurs grands arbres de chaque côté.

Du côté de l'Oueſt de la montagne de Montjouy, il y a une autre petite branche de riviere.

Ordinairement les courans vont fort viſte autour de ces plages du côté du Sud-Oueſt.

Montjoüy proche Barcelone.

La reconnoiſſance de Montjoüy eſt facile, parce qu'il paroit de loin iſolé & comme une tente de Galere, dont le plus haut eſt vers la mer, le terrain étant fort bas de l'autre côté.

Lors qu'on vient du large on voit par le milieu de cette plaine du Bregat une groſſe montagne fort haute & hachée, qui s'avance beaucoup dans les terres: Elle ſe nomme Montſerrat, celebre par le concours des peuples qui y vont par devotion.

Su

Sur le haut de la montagne de Montjoüy il y a de tres-bonnes fortifications: Cette montagne est fort escarpée du côté de la mer; mais du côté de terre & de la ville de Barcelone elle est assés accessible, & presque à moitié chemin de la hauteur de la montagne de Montjoüy il y a un Oratoire, proche duquel il y a une batterie de canon pour deffendre l'entrée du Port de Barcelone.

On peut moüiller tout le long des plages du Bregat, suivant les vents qu'il fait; mais ordinairement on moüille presque à l'ouverture de la riviere, en sorte que la Tour reste à l'Ouest-Nord-Ouest, environ une demie lieuë: Car elle est un peu loin du bord de la mer; pour lors on se trouve par quatorze à quinze brasses d'eau fond de vaze & d'argille; les ancres y tiennent si fort qu'on est obligé de les soûlever de tems en tems.

On peut moüiller aussi en temps de paix entre la riviere & la montagne de Montjouy.

Barcelone.

Barcelone est une fort grande Ville, qui est Capitale de la Catalogne, située dans une grande plaine, & au pieu de la montagne de Montjouy du costé du Nord.

Il y a devant la Ville un môle qui s'avance en mer vers le Sud environ 400. toises; à l'extremité duquel il y a une batterie & une espece de tour quarrée en forme de piramide, sur laquelle est un fanal ou lanterne qu'on allume le soir pour reconnoître l'entrée du Port; il y a encore sur ce môle entre le fanal & la Ville une autre batterie de canon.

Du costé du Nord'est du Môle & vers la plage, il y a deux redoutes armées de quelques canons pour la deffendre; outre cela la ville est tres bien fortifiée.

Port de Barcelone.

Lors qu'on veut entrer dans le Port ou Môle de Barcelone, il faut s'éloigner de la tête du Môle d'environ un demy cable, à cause de quelques roches perduës que la mer a emporté au large; il n'y a rien à craindre du costé de Montjouy, & l'on peut passer à mi-canal si on veut, pour aller moüiller ensuite en dedans du fanal, vis à vis la seconde batterie, en observant de se ranger le long du môle la poupe vers la Ville, & la prouë en mer, où l'on donnera deux ancres & deux amarres sur le môle, il ne faut pas tout-à-fait s'aprocher du môle ny aller trop avant, n'y ayant que 7. à 8. pieds d'eau à une longueur de Galere du môle.

Entre cette batterie & la Ville, sur le môle, il y a une petite Chapelle & un Bureau de la santé.

Les Galeres moüillent ordinairement entre la derniere batterie & cette Chapelle, le long du môle, comme il a esté dit cy-dessus, où il y a 10. 12 & 13. pieds d'eau, fond de sable vazeux. Il ne faut pas aller plus avant que cette Chapelle, pas même par son travers, car il n'y a que six pieds d'eau; mais dans le milieu du Port où les Vaisseaux moüillent, il y a quinze à seize pieds.

Lors que les vents sont au Sud-Sud'est, qui est le traversier, la mer y est fort grosse, & fait un grand ressac; en sorte qu'on a peine à se debarquer sur le môle.

On fait de l'eau à un puits hors la Ville, proche les fossez du costé du môle, & à quelques autres à l'entrée de la Ville.

La Latitude est 41. degrez 21. minutes, & la variation de cinq à six degrez Nord-Ouest.

Rade de Barcelone.

On moüille ordinairement avec les Vaisseaux à une portée de canon du fanal du costé de l'Est, par 15. 18. & 20 brasses d'eau, bon fond de vaze & d'argile, où il faut avoir soin de temps en temps de soûlever les ancres; les courans vont pour l'ordinaire fort viste au Sud-Ouest, & quelquesfois aussi vers le Nord'est, suivant les vents qui ont regné.

Depuis Barcelone jusques à Blane, la coste est fort haute en avançant dans les terres: mais sur le bord de la mer ce sont de tres-belles plaines, remplies de Villes, Villages & de Tours; bordées de plages devant lesquelles on peut par tout moüiller avec les vents à la terre.

Mongat.

Environ cinq milles vers le Nord'eſt du môle de Barcelone, il y a une Tour quarrée & quelques maiſons auprés, qu'on apelle Tour de Mongat, qui ſert de Lazaret ou d'Infirmerie à la Ville de Barcelone; elle eſt ſituée ſur une pointe avancée en mer.

Entre Barcelone & cette pointe, c'eſt une grande plage de ſable.

Badelonne.

A une demie lieuë vers l'Oueſt de la Tour de Mongat eſt un petit Village nommé Badelonne, écarté du bord de la mer d'environ un quart de lieuë; & à un mille vers l'Oueſt de ce Village il y a quelques grandes maiſons enſemble qu'on apelle S. Martin : C'eſt le lieu où l'on debarquoit toutes les munitions de guerre pour le Siege de Barcelone, lors que M. le Duc de Vendôme s'en rendit le maître en 1697.

Vers l'Eſt de la Tour de Mongat, & tout auprés, il y a deux autres petites Tours rondes de garde ſur le bord de la mer, avec quelques maiſons.

Villa-Sau.

Quelques ſix à ſept milles vers l'Eſt de la pointe de Mongat eſt le Village de Villa-Sau, & entre celuy-cy & cette pointe il s'en trouve un autre apellé Almaria.

Villa-Sau eſt un petit Village ſitué ſur le bord de la mer, devant lequel ſont trois petites Tours rondes qui en donnent la connoiſſance, & entre ce Village & Mataron il y a un autre petit Village.

Mataron.

Environ quinze milles au Nord'eſt quart d'Eſt de Barcelone eſt la ville de Mataron, aprés Barcelone c'eſt la plus conſiderable de cette coſte; elle eſt ſituée dans une tres belle plaine, à la petite portée du canon de la mer.

On la reconnoit par le moyen de trois grands Clochers qui ſont dans la Ville, & un grand Convent qui eſt au dehors du coſté de l'Oueſt.

Il y avoit autrefois vis-à-vis de la Ville & proche la mer une Fortereſſe, mais preſentement il n'en reſte que des ruines, une méchante Tour, & quelques maiſons de Peſcheurs qui aident à la reconnoître.

On peut moüiller devant Mataron à la portée du canon de cette Tour, par neuf à dix braſſes d'eau, fond de ſable vazeux; mais on n'y a nul abry que des vents de terre.

Les Peſcheurs du Pays diſent qu'à deux milles de la plage devant Mataron, il y a un banc de roches ſur lequel il n'y a que cinq à ſix braſſes d'eau : C'eſt pourquoy lors qu'on voudra moüiller devant cette Ville, il faut moüiller au moins à un mille de la plage, le tout à la diſcretion du Pilote.

Arens.

Environ trois milles vers le Nord'eſt de Mataron ſe trouve un grand Village ſur le bord de la mer apellé Arens, entre lequel & la ville de Mataron eſt un autre petit Village de Peſcheurs qui eſt auſſi ſur le bord de la mer d'où l'on voit du coſté de l'Oueſt une Tour ronde qui eſt ſur une petite eminence, & une grande Egliſe avec deux clochers qui paroit au milieu du Village, auprés duquel du coſté de l'Eſt il y a un Convent de Capucins & un autre auprés qui le fait reconnoître.

On peut moüiller devant le Village à la petite portée du canon, par dix, douze & quinze braſſes d'eau, ſuivant qu'on veut s'aprocher de la plage.

Saint.

Saint Paul ou San Pau.

A deux milles vers le Nord'est du Village d'Arens, est celuy de S. Paul, aussi situé sur le bord de la mer.

On le reconnoit par un grand Convent qui en est proche du costé de l'Ouest.

Couville.

Environ un mille vers le Nord'est de S. Paul est un petit Village nommé Couville, situé sur le bord de la mer, il n'y a point de Tours remarquables, il y a seulement une grande maison blanche qui est du costé de l'Est sur une petite eminence; mais entre S. Paul & ce Village il y a deux Tours de garde sur deux petites pointes.

Canet.

Le village de Canet est situé sur le bord de la mer à un mille aussi vers le Nord'est de Couville.

Saint Jean de Pinede.

A une demy lieuë de Canet vers le Nord'est est le village de S. Jean de Pinede, qui est fort grand, situé dans une plaine, un peu éloigné du bord de la mer: On le reconnoit par une grande Eglise qui est au haut du Village, où il y a plusieurs arbres qui paroissent entre les magasins; il y a une petite Tour auprés de ce Village du costé de l'Est.

Taville.

Environ deux milles vers l'Est de S. Jean de Pinede il y a un petit Village nommé Taville, situé sur le bord de la mer, & un autre petit nommé Malgrat qui se trouve entre celuy-cy & S. Jean de Pinede, situé un peu avant dans les terres.

Entre Malgrat & Taville il y a une petite Tour de garde & quelques maisons; & audessus du village de Taville il y a une espece de Château sur une eminence, éloigné d'environ demy lieuë de la mer.

Blane.

Quelques quatre milles plus vers l'Est de Taville est le village de Blane qui est fort grand; & entre Taville & ce dernier Village c'est une grande plaine, par laquelle coule une petite riviere bordée d'arbres; elle forme une longue pointe de sable qui s'avance un quart de lieuë en mer, ces arbres aident à la reconnoître.

Le village de Blane est situé sur le bord de la mer, à un mille & demy à l'Est de l'emboucheure de la riviere.

Vis-à-vis le village de Blane il y a un grand Convent qui paroit ruiné, qui en donne la connoissance; & entre la riviere & ce Village l'on voit une espece de Tour située sur une coline.

Du costé de l'Est de ce Village, il y a une grosse pointe qui s'avance un peu en mer, sur l'extremité de laquelle il y a un grand Convent de Capucins, cette pointe paroit isolée de loin: & lors qu'on est proche de la côte, un peu au-dessus de ce Convent, on voit sur une autre hauteur une grande Tour en ovale, & quelques petites fortifications.

On voit aussi tant soit peu plus haut sur une plus haute eminence une autre Tour ronde revetuë de quelques fortifications.

Proche cette pointe vers l'Ouest, il y a deux ou trois écueils hors de l'eau: On peut moüiller avec

avec des Galeres & moyens bâtimens vis-à-vis du village de Blane, avec les vents à la terre; & on y peut être à l'abry des vents d'Oueſt, au moyen de la pointe de la riviere qui s'avance au large.

Remarques.

Lors qu'on vient de l'Oueſt, & qu'on eſt au large par le travers de cette coſte, on decouvre entre Mataron & Blane, tant ſoit peu plus proche de Mataron, une haute montagne en pain de ſucre & aſſés aiguë; & vers l'Eſt de cette montagne une autre toute plane ſur le haut qui fait reconnoître ce lieu.

Les courans le long de cette coſte le plus ſouvent vont au Sud-Oueſt, & quelquefois au Nord'Eſt, comme le long des autres.

On peut aiſement connoître, ſur tout dans ces coſtes-là, ce qu'on apelle les courans, c'eſt à dire de quel coſté les eaux courent, il n'y a qu'à faire attention aux ſignaux de lieges, dont les Peſcheurs ſe ſervent pour reconnoître & ſoûtenir leurs filets, & remarquer de quel coſté ils ſont emportez, eſtant certain que c'eſt de ce coſté que ſont les courans; on connoîtra enſuite par la bouſſole le rumb de vent que ces courans prennent.

Il y a pluſieurs autres moyens de reconnoître les courans, dont je ne parlerai point pour ne pas ennuyer.

Il eſt d'une grande importance, principalement lors qu'on navigue le long des coſtes, de ſçavoir où portent les courans, qui ne ſont pas reguliers en cette mer, afin de mieux eſtimer le chemin que le Vaiſſeau ou autre bâtiment peut faire, ſur tout de nuit ou en temps de brume, & c'eſt ſans doute le long des coſtes, & à leur atterrage, que l'on doit aporter plus d'attention.

Il eſt auſſi à propos de remarquer quels ſont les vents qui y regnent le plus ordinairement, & dans quelles ſaiſons: Surquoy j'ay obſervé, à l'égard des coſtes d'Eſpagne, que ce ſont les vents du Sud & Sud-Oueſt qu'on apelle l'Embas, qui y regnent pour l'ordinaire le jour pendant l'Eſté; que ſur le ſoir ils manquent, & que la nuit ils viennent à terre.

Dans la belle ſaiſon on peut moüiller tout le long de cette coſte, c'eſt à dire depuis Barcelone juſques à l'Eoret; mais depuis l'Eoret juſques à S. Philiou, ce ſont toutes hautes terres eſcarpées, où il n'y a point de moüillage.

L'Eoret.

Environ quatre à cinq milles vers le Nord'Eſt quart d'Eſt, eſt le village de l'Eoret, ſitué ſur le bord de la mer, dans une anſe ou plage de ſable, qui a environ un mille & demy d'ouverture: On peut moüiller devant ce Village avec les vents à la terre, par 10. à 12. braſſes d'eau fond de ſable vazeux, & même avec les vents de Nord'Eſt, principalement avec des Galeres & autres moyens bâtimens.

Sur la pointe de l'Oueſt il y a une eſpece de petit Château, au milieu duquel eſt une Egliſe.

Vis à-vis le Village il y a une Tour pour en deffendre l'avenuë: On le reconnoit auſſi par une grande Egliſe qui y paroit au milieu.

A la pointe de l'Eſt de l'Eoret il y a quelques rochers hors de l'eau prés de terre.

Touſe.

Environ quatre à cinq milles à l'Eſt quart de Nord'Eſt de l'Eoret eſt le village de Touſe, lequel eſt environné de murailles; il eſt ſitué dans un petit enfoncement derriere une groſſe pointe qui forme une petite anſe de ſable du coſté de l'Oueſt, où l'on peut moüiller deux ou trois Galeres avec les vents à la terre; à la pointe du Nord'Eſt de cette anſe il y a quelques petits écueils hors de l'eau.

On ne voit point ce Village du coſté de l'Eſt ny de l'Oueſt, à moins que d'être par le travers de cette anſe.

Sur la pointe de Touſe qui s'avance un peu en mer, il y a une eſpece de Fort quarré avec une Tour & quelques fortifications qu'on decouvre de fort loin d'un coſté & d'autre; cette pointe paroit de loin comme une Peninſule, lors qu'on range la coſte.

Depuis l'Eoret à Touſe, la coſte eſt fort haute & preſque droite; on y trouve quelques rochers hors de l'eau prés de terre, mais point de moüillage.

Tout

Tout le long de ces costes, pendant la nuit on y voit plusieurs feux dans les bateaux des Pescheurs, qui vont de costé & d'autre; c'est une maniere de prendre les anchoyes & Sardines : J'ay jugé à propos d'en avertir, afin qu'on ne croye pas que ces feux soient à terre, ce qui pourroit fausser la route.

On voit aussi de fort loin plusieurs feux de Charbonniers dans les montagnes.

Saint Philiou.

Environ six à sept milles à l'Est-Nord'Est de la pointe de Touse est celle de S. Philiou; entre ces deux pointes la coste est fort nette & escarpée presque par tout; & environ à moitié chemin, il y a une petite Tour quarrée sur une pointe proche la mer, & une autre au dessus sur une eminence.

La reconnoissance de S. Philiou lors qu'on vient du costé de l'Ouest, est une Tour qui est sur le haut de la premiere pointe; cette Tour fut demolie dans la derniere guerre.

Cette pointe est fort haute, & il se trouve à son extremité un gros écueil qui en est si proche qu'il ne semble pas en être separé.

Lors qu'on vient du costé de l'Est, on découvre la pointe de l'Est de S. Philiou, qui est aussi fort haute; sur cette pointe on voit deux pilliers qui la font reconnoître, & au bout de la pointe il y a deux ou trois gros écueils prés de terre, & quelques autres comme des bateaux un peu separez de la coste.

Entre ces deux pointes il y a une anse de plage de sable, qui a environ 450. toises d'enfoncement, & presque autant d'ouverture : On voit dans le fond de cette anse la petite Ville de Saint Philiou, située dans une trés belle plaine : Cette Ville étoit autrefois entourée de trés-bonnes murailles, & fortifiée de plusieurs Tours; mais en 1696. lors que Mr. le Duc de Vendôme prit Barcelone il en fit entierement demolir les Tours & fortifications, & razer les murailles de cette Ville.

Du costé de l'Ouest de la Ville, il y a un grand Monastere de S. François qui est au pied de la montagne; & du costé de l'Est on y voit plusieurs magasins de Pescheurs.

On y peut moüiller sept à huit Galeres, pour les vents de Sud-Ouest, Ouest jusques à l'Est-Nord'Est : il ne manque pas d'espace pour plusieurs autres Galeres; mais elles ne seroient point à couvert des vents du large.

La Commandante & les premieres Galeres vont presque dans le fond de la plage, jusques par les cinq à six brasses d'eau fond d'herbe vazeux, ayant un fer en mer à l'Est, une amarre à terre vers l'Ouest, & les autres moüillent aux environs, portant des amarres à terre d'un costé ou d'autre.

Dans le milieu du moüillage il y a 7. 8. & 10 brasses d'eau, & entre les pointes 18. & 20.

Dans le fond de la plage du costé de l'Est, il y a un gros rocher avancé en mer, qui semble être isolé, sur lequel il y a un Corps de garde, il y avoit autrefois une batterie de canon.

On fait de l'eau à plusieurs puits dedans & dehors la Ville; le traversier est le vent du Sud-Sud'Est : on y est fort à decouvert des vents du large, & il faut prendre garde à ne pas se laisser surprendre par ces vents.

La Valda.

Environ un mille & demy vers le Nord'Est de la pointe de S. Filiou, est une longue pointe de moyenne hauteur, qui est celle du Sud-Ouest de l'anse de Palamos; au bout de laquelle il y a une seche qui est à fleur d'eau, où l'on voit quelquefois briser la mer; elle est à une longueur de cable de la terre.

De cette pointe à une autre qui est vers l'Ouest de Palamos, il y a environ trois milles au Nord-Nord'Est : On voit sur cette derniere pointe une Tour ronde & quelques maisons auprés : Entre ces deux pointes il y a une grande plage de sable, un peu enfoncée, & une trés-belle plaine, où l'on voit un grand Village apellé la Valda.

Palamos.

La pointe de Palamos est environ neuf à dix milles au Nord'Est de la pointe de S. Philiou; entre ces deux pointes il y a une grande anse bordée d'une plage de sable : Du costé de l'Est de cette anse sur le bord de la mer, est la petite ville de Palamos, qui étoit une place de guerre qui fut rasée dans la derniere guerre.

Elle a un môle avancé en mer vers l'Ouest environ 80. toises, le long duquel on peut mettre sept à huit Galeres, pourvû qu'elles mettent leurs rames en dedans, en [illegible] la poupe vers le môle & la proue à la plage, & de s'amarrer à quatre amarres; il y a dans le môle deux à trois brasses d'eau [illegible].

Il faut avoir soin de se bien amarrer du côté du Nord-Ouest, parce que ce vent y vient de terre [illegible] entre deux montagnes, il est très violent, & [illegible] que les Galeres n'y [illegible] que par ce vent.

Les vents du large depuis le Sud-Ouest jusques à l'Est Sud-Est donnent dans la plage de Palamos.

Sur la pointe du Nord-Est de Palamos qui s'avance un peu en mer, on voit les ruines d'une forteresse qui fut demolie après qu'elle eut été prise par l'armée du Roy; sur l'extremité de la pointe il y a un moulin à vent qui sert de reconnoissance.

Tout proche de cette pointe il y a deux écueils, entre lesquels & la terre on ne peut passer qu'avec des bateaux.

Lors qu'on vient du côté de l'Est, & qu'on veut aller mouiller dans le môle de Palamos, il ne faut pas s'approcher de la côte depuis cette pointe jusqu'à la tête du môle, à cause de plusieurs rochers qui y sont, tant hors de l'eau que sous l'eau.

Il y a de plus au bout de la pointe vers le Sud-Ouest une roche hors l'eau à demy longueur de [illegible], mais il ne faut pas pour cela s'en écarter plus d'une portée de fusil, à cause d'un autre danger dont nous allons parler.

On fait de l'eau pour la Ville à une fontaine qui est proche d'un Village, dans une plaine à la petite portée du canon de la Ville.

La hauteur est de 41. deg. 48. min. & la variation est de 5. à 6. degrez vers le Nord-Ouest.

Seche de Palamos.

Environ à la portée du canon au Sud-Sud-Ouest du moulin qui est sur la pointe du Nord-Est de Palamos, dont nous avons parlé, il y a une roche sous l'eau fort dangereuse, sur laquelle il n'y a que [illegible] pieds d'eau; elle a fort peu d'étendue, ayant tout à l'entour 12. 15. & 20. brasses d'eau.

Lors qu'on est sur le haut de cette roche, le moulin [illegible] vous restera [illegible] au Nord-Nord-Est pour une marque, & pour l'autre il faut voir une maison qui est sur une petite éminence, presque au milieu de la plage entre deux rochers noirs qui sont sur le bord de la plage, & que ces [illegible] vous restent au Nord-Ouest.

On peut mouiller avec des Vaisseaux par tout le milieu de l'anse de Palamos; mais le meilleur mouillage est du côté de l'Ouest [illegible] de la tour qui est sur la pointe. On pourroit mouiller aussi avec des Galeres dans la plage de la Ville, pour les vents d'Ouest & Sud-Ouest, mais tous ces mouillages ne sont bons que lors qu'on est obligé de relâcher, & en ce cas il faut bien prendre garde de ne se point laisser surprendre aux vents qui sont traversiers de la côte.

Tout proche la pointe du moulin de Palamos du côté de l'Est, il y a une grosse pointe [illegible] qu'on nomme le Cap Gros, & du côté de l'Est il y a une petite anse & plage où l'on peut mouiller avec des Galeres pour les vents de Sud-Ouest, Ouest & Nord-Ouest. [illegible] brasses d'eau fond de [illegible]; quelques Galeres peuvent porter une amarre [illegible] de cette pointe.

On peut mouiller par tout dans cette [illegible] vents qu'il fait. Sur une pointe [illegible] qui est sur la droite de cette plage, il y a une petite maison [illegible] nous débarquâmes toutes les munitions de guerre pour le Siege de Palamos.

Ferrignes de Palamos.

[illegible]

Si on veut passer en dehors des Formigues, il faut s'en éloigner à distance, d'autant qu'il y a quelques rochers sous l'eau, à plus d'un cable & demy au large.

Pala Fregeau.

Entre la pointe du Cap Gros proche Palamos & les Formigues, il y a un petit enfoncement bordé d'une plage de sable, dans lequel il y a un petit Village de Pescheurs proche la mer nommé Pala-Fregeau : Du costé de l'Est il y a une Tour de garde, située sur une pointe de rochers & quelques [illegible] auprés.

Cap S. Sebastien, ou de Gofredy.

Environ deux à trois milles au Nordest quart d'Est des Formigues de Palamos est le Cap S. Sebastien, lequel est fort gros, c'est celuy de cette coste qui s'avance le plus ; sur le haut il y a une Tour presque en ovale, & quelques maisons auprés.

Cap de Begu.

A deux ou trois milles prés vers le Nord-Nordest du Cap S. Sebastien, est le Cap de Begu ; & entre ces deux Caps il y a une grosse pointe un peu avancée en mer qu'on appelle Cap S. Antoine, proche duquel & vers l'Ouest, où sont deux ou trois maisons, il y a un écueil hors de l'eau, mais il n'y a point de mouillage entre ces deux Caps.

Au Nord quart de Nordest du Cap Begu & tout proche, il y a une pointe de Rocher de moyenne hauteur, derriere laquelle du costé du Nord, est le Village de Begu qui est fort petit, situé vers l'Ouest d'une petite anse & plage de sable, mais on ne le peut voir à moins que d'estre par son travers.

Au bout de cette pointe il y a quelques rochers fort proches qui sortent de l'eau : L'anse ou plage de Begu n'a au plus que 150 toises d'ouverture, & son entrée est vers le Sudest qui y donne à plein : Ce n'est d'ailleurs que pour de petites Barques, encore les tire-t-on à terre, de peur des vents du large, comme il se pratique en toutes ces costes : les habitans de tous ces Villages sont presque tous Pescheurs, ils peschent mesme du corail aux environs de cette coste.

Sur la pointe de la droite en entrant à Begu, il y a une petite Tour [illegible], au-delà de laquelle sur une haute montagne, il y a un vieux Chasteau, & une Tour ronde auprés qui paroissent de fort loin.

Ce Chasteau se voit également du costé du Sud & du costé du Nord, c'est une des reconnoissances de Begu.

Plage de Tourille.

Environ cinq milles vers le Nord, cinq degrez vers l'Est de la pointe du Nord de Begu, sont les Isles des Medes, [illegible] plage de sable, qui a deux à trois milles [illegible] plage de Tourille, dans laquelle on peut [illegible] de la plage. [illegible] Cap Begu [illegible] Chasteau & la Tour que nous avons dit cy-dessus [illegible].

[illegible] plage [illegible] portée du canon [illegible].

[illegible] Tour [illegible], & quelques [illegible] mouillage [illegible] par la pointe de Begu, des vents depuis le Sud-Sudest jusques [illegible].

Isles des Medes & l'Estardies.

A l'extremité de cette plage sont deux ou trois petites Isles qu'on apelle les Isles des Medes; elles sont éloignées de la côte d'une portée de pierrier; la plus grosse est celle qui est plus proche de la terre; sur le haut de la seconde qui est fort escarpée, il y a un petit fort armé de deux canons qui défend le moüillage.

Et au dehors de cette Isle, & tout proche, il y a deux gros écueils, dont il y en a un en forme de pain de sucre, qui paroit de loin comme un bâtiment à la voile, sur tout lors que le Soleil y donne, on le peut ranger si prés qu'on voudra.

On peut aussi passer à terre de la grosse Isle sans rien craindre passant à mi-canal; il y a deux écueils hors de l'eau de la grosseur de deux tonneaux, qui sont proche la grosse Isle du costé de terre, mais il n'y a rien à aprehender.

L'Estardies.

Ce qu'on apelle ordinairement l'Estardies, est proprement le moüillage des Medes, qui est une petite anse à terre de l'Isle des Medes, où sont deux magasins de Pescheurs, au-devant desquels on moüille; c'est à dire entre l'Isle & la terre, un peu plus du costé de la terre que de l'Isle, où l'on trouve cinq, six à sept brasses d'eau fond de sable vazeux; mais il ne faut pas s'aprocher de la pointe de l'Ouest de l'anse de l'Estardies, à cause d'une longue pointe de sable qui s'avance sous l'eau de la longueur de plus de deux cables.

Avec la Commandante & quelques autres Galeres on peut porter des amarres à terre du costé du Nord.

Lors que les vents sont du costé de l'Est, on peut moüiller vers l'Ouest de la grosse Isle des Medes, ayant un fer en mer & une amarre sur l'Isle; mais il faut prendre garde aux vents du large pour n'être pas surpris.

La ville de Tourille est du costé du Nord de la grande plage dont on a parlé cy-devant, elle est un peu éloignée du bord de la mer.

Sur toute cette plage il y a plusieurs Villes & Villages; & presque par le milieu de la plage on voit la riviere du Ter, qui passe devant la ville de Gironne, laquelle est bordée d'arbres.

La Baye de Rose.

Des Isles des Medes à la pointe de Calafiguiere, qui est la pointe du Nord'est de la Baye de Rose, il y a environ quinze milles au Nord, six degrez vers l'Est; entre les deux il y a un grand Golfe qu'on apelle la Baye de Rose, qui a environ 12. milles d'ouverture, & presque autant d'enfoncement.

La reconnoissance de la Baye de Rose est trés-facile, tant par ce grand enfoncement de terrain, qu'on ne voit point de loin, que par les Isles des Medes qui se distinguent fort en aprochant; & par la pointe du Nord, ou de Calafiguiere, qui est fort haute; en aprochant tant soit peu de terre on decouvre plusieurs Villes & Villages dans une trés-grande plaine.

Entr'autres la ville de Castillon qui paroit vers le milieu de la Baye, avec une grande Eglise au milieu de cette Ville, qui semble être sur le bord de la mer, quoy qu'elle en soit éloignée d'une bonne lieuë.

Environ une lieuë au Sud de Castillon, on voit un grand Village nommé S. Pierre le Pescador, éloigné d'une lieuë de la mer.

L'Escalle.

Environ quatre à cinq milles vers le Nord-Ouest des Isles des Medes, on voit une petite Tour ronde, apellée Tour de Mongon, elle est sur une pointe escarpée.

Et environ deux milles en dedans de cette pointe, il y a un Village nommé l'Escalle, situé dans un plat pays au bord de la mer; auprés duquel est une petite Tour: La coste qui se trouve entre la Tour de Mon-

Mongon & l'Escalle, fait un peu d'enfoncement, & quelques petites plages, où il y a quelques écueils prés de terre, au-devant desquels on peut moüiller avec des Galeres, à la petite portée du canon de la plage, par les 15. à 18. brasses d'eau fond de sable vazeux.

Tout proche le Village de l'Escalle, allant vers le fond de la baye de Rose, on voit un grand Monastere sur une basse pointe qui paroit de loin isolée ; il y a au-tour de ce Monastere quelques petites fortifications, qui de loin ressemblent à une Citadelle.

Au dedans de cette pointe il y a un autre Village, proche duquel la riviere d'Emporia se jette dans la mer ; elle passe proche S. Pierre le Pescador.

On la reconnoit par une quantité d'arbres qui la bordent d'un costé & d'autre.

Fort de la Trinité, ou Bouton de Rose.

Environ 4. à 5. milles vers l'Ouest de la pointe de Calafiguiere, qui est la pointe du Nord de la baye de Rose, il y a une autre pointe un peu avancée en mer, sur laquelle est un petit fort à Etoile, qu'on apelle le Bouton de Rose, autrement le fort de la Trinité: Entre ces deux pointes il y en a une troisiéme qui s'avance un peu en mer, & quelques petits enfoncemens & plages, avec quelques maisons de Pescheurs.

Citadelle de Rose.

Environ un bon mille au Nord-Nord-Ouest du Bouton, est la Citadelle de Rose qui est fort grande ; elle est à cinq bastions, entourée de bons fossez, & fortifiée de demy-lunes, & d'autres ouvrages revétus.

Elle est située sur le bord de la mer, dans une trés-belle plaine du costé du Nord de la baye ; & il y a du costé du Bouton & proche la Citadelle plusieurs magasins de Pescheurs.

On peut moüiller par toute la baye de Rose, avec toute sorte de bâtimens (& même avec une Armée Navale) aussi loin & aussi proche que l'on veut ; mais le moüillage ordinaire, principalement des Galeres, est entre la Citadelle & la pointe du Bouton de Rose.

La Commandante moüille pour l'ordinaire devant deux gros figuiers, qui sont proche une maison sur le bord de la plage, où l'on porte une amarre à deux longueurs de grêlins de la plage, & une ancre au Sud-Ouest.

D'autres moüillent plus proche de la pointe du Bouton, où l'on porte des amarres ; on y est par 3. 4. 5. à 6. brasses d'eau, fond d'herbe vazeux: Ceux qui sont moüillez proche cette pointe, ayant une amarre à terre, sont à couvert des vents d'Est-Sud'Est ; il ne faut pas s'aprocher de la Citadelle où il y a fort peu d'eau.

Les vents depuis le Sud-Ouest jusques au Nord-Ouest sont souvent fort violents dans cette Baye, & même quelquefois le vent de Nord, qui passe entre deux hautes montagnes ; mais il ne cause pas de grosse mer.

On peut moüiller aussi dans le fond de la plage vis-à-vis de Castillon, par 5. à 6. brasses d'eau, à portée du canon de la plage ; les Vaisseaux moüillent presque par le milieu de la baye, par 15. à 18. brasses d'eau fond de sable vazeux.

On peut faire de l'eau à l'Ouest de la Citadelle, dans un ruisseau qui passe dans le fossé.

La Latitude est 42. degrez 11. minutes, & la variation de cinq à six degrez.

Calafiguiere.

Le Cap du Nord de la baye de Rose, est une grosse pointe fort escarpée, au pied de laquelle il y a un gros écueil hors de l'eau ; & de l'autre costé de cette pointe allant vers le Nord, il y a un grand enfoncement & deux petites plages de sable qu'on apelle Calafiguiere ; dans la plus grande on y fait de l'eau aisement, & même du bois.

Cadequié.

Environ quatre milles au Nord'Est de la pointe du Nord de la baye de Rose, est l'entrée de Cadequié, qui est un bon port pour des Galeres, & même pour des Vaisseaux : Nous y avons esté dans le temps de la prise de Rose & de Cadequié, avec trente Galeres, plusieurs Barques & quatre Vaisseaux de 60. à 70. pieces de canon.

Ce Port est situé entre la baye de Rose & le Cap de Creau; les Holandois n'en font point de mention; non plus que le sieur Bouchar dans son Flambeau de la Mer; il est aisé de connoître qu'ils n'avoient pas pratiqué le long de ces costes : car si ce dernier eût vû Cadequier, il n'auroit pas dit que Palamos étoit le meilleur Port de la Catalogne.

On reconnoit ce Port par une haute Montagne qui est sur la gauche en entrant; & par une autre encore plus haute qui est dans le fond du port, au pied de laquelle est le village de Cadequié; où il paroît dans le milieu une grande Eglise blanche qui en donne une entiere connoissance.

Ce port a un bon mille d'enfoncement, & 3. à 400. toises de large en certains endroits; au dehors de ce port & sur la droite en entrant il y a un gros rocher en forme de pain de sucre, & quelques petits aux environs.

Et tout proche du port, du costé du Nord'Est, il y a une petite Isle de moyenne hauteur, aussi environnée de petits écueils; on ne peut passer à terre de cette Isle qu'avec des bateaux.

Presque à moitié chemin entre le gros rocher, dont nous avons parlé cy-dessus, & le village de Cadequié, il y a quelques petits rochers hors de l'eau & à fleur d'eau, qu'on laisse sur la droite en entrant; on les peut ranger assés prés, y ayant 5. à 6. brasses d'eau : Mais du costé de terre il n'y en a que pour des bateaux.

Le village de Cadequié est, comme nous avons déja dit, dans le fond du port, sur une petite hauteur proche la mer : il étoit autrefois bien fortifié, mais le Roy en fit razer toutes les fortifications, aprés qu'il l'eut reduit sous son obeïssance : d'un costé & d'autre de ce village sur le bord de la mer, il y a plusieurs maisons de Pescheurs; les habitans sont presque tous Pescheurs, & vont aussi pescher du corail.

Les Galeres commandantes moüillent ordinairement devant le village, ayant un fer en mer vers le Sud-Ouest, & une amarre à terre vers l'Est; les autres Galeres moüillent par tout aux environs, ayant toutes une amarre à terre d'un costé & d'autre.

Celles qui veulent moüiller un peu plus dans le fond, mettent la poupe à terre vers le village & s'amarrent à quatre : On y est par 3. à 4. brasses d'eau fond d'herbe vazeux.

Mais presque vers le milieu du port, il y a 8. 10. 12. & 15. brasses d'eau même fond : L'on remarque qu'il y a dans cet endroit une espece de fossé où le fond augmente jusques au milieu; en sorte que lors que les ancres ne sont pas dans cette fosse, elles sont sujettes à chasser, surtout lors qu'elles sont au-de là, à quoy il est necessaire de prendre garde.

Lors qu'on entre dans le Port de Cadequié, il ne faut pas trop ranger le gros écueil qui est sur la droite, à cause de quelques Sequans qui sont aux environs, principalement lors qu'on vient de nuit, auquel cas il faut aller chercher la pointe de la gauche où il n'y a rien à craindre étant fort haute, & tout au moins découvrir tout-à-fait l'entrée du port, & par consequent le village qui est dans le fond, sur lequel il faut gouverner, faisant attention aux petits écueils que nous avons dit être sur la droite.

Sur la gauche en entrant & vis-à vis ces écueils, il y a une petite Calanque & un peu de plage à couvert du canon de Cadequié, où l'on peut mettre deux Galeres, pourveu qu'elles soient amarrées à quatre, pour ne pas s'aborder, y ayant peu de place au dehors de cette Calanque : Allant dans le fond du port il y a une pointe qui est presque Isle, à l'extremité de laquelle il y a une petite pointe de roche qui s'avance sous l'eau environ 30. toises qu'il faut éviter avec soin.

Presqu'à moitié chemin de cette pointe au village, il y a un petit banc de roches sous l'eau qui gâte les cables, à moins que d'y prendre bien garde; il n'y a sur le haut que 5. à 6. pieds d'eau, c'est pourquoy il est plus à propos de porter les amarres du costé de l'Est autant qu'on le peut.

Le Traversier est le vent de Sud-Sud'Est qui y donne à plain; mais il n'y cause pas de grosse mer, parce que l'entrée n'est pas large, & que tous ces écueils brisent la mer, qui ne peut venir jusques à l'endroit du bon moüillage.

Les vents d'Ouest, Nord-d'Ouest & Nord'Est y sont quelquefois fort rudes, parcequ'ils passent par un valon entre deux hautes montagnes, ainsi il est necessaire d'y faire attention & de se precautionner.

On

On fait de l'eau derriere le village, à une fontaine qui est dans les jardins.

La Latitude est 42. degrez 14. minutes, & la variation de cinq à six degrez vers le Nord-Ouest.

Port Ligat.

A quelques deux milles vers le Nord'est de l'entrée de Cadequié, il y a une grande Calanque qu'on apelle Port Ligat, dans lequel on pourroit moüiller sept à huit Galeres, pour les vents de Sud'est-Sud jusques au Nord'est, en portant des amarres d'un costé ou d'autre: On y est par 3. 4. & 5. brasses d'eau fond d'herbe vazeux.

L'entrée de ce port est du costé de l'Est qui est son Traversier: On y voit dans le fond sur une Montagne le debris d'une Tour que les François demollirent lors de la prise de Cadequié.

C'est dans ce port qu'on debarqua toutes les troupes, canons, mortiers & munitions pour le Siege de cette place, qui n'en est éloignée que d'un quart de lieuë: On y voit aussi sur le bord de la mer deux petits magasins de Pescheurs: Il ne se trouve point d'eau douce en cet endroit, à moins que d'aller fort loin dans un valon, où il y en a.

A l'entrée de ce port sur la gauche, il y a une roche à fleur d'eau, où la mer brise presque toûjours, mais elle est proche de terre.

La pointe de la gauche en entrant est une grosse Isle, auprés de laquelle il y en a une autre encore plus grande, & qui en est si proche qu'il est difficile de distinguer de loin que ce soient des Isles, n'y ayant passage entre-deux que pour des bateaux.

La pointe de la droite est fort haute & escarpée, le vent de Nord y souffle par dessus avec beaucoup de violence & par raffalles.

Fornigues de Port Ligat.

Vers l'Est-Sud'est de l'entrée du Port Ligat, il y a deux gros écueils, l'un auprés de l'autre, & quelques petits aux environs qu'on apelle les Fornigues: On peut passer sans crainte entre eux & la terre, les rangeant à discretion, & même y moüiller lors qu'on ne peut gagner Cadequié ny le Port Ligat, le fond y étant bon.

Cap de Creaux.

Environ sept milles vers le Nord'est de l'entrée de Cadequié, est le Cap de Creau; mais pour y aller partant du port de Cadequié, il est important, sur tout de nuit, de bien prendre garde aux Fornigues qui se trouvent dans cette route.

Le Cap de Creau est une longue pointe hachée & noirâtre la plus avancée en mer de toutes celles de cette côte. Elle fait le commencement du Golfe de Lion, & est facile à reconnoître par le debris d'une Tour qui est presque sur la pointe, & qui fut demolie lors qu'on prit Cadequié.

A l'extremité de cette pointe, il y a un gros écueil, & quelques autres petits auprés; on peut passer avec des bateaux entre les deux.

Environ 3. à 400. toises de ces écueils du costé de l'Est, il y a une petite Isle presque ronde, qui est assez haute: On peut aisement passer entre le Cap de Creaux & cette Isle sans crainte, en passant à mi-canal, où il y a 10. à 12 brasses d'eau: On y peut même passer 3. à 4 Galeres de front, rangeant tant soit peu plus du costé de l'Isle, à cause des écueils qui sont à la pointe du Cap de Creaux.

Les courans y sont fort viste du Sud-Ouest.

Il n'est pas plus mal-aisé de connoître le Cap de Creaux, lors qu'on vient du costé de l'Est, que du costé de l'Ouest, puisque c'est l'extremité de la coste, & où commence le Golfe de Lion; outre que cette Isle qui est à la pointe, en donne une parfaite connoissance: On ne peut voir cette pointe de plus loin que de 25. à 30 milles.

La Selve.

Environ sept milles à l'Oüest-Nord-Oüest du Cap de Creaux, est la pointe de la Selve, dont ce Cap donne la connoissance: Mais on ne peut voir l'entrée à moins que d'être tout proche de terre & du costé de l'Est; cette pointe est de moyenne hauteur, hachée de taches blanches, & qui paroit par le travers d'une haute montagne.

La Rade de la Selve est assés grande, les Vaisseaux & Galeres y peuvent moüiller dans un besoin, sur tout lors qu'on vient de l'Est & qu'on ne peut doubler le Cap de Creaux: C'est une grande anse de sable, dans le fond de laquelle du côté de l'Est il y a une petite Isle plate, & plusieurs Magasins de Pescheurs, devant lesquels on peut moüiller avec des Galeres & autres bâtimens, ayant un fer en mer vers le Nord-Oüest, & une amarre à terre vers les Magasins, où l'on est par 3. à 4. brasses d'eau, fond d'herbe vazeux: Mais pour les Vaisseaux ils peuvent moüiller vers le milieu de la Rade à 6. 7. & 8. brasses d'eau, fond de sable fin.

Dans le fond de la plage, il y a un petit étang d'eau douce & quelques puits proche les Magasins, dont l'eau est assés bonne.

Le Traversier est le vent de Nord Nord'est qui donne droit dans l'emboucheure; mais étant proche les Magasins à trois brasses d'eau, on est à couvert de presque tous les vents du large.

Remarques.

Les habitans du lieu disent que dans ce Port il n'y a à craindre que le vent de Nord-Oüest, quoi qu'il vienne du costé de la terre, parce que comme il passe par dessus une haute montagne, il en est plus violent & souffle par raffalles & risées; ainsi puis qu'il n'y a que ce vent là qui soit dangereux, il faut pour s'en garentir, moüiller plus proche de la coste de l'Oüest, que de l'autre, & porter de bonnes amarres à terre du même costé.

Il est cependant constant que ce lieu n'est propre que dans une necessité, encore faut-il bien prendre garde de n'estre pas surpris.

On peut aussi moüiller par tout le milieu pour estre en estat, suivant le vent qui survient, de porter une amarre à terre d'un costé ou d'autre.

Proche la pointe de la gauche en entrant à 25. à 30. toises vers le Sud-Oüest, il y a quelques roches sous l'eau, sur lesquelles il n'y a que deux brasses d'eau.

Lançan.

Environ six milles à l'Oüest quart de Nord Oüest de la pointe de la Selve, est le Golfe de Lançan, dans le fond duquel, & du costé du Sud, il y a une petite Isle ronde assés haute, entre laquelle & la terre on ne peut passer qu'avec des bateaux.

De l'autre costé de cette Isle il y a quelques Magasins de Pescheurs, au devant desquels est une petite plage de sable qui forme une moyenne anse où il y a une petite riviere.

On peut moüiller vis-à-vis de cette anse avec quelques petits bâtimens, & même avec des Galeres, pourveu qu'on se tienne un peu plus au large, & qu'on prenne garde aux vents Traversiers, pour s'en pouvoir retirer.

Le village de Lançan est environ une demie lieuë dans les terres, dane une tres-belle plaine.

Il y a aussi de l'autre costé de la riviere un autre Village proche d'une pointe de rochers, au-delà de laquelle il y a une autre petite anse de sable.

Cap Negre.

A quelques trois milles au Nord quart de Nord'est de l'Isle de l'Ançan, il y a une grosse pointe qu'on apelle le Cap Negre, & environ à une pareille distance tirant vers le Nord est le Cap de Bagnol: Mais entre ces deux pointes, tant soit peu plus proche du Cap Negre, il y a une roche sous l'eau qui s'étend s'étend de 12. à 15. toises, sur laquelle il n'y a que 5. à 6 pieds d'eau; elle est éloignée de terre environ 500. toises au large, par le travers du plus haut de la montagne.

Pour l'éviter, soit en venant du Cap de Creaux à Port Vendre, ou allant de Port Vendre à Cap de Creaux, il n'y a qu'à decouvrir le Fort S. Elme de Colioure, qu'on voit par-dessus la pointe du Port Vendre du costé de la terre; dés qu'on le voit ainsi il est seur qu'on en passe fort au large, & par consequent qu'il n'y a rien à craindre.

Entre cette seche & la terre, il y en a une autre presque à moitié de cette distance.

Cap d'Esbiere.

Environ six milles de la pointe de Bagnol vers le Nord, est le Cap d'Esbiere, qui est proche l'entrée du Port Vendre: Entre les deux il y a un grand enfoncement où sont quelques petites plages; dans celle qui est proche le Cap Bagnol, est le Village du même nom, qui separe la Catalogne d'avec le Roussillon.

Lors qu'on ne pourra point gagner le Port Vendre, on peut moüiller du côté de l'Ouest du Cap d'Esbiere, en attendant un bon temps, devant une petite plage de sable.

Du Cap de Creaux, au Cap d'Esbiere, la route est le Nord-Ouest, 5. degrez vers le Nord, environ 20. milles.

Le Cap d'Esbiere est une grosse pointe qui s'avance le plus de cette Coste, tout proche laquelle il y a un écueil hors de l'eau qui est fort bas.

DESCRIPTION DES COSTES du Roussillon & du Languedoc.

Port Vendre.

CE Port est environ un mille & demy vers le Nord-Ouest du Cap d'Esbiere, situé au pied de plusieurs montagnes.

On le reconnoit par un gros écueil qui est sur la gauche en entrant, lequel est separé de ladite pointe, environ trente à quarante toises.

On voit aussi sur la pointe de la droite un petit Fortin, armé de quelques canons, au milieu duquel il y a une petite tour quarrée qu'on apelle le Fanal.

Le Port Vendre est une espece de Calanque d'environ 400 toises de longueur & 100. de large en certains endroits: C'étoit autrefois un tres bon Port du temps qu'il étoit à l'Espagne, les Galeres alloient dans le fond, d'où on ne voyoit point l'entrée du Port, de sorte qu'on y étoit comme dans une Darse; mais presentement il s'est comblé en plusieurs endroits.

Voulant entrer dans le Port Vendre, il faut passer entre le gros écueil qu'on laisse sur la gauche, & le fanal qui est sur la droite, il y a environ cent toises de distances, & 9. à 10. brasses d'eau; on peut ranger d'un costé & d'autre; il y a 5. à 6. brasses tout proche: Il faut pourtant mieux ranger l'écueil pour pouvoir mieux tourner la Galere, & luy faire prendre son poste.

On voit sur une hauteur une Redoute de pierre du costé de la gauche, & un peu plus en dedans, sur la droite, il y a deux petites maisons sur une autre pointe, au dessus desquelles il y a une autre Redoute semblable à la precedente.

Le moüillage ordinaire est depuis le fanal jusques au dedans de ces magasins; mais il ne faut pas les passer, parce que le fond manque tout d'un coup.

On y range les Galeres par Andanes la prouë en mer, ayant un fer du costé de l'Est, & trois amarres à terre de costé & d'autre, & pour lors on sera par 4. 3. & 2. brasses d'eau, fond d'herbe & de vaze: Mais presentement il y a des Pontons entretenus qui donnent du fond jusques dans le fond du Port du costé de la droite.

Dans le fond de ce Port sur une basse pointe qui envisage l'entrée, il y a une espece de forteresse, der-

derriere laquelle il y a dans un jardin une source de bonne eau qui est facile à faire: Mais lors qu'on est plusieurs Galeres, une partie la va faire à Coulioure, qui n'en est éloigné que d'une petite demie lieuë.

Un peu au-dedans des deux maisons qui sont sur la droite, il y a une petite Chapelle où les Galeres d'Espagne font dire la Messe lors qu'elles sont dans ce Port.

Par tout le fond du Port, principalement sur la gauche, il n'y a point d'eau, le plus profond est du costé de la droite.

Le Traversier est les vents de Nord'est, & Est-Nord'est, qui y causent quelquefois une grosse mer; les vents de Sud-Ouest & Nord-Ouest qui viennent entre deux hautes montagnes, y sont aussi fort rudes, ainsi il faut y prendre garde.

A un besoin on pourroit avec une Galere passer entre le gros écueil qui est à l'entrée & la pointe du Sud, proche de laquelle on voit quelques petits écueils hors de l'eau: Il y a dans le milieu de ce passage 3. 4. & 5. brasses d'eau; on pourroit aussi moüiller en dedans de cet écueil dans une grande anse, si on ne pouvoit pas entrer dans le Port.

La Latitude du Port Vendre est 42. degrez & 30. minutes, & la variation de 6. degrez Nord-Ouest.

Colioure.

A environ une demy lieuë du Port Vendre vers le Nord, est la ville de Colioure qui est fort petite: Elle est située sur le bord de la mer, dans un enfoncement au pied d'une hauteur qui est sur la droite en entrant, sur laquelle il y a une forteresse qu'on apelle le Mirdor.

Devant la ville de Colioure, il y a un grand enfoncement, dans le fond duquel du costé de l'Ouest il y a un Château assés bon, situé sur une pointe de roches au bord de la mer; & du costé du Sud-Ouest, dans le fond d'une anse de sable, il y a plusieurs maisons de Pescheurs, & une vieille Tour ruinée, proche de laquelle il y a un ancien Monastere de Jacobins.

On reconnoit aussi ce Port, par une petite Forteresse à Etoile, qu'on nomme le Fort S. Elme, au milieu duquel il y a une Tour armée de quelques canons, qui deffendent le Port Vendre & celuy de Colioure; il est situé sur une montagne assés haute que l'on decouvre de fort loin.

Sur la droite en entrant dans le Port de Colioure, il y a une petite Isle de moyenne hauteur, sur laquelle on voit une petite Chapelle; mais on ne peut passer à terre de cette Isle qu'avec des bateaux: S'il y avoit un corps de Galeres considerable, & qu'elles ne peussent toutes entrer à Port Vendre, on pourroit moüiller dans le Port de Colioure avec quelques unes, quoy que ce lieu ne soit guiere bon; sur tout avec les vents d'Est & Nord'est, qui y causent une grosse mer: On y est assés bien avec les vents de Nord-Nord-Ouest & Ouest, en moüillant au milieu du Port devant la Ville, avec un fer vers l'Est-Sud'est, & une amarre proche la Ville, où l'on est par 3. & 4. brasses d'eau: Mais à parler sainement, cet endroit n'est propre que pour des bateaux, encore est on obligé quelquefois de les tirer à terre.

Lors qu'on est au Port Vendre, on y vient prendre toutes sortes de rafraichissemens & y faire de l'eau.

Cap Leucatte.

Environ 32. milles au Nord, 7. degrez vers l'Ouest du Port Vendre, est le Cap de Leucatte, qui est une longue pointe de moyenne hauteur assés unie, sur le haut de laquelle il y a une Tour de Garde.

Entre Colioure & cette pointe, il y a une grande plage de sable, où l'on voit un terrain fort bas, & une grande plaine: La ville de Perpignan Capitale de Roussillon est à 15. milles delà vers le Nord-Ouest: Entre cette Ville & la pointe de Colioure on decouvre deux autres Villes, dont l'une s'apelle Argentiere & l'autre Elne qui paroit assés grande.

Plages de Canet.

Depuis la pointe de Colioure jusques au Cap de Leucatte, il y a trois Isles plattes, bordées de plages; de l'autre costé desquelles sont de grands étangs, qui ont presque une lieuë de large en certains endroits.

La

La ville de Perpignan est située dans une grande plaine, sur le bord d'une petite riviere qui se jette dans ces étangs; & il y a presque vis-à-vis de l'embouchure de cette riviere, sur la seconde Isle plate dont on vient de parler, un petit Village sur le bord de la mer qu'on apelle Musane.

Canet.

Environ 5. à 6. milles vers le Nord de ce Village, sur une autre Isle, il y a une autre petite ville nommée Canet, aussi située sur le bord de la mer, devant laquelle on peut moüiller avec le vent à la terre.

Salce.

De l'autre costé de l'étang, & presque vis-à-vis de Canet, on voit aussi dans cette plaine la petite ville de Salce, située sur le bord de cet étang, & un peu au-dessus allant vers le Nord, il y a un grand Château (qui est le Château de Salce.)

La Franquine.

Ce qu'on apelle la Franquine, est une anse de sable qui est du costé du Nord de la pointe du Cap Leucatte, dans laquelle on peut moüiller avec des Galeres à une petite portée de canon de terre, où il y a 5. à 6. brasses d'eau fond de sable fin. On y est à couvert des vents depuis le Sud-Sud'est jusques au Nord-Ouest; mais le vent d'Est-Nord'est y donne à plain, & il ne faut pas s'y laisser surprendre: A dire vray, ces sortes de moüillages ne sont bons que dans une necessité, & pendant la belle saison.

Vers le Nord du Cap Leucatte, environ cinq milles, il y a une grosse pointe, entre laquelle & ce Cap est un grand étang, dont l'entrée est assés étroite; & c'est dans le fond de cet étang qui a fort peu d'eau, qu'est situé la ville de Leucatte.

COSTES DU LANGUEDOC.

Narbonne.

ENviron 20. milles au Nord'est quart de Nord, 5. degrez vers l'Est du Cap de Leucatte, est le Cap de S. Pierre, qui est une grosse pointe fort avancée en mer, laquelle forme avec le premier Cap un grand Golphe, qu'on apelle le Golphe de Narbonne; vers le milieu duquel est la riviere de Narbonne, sur laquelle est située la Ville du même nom, à 6. à 7. milles loin de l'embouchure.

La Nouvelle.

A l'entrée de la riviere sur la gauche, est un enfoncement, dans lequel on voit une petite Ville nommée la Nouvelle, devant laquelle les Barques & Tartanes qui vont dans ce lieu, moüillent ordinairement.

Riviere d'Agde.

Quinze milles à l'Est quart de Nord'est du Cap S. Pierre est le Fort de Brescou; il y a entre les deux un grand enfoncement, où sont quelques étangs, dont les terres du costé du Cap S. Pierre sont assés hautes; mais elles viennent en abaissant en s'aprochant d'Agde: Dans le fond de ce Golfe

Golfe est celuy de Vendre, où l'on voit en entrant, sur la droite, une petite Ville du même nom; il ne peut entrer dans cet endroit que de petites Barques.

Depuis Vendre jusques à la riviere d'Agde, il y a environ 6. à 7. milles vers l'Est: C'est une Côte unie & basse, bordée de plages de sable, où l'on decouvre un peu dans les terres deux petites Villes.

Environ une petite lieuë vers le Nord-Ouest du Fort de Brescou, est l'entrée de la riviere sur laquelle est la ville d'Agde, qui est située à une demy lieuë de l'emboucheure; il y a du costé droit de cette riviere, & vis-à-vis de la Ville, une branche du canal Royal de la jonction des deux mers, qui va à Toulouse.

Il ne peut entrer dans cette riviere que des Barques & Tartanes, à cause qu'il n'y a que fort peu d'eau à l'entrée; mais devant la Ville, où elles moüillent, il n'en manque pas.

Fort de Brescou.

Le Fort de Brescou est, comme nous avons dit, environ deux milles vers l'Est de l'entrée de la riviere d'Agde, & il y a vis-à-vis le Mont d'Agde, un petit Fort à quatre bastions, situé sur un rocher plat, environné de la mer de toutes parts, lequel est éloigné de la côte de 5 à 600. toises.

Vers le Nord du Fort, & au pied du Mont d'Agde, il y a une longue jettée de pierres qu'on apelle le Môle d'Agde, qui a environ 150. toises, proche duquel sont deux ou trois maisons de Pescheurs.

Entre ce Môle & une pointe basse qui est du costé d'Agde, il y a une grande plage de sable, qui autrefois étoit le Port d'Agde, mais presentement il est comblé de sable.

Entre la pointe du Môle & le Fort de Brescou, il y a une roche sous l'eau qui est presque à moitié chemin de l'un à l'autre, sur laquelle il n'y a que quatre pieds d'eau, mais aux environs il y en a 20. à 24

Il y a de même au dehors du Fort de Brescou plusieurs rochers sous l'eau, à plus d'une longueur de cable au large; & du costé de l'Ouest se trouve encore une longue pointe de roches, tant à fleur d'eau que sous l'eau, qui commencent vers le Fort, & s'étendent vers l'Ouest-Nord-Ouest à plus de 150. toises.

Moüillage.

On peut moüiller à terre du Fort de Brescou à une longueur de cable, où l'on est à l'abry par le moyen de cette chaine de rochers & du Fort, de la mer du Sud-Ouest: On y est par trois brasses & demie d'eau, fond d'herbe de vaze & de mattes; mais il faut se precautionner contre le vent de Nord-Ouest qui ne laisse pas d'y être fort rude, quoy qu'il vienne de la terre.

Si on se trouvoit abatu dans cette côte, venant du côté de l'Ouest, & qu'on eût dessein d'aller moüiller à l'abry du Fort de Brescou, même avec un Vaisseau mediocre, qui ne tire pas plus de 12. à 13. pieds d'eau; il faudroit bien prendre garde de ne pas ranger de trop proche le Fort, à cause des roches dont on a parlé cy-dessus, qui s'avancent au large, & passer à peu prés par le milieu entre le Fort & la pointe basse de la gauche, où il n'y a que 15. à 16. pieds d'eau; mais étant en dedans vis à-vis du Fort, il y en a davantage.

Si on venoit du costé de l'Est, & qu'on voulut entrer, il faudroit ranger la pointe du Môle à discretion, pour éviter la seche dont nous avons parlé cy-dessus, qui est entre le Fort & le Môle; on trouvera dans ce passage 18. à 20. pieds d'eau: mais ayant passé la pointe du Môle, il faut venir moüiller proche du Fort à discretion, & n'aprocher pas trop le côté de la plage, parce qu'il n'y a pas de profondeur d'eau.

Vis-à-vis le Môle, environ une demy lieuë dans les terres, est le Mont d'Agde, qu'on voit d'assés loin, paroissant de figure ronde & comme s'il étoit isolé; en s'en aprochant on y decouvre deux maisons presque sur le haut, qui en donnent la connoissance.

Si en venant du côté de l'Est on ne peut gagner le Fort de Brescou, on pourroit moüiller par entrepôt vers l'Est du Môle d'Agde, proche d'une pointe de rochers noirâtres, qu'on apelle communement la Conque; y ayant 16. 18. & 20. pieds d'eau proche le Môle du côté de l'Est: mais du côté de l'Ouest il est tout rempli de sable, provenant des Dunes de sable qui sont le long de la plage.

Mont

Mont de Cette.

Environ 13. milles au Nord'est du Fort de Brescou, est le Mont de Cette, qui paroit presque semblable à celuy d'Agde, lors qu'on vient du large; mais venant du côté de l'Est il paroit comme une tende de Galere, & même isolé de quelque côté qu'on le voye.

Sur le haut du Mont, il y a un Hermitage, & quelques vieilles ruines de fortifications, où il paroit des taches rougeâtres.

Entre le Mont d'Agde & celuy de Cette, c'est une grande plage de sable & un terrain fort bas, qu'on apelle la Plage de Tau, derriere laquelle est un grand étang qui va depuis Agde jusques à Aigue-Morte; il communique à la mer devant l'Isle Maguelone, à Aigue-Morte & les Saintes Maries.

On voit sur le bord de cet étang, du côté de la terre, plusieurs Villes & Villages; le terrain est assés haut, excepté proche la mer.

Port de Cette.

Le Port de Cette est du costé de l'Est du Mont, au bout d'une grande plage de sable, où il y a une longue jettée de pierres, ou Môle, qui s'avance droit vers l'Est environ 260. toises; à son extremité il y a une baterie de canon, & une Tour au milieu, sur laquelle est un fanal qu'on allume le soir, pour la reconnoissance du lieu lors qu'on y vient de nuit.

Du côté du Nord'est de ce fanal, il y a une autre longue jettée de pierres au milieu de la plage: On a fait depuis peu entre ce Môle & le Mont de Cette, une autre jettée à fleur d'eau, pour arrêter les sables: Ce Môle conduit jusques à l'entrée du Canal Royal qui est au fond du Port; il est fermé par un Pont-levis; ce Canal conduit jusques dans les étangs dont nous avons parlé.

Le Village de Cette est au pied du Mont, un peu élevé au-dessus de la mer du côté de l'Est de la montagne.

Pour entrer dans le Môle de Cette, il faut se mettre vis à-vis de l'entrée du Port qui est du côté de l'Est, & ranger à demy longueur de Galere la tête du Môle, ou le fanal, parce que sur la droite il n'y a pas de profondeur, à cause d'un banc de sable, qui croise presque toute l'entrée.

Ensuite on va moüiller tout le long du Môle où est le fanal; on met une ancre vers le Nord'est, & l'on s'amarre au Môle, en presentant la proüe à la mer.

On peut aller avec des Galeres ou Vaisseaux dans le fond du Môle; il y a presque par tout, depuis 12. jusques à 16. pieds d'eau, fond de vaze & de sable, & l'on y tient des machines pour entretenir la profondeur du Port.

A l'entrée du Port & proche le fanal, il y a 18. à 20. pieds d'eau; mais tant soit peu au dehors de l'entrée il y a un haut fond ou banc de sable, sur lequel il n'y a que trois brasses d'eau, & où la mer est extremement grosse, des vents depuis l'Est-Sud'est jusques à Sud-Ouest, qui sont les traversiers de ce Port, & lesquels offusquent tellement la côte qu'on ne peut voir la terre à moins que d'en être fort proche, quoy que le vent d'Est donne à plain dans l'entrée du Port, il n'y cause pourtant pas de grosse mer, attendu qu'il ne fait presque que ranger la côte

On faisoit cy-devant de l'eau dans un grand jardin, qui est sur le bord du Canal Royal; mais à present on a decouvert une bonne source d'eau dans le fond du Port à l'entrée du canal.

La latitude de Cette est 43. deg. 25. minutes, & la variation de l'aiguille aymantée de 6. deg. Nord-Ouest.

Par ce Canal on entre comme l'on a déja dit dans ces grands étangs, où l'on va avec des bateaux à plusieurs Villes & Villages qui sont proche la mer, comme aux Bains de Balaruc si renommés par la vertu de leurs Eaux minerales, à Frontignan & à Montpellier qui sont situez sur le bord de l'étang.

Plages de Languedoc.

Les gens du Pays expriment les entrées de ces Etangs ou Rivieres, par le mot de Gras, comme le Gras d'Aigue-Morte, le Gras des Saintes Maries, & ainsi du reste.

Gras de Maguelonne.

Du Port de Cette au Gras de Maguelonne, la Côte court au Nord'est quart-d'Est environ 16. milles: Entre ces deux endroits c'est une grande plage de sable dont le terrain est fort bas, n'ayant que quelques Dunes de sable, au delà desquelles sont les étangs de Montpellier: Mais environ 4. à 5. milles vers l'Est-Nord'est du môle de Cette, vis-à-vis la ville de Frontignan, il y a une longue pointe de sable & de roches qui s'avancent plus d'une demy lieuë au large, à quoy il faut prendre garde en rangeant cette côte.

Isle de la Maguelonne.

Un peu vers l'Ouest du gras ou entrée de Maguelonne, il y a dans l'étang une petite Isle platte, sur laquelle est un ancien Convent qui paroit comme un Château, & qui est ce qu'on apelle l'Isle de Maguelone; (il y a plusieurs Tartanes qui vont moüiller devant cette entrée, où elles chargent & dechargent des marchandises pour Montpellier.)

On voit vis-à-vis de l'Isle Maguelonne de l'autre côté de l'étang, la ville de Montpellier, qui paroit fort grande, comme elle l'est en effet.

Ayguemorte.

Entre le port de Cette & la pointe de l'Espiguete, qui en est éloignée d'environ 30. milles vers l'Est, il y a un grand golfe qu'on apelle le golfe d'Ayguemorte, où sont toutes basses terres, marecages & plages de sable: A 6. ou 7. milles vers le Nord de cette pointe, & dans le fond du golfe, est le gras d'Ayguemorte, où il ne peut entrer que des bâteaux; la Ville qui est sur la droite est éloignée d'environ une lieuë du rivage, quoy qu'autrefois la mer y allât jusqu'au pied des murailles, où l'on voit encore des anneaux de fer & de bronze où les Galeres & les Vaisseaux s'amarroient.

On ne peut entrer dans ce Gras ny aller à la Ville qu'avec des bateaux, encore faut-il prendre garde au plus profond, qu'on marque ordinairement par une boye, à cause du changement des bancs de sable.

On pourroit dans un besoin, se trouvant abattu dans le Golfe de Lion & par le travers de ces Côtes, moüiller dans l'enfoncement dont nous avons parlé, vis-à vis l'entrée d'Aiguemorte, où l'on est par 4. 5. & 6. brasses d'eau & à couvert des vents d'Est, & même d'Est-Sud'est, suivant que l'on voudroit s'enfoncer dans le Golfe; sur la pointe de la droite de l'entrée du gras d'Ayguemorte, il y a quelques Cabanes de Pescheurs.

Entre la pointe de l'Espiguette & le Gras d'Aiguemorte, il y a une autre entrée qui conduit à un petit fort, qu'on apelle le Fort de Pecaix, où sont plusieurs Salines.

Sur la pointe de l'Espiguette, il y a plusieurs Cabanes de Pescheurs; & tout proche vers l'Est, il y a une longue pointe basse bordée de sable, auprés de laquelle il y a un bocage de pins; ce qui fait qu'on apelle ce lieu-là, Pointe de la Pinede; ces arbres & ces cabanes en donnent la connoissance: car comme le terrain est fort bas, on ne le peut voir à moins que d'en être fort prés.

DESCRIPTION DES COSTES de Provence.

Les Saintes Maries.

ENviron six milles vers l'Est, cinq degrez vers le Sud de la pointe de la Pinede, est celle des saintes Maries, sur laquelle il y a aussi plusieurs Cabanes (destinées pour la retraite des Pescheurs, qui ordinairement font la pesche de la Melette, & autre poisson pendant l'Esté) & entre ces deux pointes est l'entrée ou le gras des saintes Maries; il ne peut y entrer que des bateaux, encore avec peine : Il y a aussi une boye à l'entrée, mais ordinairement les Tartanes qui aportent le poisson en ces lieux, ou à Arles, moüillent vis-à-vis de la pointe, dont il a esté parlé cy-devant.

La ville des saintes Maries est environ demy lieuë dans les terres; elle se voit d'assés loin, & paroit comme les voiles d'un Vaisseau.

Reconnoissance.

Lors qu'on navigue le long de ces côtes, à une distance de 3. à 4. lieuës, on a peine à decouvrir les terres, parce qu'elles sont extremement basses; mais on decouvre les clochers & tours des Villes & Villages, & toutes ces cabanes de Pescheurs qui sont sur le bord de la mer.

On peut neantmoins ranger à discretion toutes ces côtes avec un beau temps, principalement lors que les vents sont à la terre.

Pointe des Tignes, où est l'emboucheure de la Riviere du Rhône.

La pointe des Tignes est à 45. milles à l'Est quart de Sud'est du port de Cette, & à 13. milles au Sud'est quart de Sud de la pointe des saintes Maries : Il y a entre ces deux pointes un grand enfoncement, dans lequel on peut moüiller dans une necessité, y ayant 5. à 6. brasses d'eau, fond de vaze môle, & y étant à couvert des vents d'Est & Sud'est: Mais il faut prendre bien garde de ne pas se laisser surprendre par les vents du large, car on ne pourroit doubler les pointes, ny d'un côté ny d'autre.

Ce qu'on apelle ordinairement les Tignes ou Tignaux, sont plusieurs basses pointes de marescages & petits bancs de sable qui sont aux environs, & qui s'avancent le plus au large de tout le Golfe de Lion; c'est le lieu où se vient jetter la riviere du Rhône, & l'endroit le plus dangereux de toutes ces côtes, à cause des bords de la mer qui y sont fort bas.

Isle Bauduf.

Cette riviere du Rhône a deux emboucheures, l'une de l'Ouest, & l'autre du costé de l'Est; elles sont separées par une petite Isle qu'on apelle Bauduf, qui est celle qui s'avance le plus au large, elle est fort basse.

On ne sçauroit passer par l'entrée du Sud-Ouest, apellée le Gras de sainte Anne, qu'avec de petits bâtimens; on reconnoit cette emboucheure par deux cabanes de Pescheurs qui sont sur la gauche en entrant, & une longue bigue qui ressemble à l'arbre d'un Vaisseau, où l'on met des Matelots pour faire signal aux bâtimens qui y entrent : Ce qui est tres necessaire à cause de plusieurs bancs de sable qui sont à l'entrée, lesquels changent souvent d'un lieu à l'autre par le mouvement des eaux.

On y tient aussi ordinairement une boye ou signal pour m[illegible] le lieu où l'on doit passer.

Tour de Tanpan.

Environ 4. à 5. milles vers le Nord de la pointe des Tignes ou l'Isle Bauduf, il y a une grosse Tour quarrée qu'on apelle Tour de Tanpan, située sur un bas terrain, sur le haut de laquelle il y a une espece de guerite, qui de loin ressemble aux voiles d'un Vaisseau: On decouvre cette Tour bien plûtôt que le terrain des environs, qui est comme nous avons dit extremement bas: Cette Tour se voit également, soit qu'on vienne du costé de l'Ouest ou du costé de l'Est, & c'est en partie ce qui donne la connoissance de cette basse pointe.

L'autre entrée du Rhône, qui est du côté du Nord'Est de l'Isle Bauduf, est la plus profonde; & c'est par celle-là qu'entrent toutes les Tartanes & autres petits bâtimens qui vont à Arles.

Mais parce qu'il y a plusieurs petits bancs de sable à l'entrée, il est necessaire d'avoir des gens pratiques, parce que ces bancs sont tantôt d'un côté, & tantôt de l'autre, suivant les debordemens de la Riviere, ou des tempêtes qui remuent les sables par dessous les eaux; aussi y voit-on presque toûjours briser la mer, à moins qu'elle ne soit calme, ou que les vents soient à la terre.

Sur la pointe de la droite en entrant dans le Rhône, il y a plusieurs cabanes de Pescheurs qui en donnent une connoissance, comme aussi quelques Dunes de sable, qui paroissent de loin comme de petites Isles.

Remarques.

On reconnoit encore cette pointe des Tines par le changement de couleur que produisent les eaux douces, qui paroissent blanches sur la surface de la mer, & s'étendent fort loin; comm'aussi par les fils des courans, qu'on voit ordinairement par le travers de l'embouchure de cette riviere, dont les eaux vont presque toûjours vers le Sud-Ouest: On peut passer par un beau tems pendant le jour fort proche la pointe des Tines, y ayant à un mille au large cinq à six brasses d'eau.

Il est encore à observer, que lors qu'on navigue le long des côtes du Golfe de Lion, il faut avoir égard autant qu'on le peut aux differents courans qui y sont fort irreguliers: Car on remarque que lors qu'il a fait de grandes pluyes, & que les étangs & les rivieres se degorgent plus abondamment, les mers portent plus vivement au large; & qu'au contraire dans le temps des secheresses, que ces mêmes étangs se remplissent, les mers portent alors à terre; outre qu'une longue experience nous fait connoître que les Golfes & les Plages attirent toûjours les vagues de la mer, à quoy il faut que les Pilotes ayent égard.

On dira peut-être qu'on ne peut pas sçavoir, venant de loin avec un Vaisseau, les temps qu'il a fait dans le Golfe, puis qu'ils ne sont pas universels; mais au moins on sera averti qu'il faut se precautionner à tout evenement, en se tenant plus au large, à moins que le vent ne fût du côté de terre.

On a crû devoir s'étendre un peu sur la description de ces côtes, attendu qu'elles sont trés dangereuses, & que le Golfe de Lion est un rude passage, sur lequel on ne sçauroit donner trop de lumieres pour éviter les dangers qui s'y rencontrent.

Golfe de Fos.

Environ 10. milles vers l'Est-Nord'Est de la pointe des Tines, est le port de Bouc; il y a entre ses deux un grand enfoncement, qu'on apelle le Golfe de Fos, dont toutes les terres sont basses le long de la mer: On y voit deux moulins à vent sur deux colines, qui sont presque dans le fond du Golfe.

Fos est une petite Ville fort ancienne, située sur une eminence presque dans le fond du Golfe, à 4. à 5. milles du Port de Bouc; elle paroit de loin comme une forteresse, éloignée du bord de la mer d'environ deux milles, quoy qu'elle semble être tout auprés: On voit aussi dans une plaine entre Fos & le Port de Bouc, des grands Aqueducs fort antiques.

Vis à-vis la Ville de Fos, il y a une longue & basse pointe qui s'avance fort au large, on pourroit mouilmoüiller avec des Galeres entre cette pointe & celle de Bouc en venant du côté de l'Oueſt, ſuposé qu'on ne pût gagner le Port de Bouc.

Port de Bouc.

Environ 4. à 5. milles de Fos, eſt le Port de Bouc, ſitué dans un bas terrain, qui eſt fort grand en aparence; mais il n'y a de profondeur d'eau que dans le milieu; on y pourroit échoüer ſur les vaſes, dans une neceſſité, le fond étant de vaſe molle & herbiez.

L'entrée en eſt fort petite, n'ayant que 150. toiſes d'ouverture; ſur la pointe de la droite en entrant il y a une Forteresse, au milieu de laquelle eſt une Tour quarrée de pierre blanche qui ſe voit de fort loin: Elle eſt ſituée ſur une baſſe pointe d'une Iſle, qui n'eſt ſeparée de la terre ferme que par un petit ruiſſeau; les Hollandois, & quelques autres Auteurs marquent l'entrée de ce Port dans leurs Miroirs de mer du côté de l'Eſt de cette Iſle où eſt la Tour de Bouc; ce qui fait voir qu'ils n'ont jamais pratiqué cette côte, non plus que l'Auteur du petit Flambeau de la mer, imprimé au Havre de Grace.

Seche de Foucard.

La pointe de la gauche en entrant, apellée la Languette, ou la Leque, eſt fort baſſe, & eſt remplie de rochers tout autour qu'il faut éviter ſoigneuſement.

Environ 90. toiſes à l'Eſt de cette pointe, il y a un petit banc de roches que les gens du lieu apellent Foucard, ſur lequel il n'y a que 5. à 6. pieds d'eau; il eſt fort dangereux quand on ne le connoit pas: mais on peut le reconnoître en ce qu'on y voit toûjours briſer la mer lors qu'il fait mauvais temps; ſi l'on veut connoître preciſement l'endroit où il eſt, il n'y a qu'à mettre ſur une ligne les deux guerites de la Forteresse qui ſont du côté de la mer, & ſuivre ainſi cette marque, juſques à ce que l'on voye l'extremité de la pointe de la Leque qui reſtera du côté de l'Oueſt, dans cette ſituation on ſe trouveroit directement ſur la roche; ce qui doit ſervir de remarque & une precaution pour l'éviter.

Lors qu'on veut entrer dans le Port de Bouc, en venant du large, il faut venir ranger à demie longueur de Galere la Forteresse où eſt la Tour de Bouc, qui eſt ſur le bord de la mer à la droite en entrant, d'autant que c'eſt le plus profond, mettant la proüe par le Nord'Eſt & Nord'Eſt quart à l'Eſt; il faut continuer ainſi cette route juſqu'à ce qu'on decouvre le pont-levis du Château qui eſt du côté de l'Eſt, & ne pas avancer plus loin de peur de toucher proche d'une pointe baſſe qui eſt ſous l'eau: car du moment qu'on l'aperçoit il faut gouverner, ou mettre la proüe ſur le village de Bouc qui eſt du côté du Nord, qu'il faut laiſſer un peu ſur la gauche; par ce moyen vous éviterez la ſeche de Foucard dont il a eſté parlé, qui vous reſtera en dehors; on peut enſuite moüiller où l'on le jugera à propos, en obſervant neantmoins, de ne pas trop s'aprocher du côté du Village, où la profondeur manque tout à coup.

Le bon moüillage de ce Port eſt à l'Eſt-Nord'Eſt de la pointe baſſe de la gauche, où quelquefois on porte une amarre à quelques écueils qui ſont hors de l'eau de ce même côté: on y eſt par 15. à 16. pieds d'eau fond de vaze & d'herbe; ainſi l'on ne ſçauroit que difficilement y prendre mal, en cas qu'on y échoüât.

On pourroit auſſi paſſer entre la pointe de la Leque & la ſeche de Foucard, y ayant 14. à 15. pieds d'eau; mais il ne convient guiere d'y paſſer, à moins que de bien ſçavoir preciſement où reſte la ſeche.

Le vent de Sud-Oueſt eſt le traverſier de ce Port, ce qui rend quelquefois la mer aſſez groſſe: Il n'y a point d'eau douce; mais on la va faire aux Martigues, de l'autre côté de la Ville, à une belle ſource qui eſt ſur le bord de l'étang.

Les Martigues.

Dans le fond du Port de Bouc, il y a pluſieurs levées de terre, qui forment des canaux qui conduiſent aux Martigues, le principal par où entrent les Tartanes qui y vont, eſt du côté du Sud, à l'extremité duquel il y a une maison qui en donne la connoissance. A l'entrée de ces canaux, sont plusieurs parcs qu'on apelle Bordigues, pour la pesche du poisson.

La ville des Martigues est environ à une lieuë de la Tour de Bouc; elle est separée en trois, dont l'une s'apelle Ferriere, l'autre Jonquiere, & celle du milieu, l'Isle, parce qu'elle est effectivement isolée, & qu'on passe de l'une à l'autre sur des ponts.

De l'autre côté des Martigues, il y a un grand étang qu'on apelle l'étang de Berre, ou de S. Chamas: On y voit la petite ville de Berre sur le bord de l'étang, & le village de S. Chamas un peu plus loin; il y a plusieurs Salines aux environs de cet étang.

Cap Couronne.

Environ 9. milles au Sud'est quart de Sud de la Tour de Bouc, est le Cap Couronne, avec le Cap Croisette, qui forment la grande baye de Marseille.

Entre Bouc & le Cap Couronne, le terrain est assés bas, & il n'y a point de moüillage le long de cette côte que pour des Bateaux, qui sont deux Calanques, dont la premiere qui est la plus grande & la plus proche de la Tour de Bouc n'est propre que pour de petites Barques; & dans l'autre apel-lée Darvette, qui est proche le Cap Couronne, il n'y peut entrer que des Bateaux.

On reconnoît le Cap Couronne, en ce qu'il y a une basse pointe fort unie, qui fait, comme nous avons dit, une des entrées de la Baye de Marseille, (c'est d'où l'on tire presque toute la pierre de taille qu'on aporte à Marseille.)

Les Regas.

Vers le Ouest-Sud-Ouest de la pointe du Cap Couronne, il y a un banc de roches & de sable sous l'eau, nommé les Regas, éloigné de terre d'environ un mille, sur lequel il n'y a que 5. à 6. pieds d'eau, ce qui fait que la mer y brise lors qu'elle est agitée; & entre ce banc & la côte, il y a un autre petit banc, sur lequel il n'y a aussi que fort peu d'eau.

On pourroit neantmoins passer avec une Galere à terre de ces bancs; mais il seroit dangereux de le tenter, si on n'en avoit pas une exacte connoissance.

Baye de Marseille.

Environ 18. milles vers le Sud'est quart d'Est du Cap Couronne, est le Cap Croisette, qui forment ensemble, comme il a esté dit cy-dessus, la grande Baye de Marseille, qui a 18. milles d'ouverture, & prés de 12. d'ensoncement; il y a dans cette Baye plusieurs moüillages.

Reconnoissance de Marseille.

Cette reconnoissance, venant du large, est assés facile à faire, tant par le grand deffaut de terre, que cause l'enfoncement de cette Baye, que par le Cap Couronne qui est fort bas, & celuy de la Croisette qui est fort haut, du moins aux environs venant du côté de l'Ouest: Car quand on est à 35. ou 40. milles au large, on voit dans les terres une montagne ronde qu'on apelle le Danube, autrement la montagne d'Aix; du côté de l'Est les montagnes de la sainte Baume, & vers l'Est de Marseille, presque joignant celles là, on decouvre celles de S. Sery, qui semblent de loin deux pains de sucre; outre qu'on aperçoit vers le Sud du Cap Croisette, l'Isle de Riou, qui est assés haute, & separée de la côte d'environ demie lieuë.

En approchant on decouvre fort au large une petite Isle platte, sur laquelle est une Tour qu'on apelle Tour de Planiez; on voit ensuite les Isles du Château-d'If qui paroissent au milieu de la Baye.

Moüillages de la Baye de Marseille.

En venant du côté de l'Oueſt, & ne pouvant gagner le Port de Marſeille, on pourroit (ſur tout avec deux ou trois Galeres) moüiller dans une grande Calanque qu'on apelle Caro, qui eſt en dedans de la pointe du Cap Couronne & du côté de l'Eſt; il y a dans le milieu 3. 4. & 5. braſſes d'eau, fond d'herbe vazeux, & à l'entrée 8. à 10. braſſes; en ſorte que ſi l'on vouloit y moüiller, il ne faudroit pas s'aprocher de la pointe de l'Oueſt du Cap Couronne, parce qu'il y a des plateaux qui s'avancent ſous l'eau, mais ſeulement ouvrir ladite Calanque.

Les vents qui incommodent le plus, & qui ſont les traverſiers, ſont le Sud'eſt & le Sud, qui y cauſent une groſſe mer, c'eſt pourquoy ce lieu n'eſt propre que pour les vents d'Oueſt Nord-Oueſt, juſques au Nord'eſt.

Dans le fond de cette Calanque ſur la droite, il y a une petite maiſon qui en donne la connoiſſance.

Pointe Riche.

Environ 4. à 500. toiſes vers l'Eſt-Sud-Eſt du Cap Couronne, il y a une longue pointe de moyenne hauteur, qu'on apelle Pointe Riche; entre cette Pointe & ce Cap, il y a un grand enſoncement bordé d'une plage de ſable, apellée Plage de Verdun, où l'on pourroit mouiller auſſi en attendant le beau temps, lors que les vents ſont à la terre.

Au-deſſus de cette plage, à la grande portée du fuſil, on voit le village de la Couronne.

Environ un mille vers l'Eſt de la Pointe Riche, il y a un écueil plat hors de l'eau qu'on apelle le Ragnon, proche duquel il y a une Madrague : Il y en a auſſi pluſieurs autres le long de cette côte juſques au fond de la Baye; elles s'avancent en mer environ 6. à 700. toiſes, mais on ne les tend qu'en Eſté.

Cap Mejan.

Environ 7. à 8. milles à l'Eſt du Cap Couronne, eſt le Cap Mejan, qui eſt une groſſe pointe fort haute & eſcarpée de toutes parts, preſque à moitié chemin de l'un à l'autre, on voit un petit Village & une grande maiſon ou Château, qu'on apelle Cary, avec une rangée d'arbres qui conduiſent juſques à la mer, qui en donnent la connoiſſance : Il y a dans cet endroit un peu d'enfoncement qui n'eſt propre que pour des bateaux, ayant pluſieurs écueils à ſon entrée.

Depuis le Cap Couronne juſques à Cary, la côte eſt fort baſſe, & vient en s'élevant juſques au Cap Mejan qui eſt fort haut.

Calanque de Mejan.

Du côté de l'Oueſt du Cap Mejan, il y a une grande Calanque où l'on pourroit moüiller deux ou trois Galeres, qui y ſeroient paſſablement bien pour les vents de la terre; mais les vents de Sud & Sud-Oueſt y donnent à plein, & y cauſent un gros reſſac de la mer, quoy qu'il y ait à l'entrée de ce Port ſur la gauche quelquels écueils à fleur d'eau, qui couvrent en partie de la mer du large.

Lors qu'on veut y aller moüiller, il faut ranger la groſſe pointe de la droite, à cauſe de ces écueils : il y a 7. à 8. braſſes d'eau au milieu du paſſage, & 3. à 4. braſſes dans le milieu de la Calanque ; le fond en eſt de vaze & d'herbe; il n'y a qu'une cabane, qui ſert de retraite aux Peſcheurs.

Environ 4. à 500. toiſes vers l'Eſt du Cap Mejan, il y a une petite Iſle qu'on apelle Laire-Vigne : On ne peut paſſer à terre d'elle qu'avec des bateaux, quoy qu'il y ait 7. à 8. braſſes d'eau ; mais le paſſage en eſt fort étroit.

Rade de l'Estaque.

Quelques 3. à 4. milles du Cap Mejan, & dans le fond de la Baye de Marseille, est une grosse pointe blanchâtre, qu'on apelle la Corbiere; & tant soit peu plus en dedans est le moüillage de l'Estaque (que les Ponantois apellent la Rade des Flamands.) Pour y estre bien posté il faut se mettre en dedans de la pointe de la Corbiere, éloigné de la côte de trois à quatre longueurs de cables, & non davantage, à cause d'une Madrague qu'on y place pendant l'Eté; & bien qu'elle n'y soit point l'Hyver, il y reste pourtant quantité de roches mouvantes qu'on met pour tenir cette Madrague.

Remarques.

Pour éviter aisement ces roches, qui pourroient casser les cables, il faut pour être au bon moüillage voir l'extremité de la pointe du Cap Mejan, par la separation d'une pointe de roches blanchâtres, apellée le Moulon; cette pointe est proche de l'Isle de Layre Vigne, & l'on est pour lors par 12. 15. à 20. brasses d'eau fond d'herbe vazeux.

Les vents de Sud'est, Sud, & Sud-Ouest, y donnent à plain; mais comme le terrain est fort haut, il abbat la grande violence du vent.

Sur la pointe de la Corbiere, on y a fait nouvellement une batterie, comme en plusieurs autres endroits, pour la défense des moüillages & aproches de Marseille.

Il faut remarquer qu'on ne peut moüiller plus proche de terre qu'à l'alignement de la Corbiere & du fanal de Marseille: Car du côté de terre, le fond qui est tres mauvais, y est rempli de roches; & il y a presque par tout le milieu de la baye depuis 30. jusqu'à 45. brasses d'eau fond de vaze.

Des Isles de Marseille ou du Château-d'If.

Les Isles du Château d'If sont au nombre de trois, éloignées du Port de Marseille d'environ 3. milles à l'Ouest-Sud-Ouest, la plus voisine de Marseille est celle du Château d'If, qui est un gros rocher fortifié de toutes parts, au milieu duquel il y a trois grandes tours autour d'un donjon.

Isle de Ratonneau.

L'Isle de Ratonneau est voisine du Château-d'If du côté du Nord Ouest; elle en est éloignée environ 300. toises: Il y a sur la pointe du Nord'Est de cette Isle une baterie de canon, & sur le haut de l'Isle quelques fortifications, avec une Tour quarrée au milieu.

Cette Isle peut avoir environ une demie lieuë de long. Elle a à l'Ouest un gros écueil qu'on apelle le Tiboullen, entre lequel on peut passer, y ayant 10 brasses d'eau: Mais tout auprés de la pointe de Ratonneau il y a une seche où la mer brise quelquefois; il y a aussi quelques écueils qui sont hors de l'eau.

Isle S. Jean.

L'Isle S Jean, communement apellée Pomegue, est située vers le Sud de celle de Ratonneau, éloignée dans l'endroit le plus proche d'environ 120. toises; on apelle le canal que forment ces deux Isles le Friou, sur le haut de la pointe du Nord'Est il y a une grosse Tour ronde, & quelques fortifications auprés, & sur la hauteur de l'Isle qui est fort élevée, est la Tour S. Jean.

Port de Pomegue.

Le Port de Pomegue est du côté du Sud, & presque vers le milieu de cette Isle; c'est une grande

Calanque formée par une petite Isle presque contiguë à l'Isle S. Jean: Il y a dans le fond depuis trois jusqu'à six brasses d'eau, fond d'herbe vazeux: Les Vaisseaux qui viennent du Levant vont ordinairement y faire quarantaine.

On s'y amarre à quatre; sçavoir de poupe & de prouë, avec une bonne ancre à la mer vers l'Est, le traversier est le vent de Nord'Est: On peut passer entre toutes ces Isles, principalement entre celle-cy, & les ranger tant qu'on veut, y ayant beaucoup de profondeur d'eau.

Moüillage du Friou de Ratonneau.

On peut moüiller en plusieurs endroits aux environs de l'Isle de Ratonneau; mais principalement vers la pointe de l'Isle S. Jean où est la Tour: Aux environs d'un écueil qui est vis-à-vis une petite Plage de l'Isle Ratonneau (au-dessous de la Forteresse,) où l'on est par 3. 4. & 5. brasses d'eau, fond d'herbe vazeux.

Il faut avoir une bonne ancre vers le Sud'Est, qui en est le traversier, & une amarre sur l'Isle de Ratonneau, ou sur les écueils, suivant l'endroit où l'on est: Il y a quelques Galeres qui portent une amarre sur l'Isle S. Jean, & un fer au Nord-Ouest.

Il faut bien s'amarrer du côté de l'Isle Ratonneau à cause des Ressalles du Nord-Ouest qui viennent avec violence par-dessus l'Isle: On peut facilement passer entre les deux Isles avec des Vaisseaux & Galeres, où il y a 6. à 7. brasses de profondeur au plus étroit passage.

Moüillage du Château-d'If.

Ce Moüillage est entre le Château-d'If & la pointe de l'Est de l'Isle Ratonneau, vis-à-vis une Calanque de cette Isle, où l'on peut mettre deux Galeres amarrées à quatre, ayant la poupe dans le fond de la Calanque; il y a 3. à 4. brasses d'eau fond d'herbe vazeux.

Mais pour les Vaisseaux & les autres Galeres, ils doivent moüiller dans le milieu des deux Isles, tant soit peu plus proche de l'Isle que du Château, ayant une ancre vers le Sud'est, & une bonne amarre sur l'Isle au Nord-Ouest: On y est par 7. 8. à 9. brasses d'eau, même fond; il faut se bien amarrer pour le vent du Sud'est qui en est le traversier: On peut ranger l'Isle tant qu'on veut, y ayant six brasses d'eau à l'extremité de la pointe.

Seche de S. Esteven.

Entre la pointe de l'Est de l'Isle Ratonneau, & l'autre moüillage de la même Isle, autrement le Friou dont nous avons parlé, il y a dans la même Isle (& presque au pied de la Forteresse) une grande Calanque, avec un peu de Plage, qu'on apelle S. Esteven, vis-à-vis de laquelle il y a une roche sous l'eau, qui est tres dangereuse pour ceux qui n'en ont point de connoissance, sur laquelle il n'y a que 5. pieds d'eau, & 7. à 8. brasses tout autour; elle est vis-à-vis la pointe de l'Ouest de cette Calanque, environ 80. toises: C'est pourquoy lors qu'on part de Marseille pour aller moüiller au Friou, passant entre le Château-d'If & l'Isle Ratonneau, il faut ranger de plus prés le Château que l'Isle, jusqu'à ce qu'on ait doublé ladite Calanque, aprés quoy il n'y a plus rien à craindre; ce que j'ay dit pour aller, se doit aussi entendre pour revenir.

Du côté du Nord de l'Isle Ratonneau, il y a plusieurs petites Calanques, où l'on peut se debarquer; il y en a une entre autres proche la pointe de l'Est, qu'on apelle l'Ebe, où il peut demeurer de petites Barques, y ayant 2. 3. & 4. brasses d'eau; & au-dessous de la Forteresse, du même côté, il y a une grande Calanque apellée la Calanque du Banc.

Isle Planiez.

Environ 5. milles vers le Sud-Ouest de la pointe du Cap Cavaux, qui est le plus au Sud-Ouest de l'Isle S. Jean, ou Pomegue, il y a une petite Isle qu'on apelle Planiez, parce qu'elle est fort plane & basse, sur laquelle il y a une Tour inhabitée qui ne sert que pour en donner la connoissance.

On peut passer entre la terre & cette Isle, y ayant 40. à 45. brasses d'eau ; mais il ne faut pas s'en aprocher, sur tout du côté du Sud-Ouest-Sud'Est & de l'Est, à cause de quelques roches qui s'étendent environ un mille, sur lesquelles il y a fort peu d'eau, & où la mer brise par tout lors qu'il fait mauvais temps.

Seche nommée le Canoubiez.

Dans la route directe du Château-d'If au Port de Marseille il y a deux roches sous l'eau, la plus voisine du Château-d'If en est éloignée d'environ 4. à 500. toises, & s'apelle la Sourdara, sur laquelle il n'y a que 3. pieds d'eau ; à 100. toises de celle-cy en avançant sur la même ligne, est la seche le Canoubiez, sur laquelle il n'y a ordinairement qu'un pied d'eau : Comme ces roches se trouvent dans le milieu du passage allant du Château-d'If à l'Isle de Daume, il est important d'observer les remarques mises cy-aprés, pour servir à les reconnoître & à les éviter.

Remarques du Canoubiez.

Lors qu'on est directement sur la roche du Canoubiez, on voit la Tour de l'Isle S. Jean entre les deux Tours du Château-d'If ; & quand on est par son travers on voit le gros Cap, ou la pointe de la Plage de Montredon, qui reste par le milieu du passage de la pointe de Daume & de la premiere Isle.

Le Sourdara est éloigné du Canoubiez, comme il a esté dit cy-dessus, de la longueur d'un cable, tirant vers le Sud-Ouest ; pour peu que la mer soit agitée, elle brise sur l'un & sur l'autre.

On peut passer entre le Château-d'If & ces écueils sans rien craindre, y ayant 9. 10. & 12. brasses d'eau, fond d'herbe vazeux ; mais il est bon de ranger un peu plus le Château-d'If, que le côté du Sourdara.

On peut passer aussi entre la pointe de Daume & le Canoubiez, & c'est même le passage ordinaire & le meilleur, rangeant la côte à discretion.

Marseille.

La Ville de Marseille est fort grande & fort renommée par son commerce ; elle est située dans le fond de la Baye, ce qui fait qu'on n'en peut decouvrir qu'une petite partie ; on voit seulement sur la gauche, une Forteresse apellée le Fort S. Jean, où il y a une haute Tour ronde qu'on apelle le Fanal ; & sur la droite une Citadelle à 4. bastions apellée S Nicolas, qui est trés considerable : Il y a du même côté une haute montagne, sur laquelle est un Fort nommé Nôtre-Dame de la Garde, d'où l'on decouvre l'arrivée des bâtimens.

Au milieu de la Ville il y a un Port, dont l'heureuse situation le rend un des meilleurs Ports de la Mediterranée, & où il y a plus de seureté pour les bâtimens ; il est couvert par une grosse pointe qui le garantit de la mer ; son emboucheure est entre les deux Citadelles qui en deffendent l'aproche, où il y a trois pilliers qui le renferment ; son entrée est du côté du Fort S. Jean, entre une haute Tour quarrée, & l'un desdits Pilliers ; elle se ferme tous les soirs avec une chaine de fer, soûtenuë par une grosse piece de bois.

Entrée du Port de Marseille.

Lors qu'on veut entrer dans ce Port, il ne faut pas ranger de trop prés le Fanal qui est sur la gauche, à cause de quelques roches qui sont sous l'eau (qu'ils apellent Mange Vin ;) mais il faut passer à mi-canal, & se tenir tant soit peu sur la droite ; pour cela il faut voir la guerite du milieu du bas Fort de la Citadelle saint Nicolas, sur la ligne du moulin à vent qui est au-delà, & suivre cette route jusqu'à la decouverte de l'entrée du Port, puis en tournant autour du Fanal pour entrer dans le Port, il faut ranger un peu plus la Tour de S. Jean que le pillier, à cause de quelques roches qui en sont tombées.

Il n'y a dans cette entrée que 15. à 16. pieds d'eau ; mais dans tout le Port il y en a 18. à 20. pieds, & au dehors il s'y trouve des 4. à 5. brasses de profondeur.

Lors que le vent d'Est refuse, on peut moüiller au dehors vis-à-vis de la Ville, à quatre à 500. toises loin, où il y a 12. à 15. brasses d'eau, fond d'herbe vazeux; mais il ne convient pas d'y passer la nuit, le vent de Nord-Ouest qui donne à plain dans l'entrée du Port y étant quelquesfois trés violent.

La Latitude est 43. degrez 20. minutes, & la variation de six degrez Nord-Ouest.

Des Isles de Daume.

Environ une demie lieuë vers le Sud-Ouest du Port de Marseille, il y a une longue pointe basse, qu'on apelle pointe de Daume, au bout de laquelle sont deux petites Isles, sur l'une desquelles qui est celle de dehors, il y a une petite Forteresse qu'on y a fait nouvellement.

On moüille ordinairement vers le Sud-Sud'Est de ces Isles, par 6. 7. à 8. brasses d'eau, fond d'herbe vazeux: On porte une amarre sur les Isles, & une bonne ancre vers le Sud'Est, qui en est le Traversier.

On peut moüiller aussi un peu plus au large, mais quelquesfois les ancres y chassent, & l'on est contraint de les renforcer par une plus petite ; ce que la pratique nous enseigne.

On peut passer dans un besoin entre la pointe de Daume & la premiere Isle, mais non pas entre les deux Isles à cause de quelques roches, quoy qu'il y ait 3. à 4. brasses d'eau.

Il ne faut pas ranger l'Isle où est la Forteresse, de trop prés, à cause de quelques roches qui en sont proche du côté du Nord-Ouest ; tous les Vaisseaux qui viennent du côté de l'Est pour aller à Marseille passent entre ces Isles & le Château d'If, rangeant la côte de la droite, comme il a déja esté dit, de peur du Canoubier, que quelques Etrangers apellent la Galere: A moins qu'on ne veüille passer entre le Château d'If & cette seche, comme on l'a dit cy-devant.

Cap Croisette.

Environ 5. à 6. milles vers le Sud des Isles de Daume, est le Cap Croisette, qui fait l'extremité de la Baye de Marseille : Il y a dans cette distance un grand enfoncement & une grande Plage de sable apellée Plage de Monredon, au milieu de laquelle est la petite riviere de Veaune, où l'on peut faire de l'eau aisement.

On peut en un besoin moüiller vis-à-vis cette côte, c'est à dire entre l'Isle d'Aume & la Croisette, où il y a par tout 18. à 20. brasses d'eau; mais il n'y a nul abri des vents du large.

Isle de Mayre.

A la pointe du Cap Croisette qui est basse, il y a une grosse Isle fort haute, aride & escarpée de toutes parts, qu'on apelle Mayre, proche de laquelle vers le Nord-Ouest, il y en a une plus petite apellée le Tiboulen de Mayre, où l'on peut passer si l'on veut entre les deux, y ayant 7. à 8. brasses d'eau, pourveu qu'on range un peu le Tiboulen, à cause d'une roche qui est proche de Mayre.

On pourroit dans une necessité moüiller avec des Galeres du côté du Nord de l'Isle de Mayre, à 4. à 5. brasses d'eau, fond d'herbe vazeux.

On ne peut passer entre la Croisette & l'Isle de Mayre, qu'avec des bateaux, parce qu'il y a une roche au milieu & plusieurs aux environs, mais on peut ranger le Tiboulen & toute l'Isle de Mayre d'aussi proche qu'on voudra, y ayant 18. à 20. brasses d'eau: Il est vray qu'il y a au Sud'Est de Mayre deux petits écueils hors de l'eau, de figure ronde ; mais on trouve aprés cela 25. brasses d'eau.

Isle de Jayre.

Environ 5. à 600. toises au Sud-Sud'Est de l'Isle de Mayre, est l'Isle de Jayre, qui est de moyenne hau-

hauteur, éloignée de la côte d'une portée de canon: On peut passer aisement entre ces deux Isles, y ayant beaucoup d'eau; comme aussi entre la côte & l'Isle de Jayre, où il y en a 7. à 8. brasses; c'est le passage ordinaire des Galeres & Vaisseaux.

On peut moüiller proche cette Isle à 4. & 5. brasses d'eau, fond d'herbe vazeux: Les Vaisseaux & autres bâtimens qui ont la peste y font quarantaine, & y déchargent leurs marchandises pour les purifier.

Isle de Riou.

Environ un mille vers le Sud-Sud'est de l'Isle de Jayre est celle de Riou, qui est un gros écueil fort haut, escarpé de toutes parts; sur lequel il y a une Tour de garde, presentement inhabitée; à la pointe du Nord-Ouest il y a un petit écueil hors de l'eau, & un autre sous l'eau tout auprés.

Isle Calasceraigne.

Entre l'Isle de Jayre & celle de Riou, il y en a une autre, mais plus petite & platte, nommée Calasceraigne; entre celle-cy & celle de Jayre, il y a une seche qui se trouve presque au milieu: Il y a de même entre cette Isle & celle de Riou un écueil hors de l'eau; on y peut passer neantmoins dans un besoin, rangeant l'Isle Calasceraigne.

A la pointe de l'Est de l'Isle de Riou, il y a un gros écueil hors de l'eau qu'on apelle le petit Riou, & à l'autre pointe du Sud-Ouest il y en a un autre plus petit.

Cassis.

Environ 18. milles à l'Est quart de Sud'est, 5. degrez vers le Sud de l'Isle de Mayre, ou du Cap de la Croisette, est le Cap de l'Aigle; & entre les deux il y a un grand enfoncement ou Golfe, dans le fond duquel & presque vers le milieu est la petite Ville de Cassis, qui a un petit Port pour de petits bâtimens, & au-dessus de la Ville il y a un petit Château.

Morjiou.

Depuis le Cap Croisette jusques à Cassis, la côte est fort haute & escarpée; presque à moitié chemin de l'un à l'autre, il y a une grosse pointe qui fait une des entrées du Golfe de Cassis, qu'on apelle la pointe de Sormiou; à l'Ouest d'elle environ deux milles, il y a une petite Calanque à l'abri d'une grosse pointe, qu'on apelle Morjiou, où l'on pourroit moüiller 3. à 4. Galeres par entrepôt avec les vents de Nord-Ouest.

Sormiou.

Sormiou est une autre pointe à l'Est de celle du même nom, où l'on pourroit moüiller aussi en pareil cas, si on ne pouvoit point gagner la Croisette.

Pormiou.

Tout proche la Ville de Cassis du côté de l'Ouest, il y a une grande Calanque fort profonde & étroite à son entrée, qu'on apelle Pormiou, dans laquelle il peut rester plusieurs Galeres à couvert de toutes sortes de temps; il est difficile d'en voir l'entrée à moins que d'en être proche; on y voit seulement une petite Chapelle blanchie sur la pointe de la droite en entrant.

Danger.

Danger.

A 5. ou 6. milles au Sud de la Ville des Cassis, il y a une roche sous l'eau, qu'on apelle la Cassidaigne, qui est fort dangereuse. Elle est distante d'une grosse pointe qu'on apelle le Cap Canaille, environ deux bons milles: On y voit briser la mer pour peu qu'elle soit agitée, n'y ayant que 2. à 3. pieds d'eau dessus; on en peut aprocher à discretion, & passer librement à terre avec un Vaisseau.

Les marques dont on se sert pour connoître lors qu'on est directement sur le haut de la roche, c'est de voir le Château de Cassis par un grand chemin blanchastre qui paroit à la montagne, ou bien en le mettant sur la ligne, autrement au Nord.

La seconde marque qu'on peut prendre pour cette reconnoissance, c'est de voir la pointe du Cap de l'Aigle ouverte tant soit peu avec l'Isle Verte de la Ciotat, c'est à dire presque l'un par l'autre, & pour lors vous serez droit sur le haut de la roche, qui a fort peu d'étenduë: on peut par ces moyens l'éviter en passant à terre d'elle, ou au large.

Cap de l'Aigle.

Le Cap de l'Aigle est fort haut & escarpé de toutes parts, il est facile à reconnoître étant d'une roche rougeastre, dont l'extremité de la pointe de l'Est ressemble à la tête d'une Aigle qui lui en donne le nom: Sur le plus haut de la montagne est une Chapelle de Nôtre-Dame de la Garde.

L'Isle Verte.

Quelques 300. toises à l'Est du Cap de l'Aigle, est l'Isle Verte, ou de la Ciotat, qui est assés haute: Il y a presque au milieu de ce trajet une roche sur laquelle il n'y a que cinq pieds d'eau; elle est un peu plus proche de l'Isle que du Cap de l'Aigle: on passe neantmoins ordinairement avec des Galeres entre cette Isle & le Cap de l'Aigle, rangeant de prés le Cap pour éviter la roche: il y a tout proche la pointe du Cap 8. à 10. brasses d'eau; on y pourroit passer avec un Vaisseau ayant le vent favorable.

La Ciotat.

De l'autre côté du Cap de l'Aigle, tirant vers le Nord environ un mille, est la Ville de la Ciotat, qui est située sur le bord de la mer: il s'y construit plusieurs Vaisseaux pour le Commerce.

Son Port est fait en forme de fer à cheval, & sur la gauche en entrant on voit deux petits Moles qui renferment le Port: Celuy de dehors s'apelle le Mole neuf, & l'autre le vieux: A la pointe de la droite en entrant, il y a une petite Forteresse pour en deffendre l'entrée; les Galeres moüillent ordinairement entre ces deux Moles, mais il n'y en peut contenir que 7. à 8. en conillant leurs rames, c'est à dire les tirant en dedans; elles doivent tourner la poupe vers le Mole neuf, & s'amarrer à quatre de part & d'autre, n'ayant seulement qu'une ancre de la droite vers le Nord; elles y sont par 10. 12. à 15. pieds d'eau, fond d'herbe vazeux: Les premieres Galeres qui entrent dans le fond du Mole, n'ont pas besoin de fer à la mer, mais simplement d'amarres à terre de part & d'autre; la Commandante fait ordinairement entrer deux Galeres avant elle, pour occuper l'endroit où il n'y a pas tant de profondeur.

Il peut aussi moüiller 4. à 5. Galeres dans le Port, proche les Vaisseaux qui y sont, suivant leur nombre, il y a 10. à 12. pieds d'eau, même fond; observant de ne pas s'aprocher du côté de la Ville qui est le moins profond, mais bien sur la gauche, outre qu'on seroit trop à decouvert de la mer du large.

Lors qu'on veut entrer, soit entre les deux Moles ou dans le Port, il faut ranger la tête du Mole où il y a un Crucifix, à cause de quelques roches qui s'avancent sous l'eau à la pointe du Château.

On peut faire de l'eau fort aisément à une fontaine qui est dans un pré du côté de l'Ouest, tout proche.

Le Traversier de ce Port est le vent d'Est-Sud'est ; mais étant dans le Môle il n'y a rien à craindre, d'autant que l'Isle Verte, dont nous avons parlé, couvre de la mer & du vent du large ; avec les Vaisseaux on fait le tour de l'Isle.

On peut moüiller au dehors du Mole neuf, à 2. ou 3. longueurs de cable, par 4. 5. à 6. brasses d'eau, mais il ne faut pas y passer la nuit.

On peut aussi moüiller avec des Vaisseaux dans le fond de la Plage de la Ciotat, vis-à-vis une pointe sur laquelle sont deux moulins à vent, à une petite portée de canon de terre : On y sera par 6. 7. & 8. brasses d'eau fond de sable.

Bandol.

Environ 10. milles vers le Sud'est, 5. degrez vers l'Est de l'Isle de la Ciotat, est le Château de Bandol, situé sur une pointe de moyenne hauteur, devant lequel il y a une petite Isle aussi de moyenne hauteur, proche laquelle & du côté de l'Est, on voit un petit écueil hors de l'eau, éloigné de l'Isle d'environ 100. toises : On y pourroit passer avec une Galere, y ayant 6. à 7. brasses d'eau, pourveu qu'on passe un peu plus proche de l'Isle que de l'écueil, toutesfois il ne convient pas d'y passer, puis qu'on n'abrege de rien.

De l'autre côté des Isles, il y a un enfoncement en forme d'un demy cercle, dans lequel on peut moüiller, principalement avec des Galeres, & si on veut avec des Vaisseaux.

Lors qu'on veut aller moüiller à Bandol, on peut ranger à discretion cet écueil, le laissant sur la gauche en entrant ; continuant quelque peu cette route, jusques à être par le travers d'une grande maison qui est du côté du Château, sur le bord de la mer, & pour lors on sera par 5. 6. à 7. brasses d'eau fond d'herbe vazeux ; il ne faut pas s'aprocher trop du côté du Château, parce qu'il n'y a pas de profondeur d'eau.

On ne peut passer entre le Château & l'Isle, qu'avec des bateaux ; il ne faut pas ranger non plus la pointe de la droite en entrant, qu'on apelle la Leque, parce qu'il y a des roches qui s'avancent un peu sous l'eau ; le Traversier est le vent de Sud-Sud-Ouest ; ordinairement les Barques y vont charger du vin.

La Rade du Brusc, & des environs.

La Rade du Brusc est une grande anse d'environ 3. à 4. milles de long & trois de large, formée par une presque Isle apellée les Embiez, sur le haut de laquelle & presque vers le milieu il y a une Tour ronde & quelques maisons au pied.

Cette presqu'Isle s'avance environ deux milles vers l'Ouest, & semble être separée de la côte, parce qu'il n'y a qu'une petite langue de terre étroite & fort basse qui la joint, au bout de laquelle sont plusieurs gros écueils hors de l'eau, & quelques-uns sous l'eau, qu'on apelle les Raveaux : A l'extremité de celuy qui est le plus au large, il y a un banc de roches presque à fleur d'eau, qui s'avance vers l'Ouest-Sud-Ouest environ un cable & demy, qui est fort dangereux, & pour peu que la mer soit agitée elle y passe dessus ; c'est pourquoy lors qu'on vient du côté de l'Est, voulant aller moüiller dans cette Rade, il faut faire un grand tour pour l'éviter.

Vers le Nord du gros écueil des Raveaux, qui est à la pointe de l'Ouest de la presqu'Isle des Embiez, il y a une roche presque à fleur d'eau, éloignée d'environ un cable & demy, à laquelle il faut prendre garde, comm'aussi à une Madrague qu'on y met pendant l'Esté, à laquelle il faut donner rum tant soit peu plus en dedans, de peur de s'embarrasser le gouvernail dans les filets.

Moüillage.

Le vray moüillage de Brusc, principalement pour des Galeres, est du côté du Nord de la Tour des Embiez, vis-à-vis une petite Plage de sable, où sont quelques Magasins de la Madrague, dont il ne faut pas trop s'aprocher, parce qu'il y a fort peu d'eau : On moüille à deux longueurs de cable de la côte, ou si on veut on y porte une amarre, on y est par 5. à 6. brasses d'eau fond d'herbe vazeux ; les ancres y tiennent si fort qu'on est obligé de les soûlever de temps en temps : il ne faut pa

s'enfonce

s'enfoncer plus avant que la pointe de l'Eſt de cette Plage dont nous venons de parler ; parce que la profondeur manque tout à coup.

Les Vaiſſeaux moüillent un peu plus au large de cette Tour, mais par ſon travers, & en cas d'un malheur venant de la mer aprés avoir perdu leurs ancres, comme il arrive quelquesfois, ils peuvent venir échoüer dans le fond de cette Rade pour y attendre du ſecours.

Senary.

Dans le fond de cette Rade où l'on voit une grande plage de ſable du côté du Nord'eſt, eſt le village de Senary, ſitué ſur le bord de la mer, devant lequel il y a un petit Môle, pour des Barques & autres petits bâtimens qui y vont charger du vin.

On void auſſi dans le fond de cette Rade, la petite Ville de Sifour, ſituée ſur une éminence fort relevée.

Le vent qui incommode le plus en cette Rade eſt l'Oueſt-Nord-Oueſt, & le Nord-Oueſt, qui ſont les Traverſiers ; mais comme le fond y eſt bon, on n'y ſouffre pas.

On fait de l'eau dans le fond de la Plage, proche ces Magaſins du côté de Sifour, ou à Senary.

Cap Sicié.

Environ cinq à ſix milles vers le Sud'eſt de la pointe des Embiez, giſt le Cap Sicié, qui eſt fort haut & eſcarpé de toutes parts, ſur lequel eſt une Chapelle de Nôtre-Dame de la Garde.

Proche la pointe du Cap du côté de l'Eſt, il y a deux gros écueils en pain de ſucre, qu'on apelle les Freres (par la reſſemblance qu'ils ont de l'un à l'autre :) On peut paſſer entre le Cap & ces deux écueils ſans rien craindre, y ayant 10. à 12. braſſes d'eau ; mais il faut paſſer à my-canal, à cauſe d'une roche qui eſt tout auprés du Cap du côté du Sud'eſt ; il y en a une autre vers l'Eſt des Freres, environ à un cable & demy.

Cap Sepet.

A 6. ou 7. milles au Nord'eſt quart d'Eſt du Cap Sicié, eſt le Cap Sepet, qui fait l'entrée de la Baye de Toulon ; comme il eſt fort élevé on y fait garde pour avertir la Ville de Toulon de l'arrivée des Vaiſſeaux qui viennent, ou qui paſſent.

Entre ces deux Caps il y a un peu d'enfoncement & quelques plages, principalement du côté du Cap Sicié avec un bas terrain, devant lequel on peut moüiller dans une neceſſité.

A la pointe du Sud du Cap Sepet, il y a une roche à fleur d'eau, à une longueur de cable loin de terre, où la mer briſe quelquefois.

A la pointe du Cap Sepet du côté de l'Eſt, il y a une petite Calanque (où eſt une maiſon,) devant laquelle on peut auſſi moüiller, lors qu'on ne peut gagner la Rade de Toulon : On y eſt tout proche de terre, à 10 & 15. braſſes d'eau, fond d'herbe vazeux.

Baye de Toulon.

De l'autre côté du Cap Sepet, tirant vers le Nord-Oueſt, eſt la grande Baye de Toulon, dans laquelle il y a pluſieurs bons moüillages.

Grande Rade.

Environ 2. milles vers l'Oueſt-Nord Oueſt de la pointe du Cap Sepet, & au dedans du Cap, il y a une petite Calanque entre deux groſſes pointes, qu'on apelle communement le Creux de S. George, vis-à-vis duquel on moüille avec les Galeres, par 8. 10. 12. à 15. braſſes d'eau, fond d'herbe vazeux, portant une amarre ſur la pointe de l'Oueſt ſi on veut ; mais il ne faut pas s'enfoncer dans la Calanque S. George, parce que le fond manque tout à coup.

Les

Les Vaisseaux du Roy & autres, moüillent un peu plus au large, qui est le lieu qu'on apelle ordinairement la grande Rade.

Ils peuvent moüiller aussi entre les deux Tours de Balaguier & l'Eguillete, ou vers le milieu de la Baye, où il y a 8. & 10. brasses d'eau.

Entre la pointe du Cap Sepet & celle du Creux S. George, il y a une grande Infirmerie qu'on apelle l'Hopital S. Loüis, ou S Mandry.

Lors qu'on va du Cap Sepet à S. George, ou à la grande Rade, il faut prendre garde à une Madrague qu'on met pendant l'Esté, presque à moitié chemin de l'un à l'autre, vis-à-vis une grosse pointe.

Tour de Balaguier.

Environ une demy lieuë au Nord-Ouest de la pointe de S George, est une grande Tour ronde, revetuë & armée de canons, située sur le bord de la mer, qu'on apelle Tour de Balaguier; entre les deux il y a un grand enfoncement, à l'Est duquel il y a un Lazaret ou Infirmerie; ce sont de basses terres au bord de la mer, bordées de grandes Plages de sable, où ordinairement les Vaisseaux contagieux moüillent pour y faire quarantaine.

Fort de l'Eguillete.

Environ 360. toises au Nord quart du Nord-Ouest de la Tour de Balaguier, il y a une autre grande Tour quarrée, revêtuë d'une fausse braye, située sur le bord de la mer, qu'on apelle Tour de l'Eguillete: On peut moüiller entre ces deux Tours à discretion, par 4. 5. à 6. brasses d'eau.

Grande Tour.

A l'Est de la Tour de l'Eguillete environ 650. toises, il y en a une autre qui est pareillement sur le bord de la mer, qu'on apelle la grande Tour, revêtuë de même d'une fausse braye: Toutes ces Tours sont parfaitement bien armées, elles deffendent generalement toutes les Rades de la Baye & les aproches de Toulon.

Il ne faut pas ranger cette Tour à plus de deux longueurs de cables pour le moins, d'autant qu'il y a une longue pointe qui s'avance sous l'eau fort au large, où il y a fort peu d'eau.

Environ 400. toises au Sud-Sud-Ouest de la grande Tour, il y a un petit Banc de sable sur lequel il n'y a que 5. brasses d'eau, & aux environs il y en a 10. à 12. Il y en a un autre petit au Nord-Ouest quart d'Ouest de ladite Tour environ 350. toises, sur lequel il n'y a que 3. brasses & demy.

Ville de Toulon.

De l'autre côté de ces deux dernieres Tours, allant vers le Nord, il y a encore un grand enfoncement; & du côté du Nord de la grande Tour, environ un mille & demy, est la Ville de Toulon, qui est tres considerable, tant par sa Baye incomparable, que par la bonté & beauté de ses Ports ou Darses, & par les Armemens que le Roy y fait, outre les Fortifications dont elle est entourée. Il y a aussi plusieurs Batteries qu'on a nouvellement fait en differens endroits de cette Baye pour en deffendre les aproches.

Lors qu'on vient du large & qu'on veut aller moüiller à la petite Rade, qui est vis-à-vis de la Ville à l'ouverture du vieux Port, ou qu'on veut entrer dans les deux Ports, il faut prendre garde à une seche qu'on apelle la Tasse, qui est presque vis-à-vis la grande Tour sur la droite en entrant, un peu en dedans, à une bonne longueur de cable, sur laquelle il n'y a qu'un à deux pieds d'eau: C'est pourquoy, soit en entrant ou en sortant, il faut s'en éloigner à discretion, ensuite gouverner droit par le milieu de la Ville, où l'on trouvera 8. 7. 6. jusques à 3 brasses d'eau, fond de vaze & herbiés jusques au proche l'entrée du vieux Port, qui est du côté de l'Est.

Ordinairemen

Ordinairement les Galeres moüillent vis-à-vis de cette entrée, comme nous avons dit, par 3. à 4. brasses d'eau, la Commandante & quelques autres portent des amarres proche l'entrée du Port à des Arganaux qui y sont posez exprés, ayant une bonne ancre vers le Sud-Sud-Ouest pour rester affourché, à cause du Nord-Ouest qui y est fort violent.

Les Vaisseaux du Roy sont ordinairement dans l'un ou l'autre Port qui se ferment à chaîne le soir; mais lors qu'ils arment ils viennent moüiller à la petite Rade dont on a parlé cy-dessus, proche la côte de l'Est; on apelle ce lieu le Morillon.

La Seine.

Du côté de l'Ouest de la ville de Toulon, environ 4. milles, il y a un grand enfoncement, dans le fond duquel est un grand Village nommé la Seine, situé sur le bord de la mer: On y peut aller moüiller avec des Vaisseaux mediocres; mais il faut passer par le milieu pour aller d'une terre à l'autre, parce qu'il y a fort peu d'eau aux cotez, le fond étant vazeux avec de grands herbiez; il y a cependant asses proche de la Seine 3. 4. à 5. brasses d'eau.

Le Traversier de la petite Rade est l'Ouest-Nord-Ouest, & celuy de la grande Rade est l'Est-Nord'est, le Nord-Ouest y est aussi ford rude.

La Latitude est 43. degrez 9. minutes, & la variation 6. degrez Nord-Ouest.

Les Vignettes.

Environ un quart de lieuë vers le Nord'est de la grande Tour, est le Fort des Vignettes, qui est une espece de Tour, ou ras d'eau, qu'on y a fait nouvellement, avec une autre batterie auprés du côté de l'Est, devant laquelle on peut aussi moüiller. au cas qu'on ne puisse gagner la Rade: On est à couvert des vents de Nord-Ouest-Nord & Nord'est, & il y a 12. à 15. brasses d'eau asses proche de terre.

Sainte Marguerite.

Au Nord'est du Cap Sepet, environ 4. à 5. milles, est la pointe de sainte Marguerite qui est fort escarpée, sur le haut de laquelle il y a une Eglise & quelques maisons auprés: Entre la grande Tour & cette pointe la côte est haute & fort escarpée; il y a trois à quatre batteries de canons & de mortiers qu'on y a fait nouvellement.

Querqueragne.

Environ 3. à 4. milles vers le Sud'est de la pointe de sainte Marguerite, il y a une grosse pointe qu'on apelle Querqueragne: Il y a du côté du Nord-Ouest une petite anse de sable, où l'on peut moüiller avec des Galeres dans une necessite, y ayant 5. à 6. brasses d'eau fond d'herbe vazeux; on y est à couvert des vents de Sud-Sud-Ouest, & il n'y a que l'Ouest & Nord-Ouest qui y donne à plain.

Bonne Grace.

A quelques 4. milles à l'Est de la pointe de Querqueragne, il y a une autre Calanque qu'on apelle Bonne Grace, dans le fond de laquelle est la maison de la Madrague: Il y a à la pointe du Nord-Ouest quelques ecueils hors de l'eau, où l'on pourroit moüiller à un besoin avec une Galere ou deux, par 6. à 7. brasses d'eau, ayant une amarre sur ces écueils ou à terre du même côté; mais il ne faut pas s'y laisser surprendre des vents du large.

Cap d'Escampe-Bariou.

Environ 13. milles vers l'Est-Sud'est du Cap Sepet, & 6. milles au Sud de la Calanque de Bonne Grace, est le Cap d'Escampe-Bariou; entre ces deux derniers il y a un grand enfoncement & une terre fort basse, bordée de sable, avec un grand Etang au milieu, pardessus lesquels on decouvre les Vaisseaux qui sont moüillez dans la Baye d'Hiere.

Ecueils des Fornigues.

A la pointe du Nord d'Escampe-Bariou, il y a 3. à 4. gros écueils, & quelques autres plus petits, qui sont à un mille & demy au large, qu'on apelle les Fornigues; on peut passer entre les deux qui sont le plus au large.

Du côté du Nord'est du plus gros écueil qu'on apelle le Vedeau, on peut moüiller avec des Galeres proche la côte d'Escampe-Bariou, par 5. 6. à 7. brasses d'eau: On y seroit à couvert des vents du large par le moyen de ces écueils, mais on y tient ordinairement une Madrague pendant l'Esté.

Le Cap d'Escampe-Bariou est une grosse pointe, fort escarpée du côté du Sud; elle paroit de loin isolée, venant du côté de l'Ouest ou de l'Est, à cause de ce terrain bas, qui est du côté du Nord: Sur le haut de ce Cap il y a plusieurs arbres, & une Maison qui ressemble à un Château, ayant une petite Tour auprés: Il ne faut aprocher de cette pointe qu'à discretion, à cause de quelques écueils qui sont aux environs, & d'une grosse mer qu'il y a ordinairement.

Isle Ribaudas.

De la pointe d'Escampe-Bariou à la pointe des Badines, il y a environ six milles, & presque à moitié chemin, il y a une petite Isle presque ronde qu'on apelle Ribaudas ou Ribadeaux; & entre cette Isle & la côte d'Escampe-Bariou, il y en a une autre plus petite, éloignée d'environ 200. toises.

On peut passer entre ces Isles avec des Galeres, en observant de passer par le milieu, où il y a 3. à 4. brasses d'eau: On en voit le fond aisément en passant; mais on ne sçauroit passer entre cette autre petite Isle & la terre qu'avec des bateaux; on peut ranger à discretion l'Isle Ribaudas d'un côté & d'autre, excepté la pointe du Sud-Ouest, à cause de quelques roches qui en sont proche.

Isle Porquerolle.

Le Golfe ou la Baye d'Hiere est formée par deux longues pointes, dont celle de l'Ouest s'apelle Pointe des Badines, & celle de l'Est le Cap de Benat. Il y a entre les deux un grand enfoncement bordé de Plages; & au dehors de ces pointes il y a quatre Isles qui renferment cet espace & cette Baye, ce qui fait en même temps qu'il y a plusieurs bons moüillages.

L'Isle de Porquerolle, qui est la premiere du côté de l'Ouest, est la plus considerable, soit par ses fortifications, ou pour être plus habitable que les autres, elle couvre aussi davantage des Mers du large les Rades dont on va parler cy-aprés.

Le Langoustiez.

La pointe de l'Ouest de cette Isle qu'on apelle ordinairement le Langoustiez, n'est distante de l'Isle de Ribaudas dont nous avons parlé cy-devant, que d'environ un quart de lieuë: On passe ordinairement entre ces deux Isles avec des Vaisseaux & des Galeres, y ayant 8. 10 à 12. brasses d'eau, ce qu'on apelle communement, à l'égard des Galeres, la grande Passe, & à l'égard des Vaisseaux la petite, vû qu'il y en a une autre qui sera expliquée cy-aprés.

Cet-

Cette pointe qui est basse est une presque Isle, comme elle le paroit effectivement de loin, sur laquelle il y a quelques petites fortifications dessus, & un peu plus haut une Tour ronde, avec deux ou trois maisons auprés.

Proche cette pointe il y a de part & d'autre quelques rochers, sur lesquels il y a fort peu d'eau : Cependant à mycanal on y peut passer avec les Vaisseaux du Roy sans nulle crainte.

Cette Isle est longue d'environ deux lieuës, & haute par certains endroits, principalement vers l'extremité de l'Est : Il y a un petit Fort vers le milieu du côté du Nord, avec une Tour dans le milieu.

Du côté de l'Est il y en a un autre sur une pointe, & entre les deux un enfoncement & quelques Plages de sable, où l'on peut moüiller avec des Vaisseaux & des Galeres, par 6. à 7. brasses d'eau fond d'herbe & de sable. On y est à couvert de tous les vents du large ; mais pour les vents de terre il ne faut pas s'y laisser surprendre : Il y a aussi à la pointe du Nord'est de l'Isle, deux gros écueils hors de l'eau, & deux autres à celle du Sud.

Isle Bagueaux.

Environ 5. à 6. milles vers l'Est de l'Isle Porquerolle, il y a une petite Isle de moyenne hauteur qu'on apelle Isle Bagueaux, qui est inhabitée : Elle est la plus petite & la plus basse de toutes les Isles d'Hieres ; on la peut ranger de toutes parts, excepté à la pointe du Nord'est, où tout proche il y a une seche à une longueur de cable.

La grande passe, où tous les Vaisseaux du Roy & autres passent d'ordinaire, c'est entre ces deux dernieres Isles, où il n'y a rien à craindre.

Isle Porto-Cros.

Tout proche l'Isle Bagueaux, est celle de Porto-Cros qui est la plus haute de toutes : Elle a du côté de l'Isle Bagueaux un petit enfoncement qu'on apelle Porto-Cros, où l'on peut moüiller 6. à 8. Galeres, mais fort pressées ; il y a 3. à 4. brasses d'eau suivant les endroits.

Le Traversier de ce moüillage est le vent de Nord-Ouest ; il faut s'aprocher du côté de la droite en entrant où est le plus profond, ayant la poupe dans le fond de l'anse, & une bonne ancre vers le Nord-Ouest, & des amarres à terre.

L'Isle de Porto-Cros est fort haute & remplie de bruscages ; il y a sur la pointe du Nord-Ouest de l'entrée du Port une petite Forteresse, & au dessus un Fort à étoile avec une Tour au milieu : Dans le fond de l'anse il y a un grand jardin, dans lequel on peut faire de l'eau ; à la pointe où est le Château il y a quelques sequans qu'il faut éviter, quoy qu'ils ne soient pas loin.

On peut aussi moüiller dans une necessité entre ces deux Isles proche celle de Bagueaux, par 15. à 16. brasses d'eau fond d'herbe vazeux, ayant une amarre à terre pour être à couvert des vents d'Ouest & Nord-Ouest qui sont les Traversiers de Porto-Cros : On peut passer librement avec toute sorte de bâtimens entre ces deux Isles, où il y a plus de 20. brasses d'eau.

De l'autre côté du Château vers le Nord'est, il y a un gros rocher, derriere lequel il y a un peu d'enfoncement & une petite plage de sable, où dans un besoin on pourroit moüiller avec deux Galeres à 4. à 5. brasses d'eau, fond d'herbe vazeux ; il n'y a que le vent de Nord-Nord-Ouest qui y donne ; il y a une source d'assés bonne eau.

Pormaye.

Du côté de l'Est de Porto-Cros il y a un grand enfoncement qu'on apelle Pormaye, dans lequel on peut moüiller avec des Galeres, principalement du côte du Nord, proche de terre, où il y a 3. à 4. brasses d'eau fond d'herbe vazeux, & 10. à 12. par le milieu, même fond, il n'y a à craindre que le vent de Nord'est qui y donne à plain.

On y voit sur la pointe de la gauche en entrant une vieille Tour ruinée qui en donne la connoissance ; dans le fond de la Plage il y a une petite source d'eau.

Entre l'Isle de Porto-Cros & celle de Levant, qui en est proche, il a y une roche sous l'eau presque dans le millieu du passage; ainsi il seroit imprudent d'y passer, à moins que d'en avoir une grande pratique. Il y a aussi directement par le milieu de cette Isle du côté du Sud, un petit Islot, qui est à deux longueurs de cable de l'Isle, où il y a 6. brasses d'eau entre deux.

Isle de Levant.

Environ un quart de lieuë vers l'Est de l'Isle Porto-Cros, est celle de Levant, qui est la derniere & la plus grande des Isles d'Hiere; elle n'est point habité: & n'a point de moüillages aux environs, excepté quelques petits abris du côté du Sud, pour quelques Brigantins qui s'y refugient quelque fois.

A la pointe de l'Est de l'Isle, il y a quelques écueils hors de l'eau & sous l'eau, dont un entr'autres est fort au large, paroissant comme un Bateau, qu'on appelle l'Esquinade; il est éloigné de l'Isle environ un mille, & il y a en dehors de luy vers l'Est quelques roches où la mer brise lors qu'elle est agitée.

Pointe des Badines.

La Pointe des Badines est environ 3. milles vers le Nord'est de l'Isle Ribaudas, comme il a été dit cy-devant; cette pointe fait le commencement de la Baye d'Hiere; elle est de moyenne hauteur, & il y a au bout de cette pointe tout proche de terre un écueil: On peut moüiller cependant du côté du Nord à demy portée de canon, vis-à-vis d'une Plage, par 5. à 6. brasses d'eau fond de sable: Ce moüillage est propre pour les vents de Sud-Sud-Ouest & Ouest; mais il ne faut pas s'y laisser surprendre des vents d'Est, auquel cas il faut aller moüiller à Capeau.

Capeau.

Environ 10. milles au Nord'est de la pointe des Badines, est un grand Magasin qui paroit de loin comme un Château, qu'on apelle Capeau, situé sur le bord de la mer proche lequel passe une petite riviere où l'on fait l'eau; on moüille ordinairement avec les Galeres devant le Magasin, à la petite portée du canon de terre, par 4. à 5. brasses d'eau, fond d'herbe vazeux, où les ancres tiennent bien.

Du côte de l'Est de ce Magasin, il y a de grandes Salines & plusieurs monceaux de sel qu'on apelle Vaches: Le vray moüillage est entre le Magasin & ces Vaches de sel.

Les Vaisseaux du Roy & autres moüillent vis-à-vis du Magasin à une lieuë de terre, pour être plus en état d'apareiller: On voit la Ville d'Hiere qui est sur une eminence, environ 4. milles loin de Capeau.

Depuis la pointe des Badines jusques à celle d'Argentier, la côte est basse, bordée de sables & marescages: Les vents qui incommodent le plus dans cette Rade de Capeau, sont le Sud'est, Sud & Sud-Ouest qui y causent une grosse mer; le vent de Nord-Ouest y est fort rude quelquefois.

Fort de Breganson.

Environ 9. à 10. milles à l'Est quart du Sud'est du Magasin de Capeau, il y a une petite Isle ronde sur laquelle est un ancien Chateau qu'on apelle Breganson, & quelques trois milles au Nord-Nord-Ouest dudit Breganson, & au bout de la Plage de Capeau, il y a une grosse pointe qu'on apelle Argentier: Il y a du coté de l'Est de cette pointe, entre deux autres pointes, une petite anse de sable, devant laquelle on peut moüiller avec des Galeres, par 3. 4. à 5. brasses d'eau dans une necessité.

On peut aussi moüiller en parcil cas entre cette pointe & l'Isle de Breganson, vis-à-vis d'une autre Plage qu'on apelle l'Eoube, mais on ne peut passer à terre de l'Isle Breganson qu'avec des bateaux

Cap de Benat.

A deux milles vers l'Eſt de Breganſon eſt la pointe du Cap de Benat, qui fait l'extremité de la Baye d'Hiere ; elle eſt fort haute & eſcarpée de toutes parts ; il ne faut pas s'en aprocher de trop pres, à cauſe d'une ſeche qui en eſt à une longueur de cable.

A la pointe de l'Eſt il y a un gros écueil & quelques roches aux environs, qui ſont preſque à fleur d'eau & fort proche : On ne peut paſſer entre deux qu'avec des bateaux. Tout proche de cet écueil du coté du Nord, il y a une petite Calanque où on peut moüiller 5. à 6. Galeres dans une neceſſité, avec les vents d'Oüeſt & Nord-Oueſt, ayant des amarres à terre ; il y a 6. 8. à 9. braſſes d'eau, fond d'herbe vazeux.

Le Lavendour.

Environ deux milles vers le Nord de cet écueil, il y a une longue pointe de roches hors de l'eau & à fleur d'eau, & de l'autre coté une Anſe bordée de ſable qu'on apelle le Lavendour ; on la reconnoit par une eſpece de Chateau qu'on voit à la montagne, & quelques magaſins de Peſcheurs qui ſont proche de la mer.

On moüille ordinairement avec des Galeres, vis-à-vis de cette Plage proche la pointe du Nord, ſur laquelle la Commandante & quelques autres Galeres portent des amarres, ayant une bonne ancre vers l'Eſt.

Ce moüillage eſt propre lors qu'on veut aller du côté de l'Oueſt, dont on eſt à l'abri par la pointe du Cap de Benat ; mais avec les vents d'Eſt il en faut partir & venir à Capeau.

Borme.

Environ deux milles vers le Nord du Lavendour, il y a une grande Plage de ſable, d'où l'on voit la petite ville de Borme qui eſt à une demi lieuë du Rivage, & un autre Village ſur une pointe proche la Mer.

La Boutte.

A trois milles au Nord'eſt quart d'Eſt de la pointe du Cap de Benat ou de l'écueil, il y a un autre écueil hors de l'eau qui reſſemble à un gros Bateau, qu'on apelle la Boutte, lequel on peut ranger de toutes parts à diſcretion ſans rien craindre ; mais il ne faut pas laiſſer d'y bien prendre garde, ſur tout de nuit.

Cavalaire.

Du Cap de Benat au Cap Taillar, la route eſt l'Eſt quart de Nord'eſt & il y a environ 18. milles : vers le Nord-Oueſt de ce Cap eſt une pointe un peu avancée vers l'Eſt ſur laquelle eſt une petite tour ronde & quelques Magaſins de Pecheurs, qu'on apelle Cavalaire ; mais on ne peut voir ces Magaſins que l'on ne ſoit à l'ouverture de l'anſe.

De l'autre cote de cette pointe, il y a une petite anſe de ſable, dans laquelle on peut moüiller avec des Galeres & autres batimens, par 3. à 4. braſſes d'eau ; il y a dans l'Anſe & à l'ouverture 8. à 10. braſſes.

Entre Cavalaire & le Cap Taillar, il y a deux grandes Anſes de ſable, ſeparées par une groſſe pointe, devant laquelle on peut moüiller pour les vents d'Eſt & Nord'eſt, y ayant 15. à 20. braſſes d'eau tout aupres, fond d'herbe vazeux ; & en cas des vents de Nord-Oueſt, il faudroit aller promptement à Cavalaire qui en eſt proche.

Cap Taillar.

Le Cap Taillar est une longue pointe avancée en mer, qui de loin semble être isolée à cause d'une langue de terre & sable basse, qui est entre la haute terre & luy : Cette pointe est assés haute, & il y a dessus une Tour de garde, & tout auprés de la pointe quelques écueils ; on peut moüiller dans une necessité avec des Galeres, d'un côté & d'autre de cette basse terre, par 6. à 7. brasses d'eau.

Cap Lardiez.

A trois milles vers le Nord'est du Cap Taillar, est le Cap Lardiez, qui est une grosse pointe escarpée de toutes parts : à la pointe de ce Cap il y a une petite Isle presque ronde, au dehors laquelle sont deux écueils comme des bateaux, entre lesquels on peut passer avec des Galeres ; mais non pas entre le Cap Lardiez & la petite Isle, car il n'y a pas de l'eau suffisamment : Vers l'Est du dernier écueil environ 3. longueurs de cable, il y a une roche sous l'eau fort dangereuse, c'est pourquoy il en faut passer au large, à moins que de passer entre les deux écueils, comme il a déja esté dit.

Plage de Pampelune.

De l'Isle qui est à la pointe du Cap Lardiez au Cap de la Moutte ou de S. Tropez, la route est Nord quart de Nord'est cinq milles ; entre les deux il y a un enfoncement & une grande plage de sable qu'on apelle Pampelune, dans laquelle on peut moüiller par 5. 6. à 7. brasses d'eau, fond de sable vazeux, & où les ancres tiennent bien : On y voit proche la côte du Sud quelques magasins de Pécheurs ; on peut aussi moüiller dans une necessité avec des Galeres proche la petite Isle, par 10. à 12. brasses d'eau ayant une amarre à terre : on y est bien pour les vents de Sud-Ouest & Ouest, mais on est tout à découvert des vents d'Est & Sud'est ; ces moüillages n'étant bons que dans la necessité, lors qu'on vient du côté de l'Est.

Le Cap S. Tropez.

Le Cap de la Moutte dont nous venons de parler, & celuy de S. Tropez, est presque le même, c'est une grosse pointe de moyenne hauteur d'environ une demie lieuë de large, dont la pointe du Sud est celle qu'on apelle Cap de la Moutte, & l'autre de S. Tropez.

Vis-à-vis celle de la Moutte un petit quart de lieuë, il y a un gros écueil qu'on apelle aussi la Moutte, & environ un mille vers le Nord dudit, il y a un banc de roches hors de l'eau & sous l'eau, qui s'étend environ un mille & demy loin de la pointe de Saint Tropez ; c'est pourquoy voulant aller à S. Tropez il faut s'en éloigner.

Le Canoubiez.

De l'autre côté de la pointe de S. Tropez est un grand enfoncement qu'on apelle le Golfe de Grimault, ou de S. Tropez, qui a environ 3. milles d'enfoncement & 2. de large.

Immediatement aprés avoir doublé la pointe de S. Tropez, on voit la petite ville de S. Tropez sur une basse pointe, & il y a entre les deux pointes un peu d'enfoncement qu'on apelle le Canoubiez, dans laquelle on peut moüiller avec des Galeres, même avec des petits Vaisseaux, par 6. à 7. brasses d'eau fond d'herbe vazeux : Le vray moüillage est dans le milieu de ces deux pointes, tant soit peu plus proche de la ville que de l'autre côté ; mais il ne faut pas trop s'enfoncer dans la Plage, le vent qui s'y fait sentir avec le plus de violence est le Nord-Ouest, quoy qu'il vienne du

côt

côté de terre, il ne laisse pas d'être fort incommode, parce qu'il passe entre deux hautes montagnes qui sont dans le fond du Golfe; en un mot, il ne fait guiere bon dans ce moüillage.

Saint Tropez.

La ville de S. Tropez est comme nous avons dit cy-dessus sur cette basse pointe presque au fond du Golfe, devant laquelle il y a un petit Mòle pour des Barques; & au dessus de la Ville sur une petite eminence il y a une Forteresse qu'on découvre aprés avoir doublé le Cap Lardiez, & quelques moulins à vent au proche; on peut aussi moüiller avec quelques Galeres devant la Ville du côté de l'Ouest.

Presque par le milieu de l'entrée du Golfe de S. Tropez, il y a quelques roches à fleur d'eau & hors de l'eau, qu'on apelle les Sardineaux; mais on les laisse sur la droite en entrant, & il n'y a rien à craindre.

Golfe de Frejus.

Environ 16. milles au Nord'est, 4. degrez vers le Nord de la pointe du Cap Lardiez est la pointe de Nagaye; & entre ces deux pointes est le Golfe de Frejus, qui a 7. à 8. milles d'enfoncement: On voit presque par le milieu la Ville du même nom, éloignée de la Mer d'environ une demie lieuë, où est tout auprés & dans le fond de cette Plage une petite Riviere qui vient se jetter dans la mer; & du côté de l'Ouest une autre plus grande, qu'on apelle la Riviere d'Argens.

Saint Raphaël.

Dans le fond dudit Golfe, au bout de la Plage du côté de l'Est, il y a une grosse pointe de rochers, au-delà de laquelle est un petit village nommé S. Raphaël, à 3. milles ou environ vers le Nord-Ouest de la pointe de Nagaye allant dans ce Golfe, il y a deux à trois gros ecueils qu'on apelle les Lions.

Rade de Nagaye & des environs.

La Rade de Nagaye est dans une grande Calanque, où il y a dans le fond une Plage de sable; elle a environ un mille de profondeur, & 4. à 500. toises de large; elle est derriere une grosse pointe à l'entrée du Golfe de Frejus du côte de l'Est.

La pointe de l'Ouest de l'entrée de Nagaye est fort haute & escarpée, où l'on voit sur son sommet du côté de la mer une Tour ronde de garde: Cette pointe paroit rougeastre de loin, & a quelques écueils auprés, principalement du côté de l'Ouest: La pointe de l'Est ou de la droite en entrant à Nagaye est basse, & a sur le bout une Tour ronde demolie du même côté, & en dedans de cette Tour il y a une grande maison & un petit Château pour la deffense de l'entrée qui est située proche la mer.

Dans le fond de cette Anse du côté du Nord-Ouest, il y a un grand valon, dans lequel coule un Ruisseau bordé d'arbres, où l'on peut faire de l'eau, pourveu qu'on n'y ait point mis de chanvre dedans.

Le moüillage ordinaire de la Commandante des Galeres, est dans le fond de cette Plage du côté de l'Est en dedans du Château, ayant un fer en mer au Sud-Sud-Ouest, par 9. à 10. brasses d'eau fond d'herbe vazeux: Ensuite on porte une amarre au fond de la Plage, à un gros arbre qui est seul & le plus proche de la mer, ayant pres de deux Grelins dehors, on restera par 3. à 4. brasses d'eau, même fond.

Les autres Galeres moüillent aux environs & portent des amarres à terre d'un côté ou d'autre, ou demeurent affourchées: Lors que le vent de Nord-Ouest est frais, il vient violemment d'entre les deux montagnes, au milieu desquelles coule ce Ruisseau.

Il faut tâcher alors de s'aprocher de la Côte vers l'Oueſt, ſi on n'y eſt déja, & y porter de bonnes amarres, car il y eſt fort rude, principalement en Hiver.

Il ne faut pas trop s'aprocher de la pointe du Château, non plus que de celle de la droite où eſt la Tour ruinée : car il y a pluſieurs roches à un bon cable loin, hors de l'eau & ſous l'eau.

Le Traverſier eſt le Sud qui y donne à plain; on peut faire du bois aiſément ſur la Côte de l'Oueſt.

Cap Roux.

Le Cap Roux eſt une groſſe Montagne eſcarpée de toutes parts, où il paroit des taches rougeâtres, dont il porte le nom; il eſt environné de pluſieurs arbres, & eſt éloigné de l'entrée de Nagaye d'environ 3. milles du côté de l'Eſt-Nord'eſt.

Dangers proche Nagaye.

Preſque à moitié chemin en allant de Nagaye au Cap Roux, on voit une petite Iſle & quelques petits écueils aux environs, éloignez de la Côte d'une bonne portée de fuſil; à la pointe de cette Iſle il y a un écueil que les gens du Pays apellent la Vieille; & environ 110. toiſes droit au Sud de cet écueil il y en a un autre qui reſſemble à un gros tonneau, ce qui fait qu'on le nomme la Boutte de Nagaye.

On peut paſſer entre ces deux derniers écueils ſans danger, pourveu qu'on range aſſes prés la Boutte : Car à l'autre écueil il y a quelques Sequants.

Et environ 120. toiſes droit au Sud de la Boutte, il y a un petit banc de roches ſous l'eau, de l'étenduë d'environ 25. toiſes de circuit, ſur lequel il n'y a que 5. pieds d'eau, où l'on voit briſer la mer lors qu'elle eſt agitée.

On peut auſſi paſſer ſans crainte avec une Galere entre ces dangers & l'écueil de la Boutte, en la rangeant à diſcretion, parce qu'on voit les dangers de part & d'autre : Mais ce qui eſt toûjours le plus ſeur eſt de paſſer bien au large pour ne rien riſquer.

Golfe de la Napoulle.

Environ 9. milles à l'Eſt-Nord'eſt du Cap Roux, ſont les Iſles de S. Honnoré & ſainte Marguerite : Entre cette diſtance il y a un grand enfoncement qu'on apelle le Golfe de la Napoulle, & à quelques trois milles vers le Nord du Cap Roux eſt une groſſe pointe qui s'avance un peu en mer, derriere laquelle eſt un village nommé la Napoulle : On peut moüiller devant ce Village avec des Galeres & autres batimens, par 8. à 10. braſſes d'eau aſſés proche de terre; mais ce moüillage n'eſt propre que pour les vents de Nord-Oueſt, Oueſt & Sud-Oueſt, & on y eſt à decouvert de tout le reſte : Il y a cependant une eſpece de jettée de pierre qui peut mettre à l'abri du vent du Sud-Sud-Oueſt.

Dans le fond de ce Golfe il y a une petite Riviere.

Cane.

Vers le Nord de l'Iſle S. Honnoré, environ 3. milles, eſt la petite ville de Cane, ſituée ſur le bord de la mer, proche une groſſe pointe, à la gauche, ſur laquelle il y a un petit Château & une partie de la Ville : On peut moüiller avec des Barques devant la Bourgade qui eſt ſur le bord de la mer, par 3. à 4. braſſes d'eau, fond de ſable; il ne faut pas s'aprocher de trop prés de la pointe où eſt le Château, à cauſe de quelques roches qui ſont aux environs.

On y peut moüiller par un beau temps avec des Galeres; mais pour y aller il faut s'écarter des Iſles S. Honnoré & ſainte Marguerite.

Iſle.

Isles de S. Honnoré & de Ste. Marguerite.

Ces Isles sont fort plattes & proche l'une de l'autre, & ont près d'une lieuë de circuit : Celle de Saint Honnoré, qui est la plus basse, est du côté de l'Ouest, & a sur la pointe du Sud une Abbaye de Benedictins, faite comme une Tour quarrée, sur laquelle sont quelques pieces de canon pour en deffendre l'aproche ; on y voit aussi quelques maisons aux environs, & deux petits bocages de pins.

Ecueils des Moines.

Du côté du Sud de l'Abaye, il a y plusieurs écueils dessus & dessous l'eau, & à environ 300. toises au Sud quart de Sud-Est de cette Abbaye, l'on voit un petit banc de roches, tant hors de l'eau que sous l'eau, qu'on apelle les Moines, qui est tres dangereux ; la Mer brise presque toûjours sur celui qui est le plus au large de l'Isle.

Il y en a plusieurs autres aux environs de cette Isle du même côté, mais on les voit paroître audessus de l'eau.

Vis-à-vis la pointe de l'Est de cette Isle, il y a un gros écueil comme un Bateau, & quelques autres-petits auprés.

Isle Sainte Marguerite.

L'Isle sainte Marguerite, qui est tout proche celle de saint Honnoré, est tant soit peu plus grande & plus haute, principalement par le bout du Nord.

On peut passer dans une necessité entre ces deux Isles avec une Galere, y ayant au moins deux brasses de profondeur, & la distance de l'une à l'autre en certains endroits est d'environ 200. toises.

On y pourroit même moüiller, principalement à l'entrée, par 3. à 4. brasses d'eau, où l'on seroit à l'abri de plusieurs vents.

A la pointe du Sud de cette Isle, il y en a une autre petite & platte, environnée d'écueils, de sorte qu'on ne peut passer entre les deux qu'avec des Batteaux.

La plus grande élevation de l'Isle sainte Marguerite est du côté du Nord, sur laquelle est une Citadelle considerable : On peut moüiller avec des Galeres sous cette Citadelle du côté de l'Est pour se mettre à couvert des vents de Sud-Sud-Ouest & de l'Ouest ; on y est par 7. 8. à 9. brasses d'eau, fond d'herbe vazeux. On peut, si on veut, porter des amarres à terre.

Environ un mille vers le Nord de la Citadelle Ste. Marguerite, il y a une longue pointe basse, sur laquelle est une Tour de garde & deux maisons auprés : Mais autour de cette pointe il y a quelques bancs de sable & vaze, de même que devant les Isles sainte Marguerite & S. Honnoré : Neantmoins on y peut passer avec une Galere, pour peu de connoissance qu'on ayt.

Rade du Gourjan.

De la pointe de l'Isle Ste. Marguerite à celle de la Garouppe, il y a environ 4. milles à l'Est-Nord-est ; & entre ces deux pointes est un grand enfoncement qu'on apelle d'ordinaire la Rade du Gourjan, où l'on peut moüiller plusieurs Vaisseaux & Galeres.

Cette Rade est facile à reconnoître, sçavoir en venant du côté de l'Ouest par les Isles Ste. Marguerite, comme il vient d'être expliqué ; & venant de l'Est par le Cap de la Garouppe, où est Nôtre-Dame d'Antibe qui est sur le haut de ce Cap.

Il est important d'observer en venant du côté de l'Ouest pour aller moüiller dans la Rade du Gourjan, de ne point trop ranger la pointe de l'Isle sainte Marguerite, à cause de quelques ecueils qui sont auprès, comme il a été marqué cy-dessus.

La Boute.

Presqu'au milieu de cette Rade, il y a un écueil hors de l'eau comme un gros Bateau, qu'on apelle aussi la Boute de Gourjan; & environ 80. toises au Sud & au Nord de cet écueil sont deux roches presque à fleur d'eau, sur lesquelles la mer brise quelquefois, & qui sont l'une & l'autre également eloignées de la Boute; hors de ces dangers on peut ranger la Boute d'assés prés, y ayant 5. à 6. brasses d'eau à l'Est & à l'Ouest de cet écueil.

De sorte qu'il faut passer autant qu'on le peut à mi-canal entre l'Isle sainte Marguerite & la Boutte, quoy qu'il y ait un grand espace, & 10. 12. à 15. brasses d'eau.

On peut aussi passer facilement entre la Boute & le Cap de la Garoupe, qui est du côté de l'Est, y ayant encore un plus grand espace; mais il ne faut pas trop s'aprocher de la premiere pointe de ce Cap: car à une longueur de cable il y a quelques roches. Presque à moitie chemin de la Boute au Cap de la Garoupe il y a un banc de sable où il n'y a que 5. brasses d'eau. Pour de gros Vaisseaux il faut passer du coté de l'Isle Ste. Marguerite ou bien proche la Boute.

Ensuite passant d'un côté ou d'autre de la Boute on va moüiller dans le fond de la Plage qui est fort grande, vis-à-vis une Tour quarrée, apellée la Tour des Gabeles, située sur le bord de la mer, où l'on sera à la petite portée du canon de terre par 5. à 6. brasses d'eau, fond de sable vazeux.

Les Vaisseaux moüillent aussi vis-à-vis cette Tour, mais un peu plus au large & en dedans de la Boute.

Les vents qui incommodent dans cette Rade, sont le Sud & Sud'est qui sont les Traversiers.

Lors que les vents sont au Nord-Ouest, on peut aller moüiller vis-à-vis une grosse pointe, qui est vers l'Ouest de la Tour des Gabeles, qu'on apelle la pointe de Cane, & y porter des amarres à terre; on sera par 5. à 6. brasses d'eau, à cette distance.

Le Pilon.

De même lors que les vents seront à l'Est & Nord'est, on peut aller moüiller vers le Cap de la Garoupe, c'est à dire du côté du Nord'est, devant une petite Plage qu'on apelle le Pilon, par 4. à 5. brasses d'eau, fond d'herbe vazeux: on peut même porter des amarres à terre, ayant egard de ne pas trop s'aprocher de la Côte, prés de laquelle il y a quelques roches aux environs.

On peut faire de l'eau aux environs de la Tour des Gabeles proche quelques maisons qui y sont.

Cap de la Garoupe.

Le Cap de la Garoupe est une longue pointe basse qui a 4. à 5. milles de circuit; presque par le milieu, & sur le haut de cette pointe, il y a une Tour quarrée, & une Chapele apellee Nôtre-Dame de la Garde d'Antibe.

Il ne faut pas tout-à-fait ranger l'extremité de la pointe dudit Cap, à cause de quelques sequans qui sont auprés.

Antibes.

Environ une petite lieuë vers le Nord du Cap de la Garoupe est la ville d'Antibes, & entre les deux un enfoncement & quelques petites Plages, qu'on apelle Plages de Vacon; vis-à-vis la pointe du Sud & au-dessous N. D. d'Antibes, il y a un gros écueil hors de l'eau, qui en est éloigné d'environ 200. toises, il y a entre les deux 2. à 3. brasses d'eau.

Presque dans le fond de cette Anse, il y en a un autre hors de l'eau; mais on peut moüiller entre

tre ces deux écueils par 4. à 5. brasses d'eau, fond d'herbe vazeux: On y est à couvert des vents de Sud & Sud-Ouest, & tout le reste y donne à plain.

La ville d'Antibes est fort ancienne, située sur le bord de la mer; elle est parfaitement bien fortifiée, presque de toutes parts: devant la Ville il y a un Môle qu'on a fait nouvellement sur une pointe de rocher, sur laquelle on a fait une demi-Lune qui en defend l'entrée, avec un petit Fort en bonnet quarré qui est sur la pointe du Nord: Entre ces deux Forts est le Port d'Antibes qui est fort vaste, bordé de Plages & le terrain bas; une partie des murs de la Ville touche la mer de ce côté-là: Mais par tout ce grand espace il n'y a point de profondeur d'eau, à moins que d'être prés du Môle.

Seche d'Antibes.

Vers le Nord-Nord'est de la pointe du grand Bastion, qui est au milieu du Môle environ 110. toises, il y a un petit banc de roches de peu d'étenduë, mais dangereux, sur lequel il ne reste quelquefois que 9. pieds d'eau, quoy qu'il y ait tout auprés 16. 18. à 24. pieds d'eau; on pourroit passer à terre de ce banc, entre la demi-Lune, où il y a 20. à 25. pieds d'eau, rangeant un peu plus la demi-Lune à discretion que la seche: Mais le meilleur est de passer à la droite de ladite roche, rangeant à discretion la pointe du Bonnet quarré, c'est ainsi qu'on le nomme; cette roche est au Sud'est du milieu dudit Fort.

Ensuite il faut s'aprocher de la tête du Môle, puis aller moüiller dans le fond du Port, la Commandante aura la poupe vers la porte de la Ville, avec quelques autres Galeres, & les autres seront le long du Môle où elles auront aussi la poupe.

Lors qu'on est moüillé de la maniere, on est à couvert de tous les vents & de la mer du large; le vent d'Est-Nord'est donne droit à plain de l'entrée, mais on en est à couvert dès qu'on a doublé la pointe du Môle; il n'y a que le Nord-Ouest qui vous incommode, quoy qu'il vienne pardessus le terrain; il faut se precautionner contre ce vent. Il seroit difficile d'y entrer avec un gros vent d'Est & Sud'est: car la mer y est fort grosse, & y cave beaucoup. On fait de l'eau au haut de la Ville dans un pré, où il y a une source.

Tout proche la tête du Môle il y a 25. à 26. pieds d'eau, & le long du Môle depuis 18. jusques à 15. pieds proche la porte; la Latitude est 43. degrez 33. minutes, & la variation de 6. degrez Nord-Ouest.

DESCRIPTION DES COSTES de Savoye, & de la Rive de Genes.

ENviron 15. milles au Nord'est, 5. degrez vers l'Est du Cap de la Garoupe, est la pointe de l'Ouest de Ville-Franche, où entre les deux il y a un grand enfoncement bordé de Plages de sable, & presque au milieu il y a une Riviere qu'on apelle le Var, qui separe la Provence d'avec la Savoye.

La Ville de Nice.

Est environ demi lieuë au Nord-Ouest de la pointe de l'Ouest de Ville-Franche; elle est située sur le bord de la mer dans une plaine, où proche d'elle passe une petite Riviere, ou une grande Ravine d'eau du côté de l'Ouest & du côté de l'Est: Il y a une Citadele tres-considerable, située sur une grosse pointe, qui couvre presque toute la Ville de ce même côté.

Ville-Franche.

Est une petite Ville fort ruinée, située sur le bord de la mer, au pied d'une haute Montagne, au fond

fond d'une Baye qui a environ deux milles de profondeur, & un petit quart de lieuë de large, proche laquelle il y a un bon Château aussi sur le bord de la mer, du côté de la gauche en entrant.

Sa reconnoissance est facile de côté & d'autre, venant du côté de l'Ouest par un petit Fort quarré, qui est au dessus de la Ville, qu'on apelle Mont-Auban, situé sur une haute pointe, entre Nice & Ville-franche, & sur l'extremité de cette pointe il y a un Moulin à vent; & lors qu'on vient du côte de l'Est on voit le Fort de S. Soûpir, & la pointe de Malalangue, fort avancée en mer, qui est fort haute par le milieu, qui en donne une reconnoissance.

Entre les deux pointes de l'entrée il y a 35. à 40. brasses d'eau.

Moüillage.

On va ordinairement moüiller devant la Ville, moüillant le premier fer de la gauche à 15. ou 18. brasses d'eau, à l'Est-Sud'est de la Ville; ensuite on tourne la Galere & on la prolonge le long de ladite Ville, avec des amarres à terre de poupe & de prouë, principalement la Commandante; & un fer que l'on prolonge de poupe vers le Nord'est, & quelques Galeres font de même; les autres Galeres moüillent aux environs de la Ville & de la Forteresse, avec des amarres à terre.

Darce.

Au dehors du Château il y a un Lazaret ou Infirmerie, où entre les deux il y a un petit Môle, qu'on a fait de la forme d'une L, qui est ce qu'on apelle la Darce, où l'on peut mettre deux ou trois Galeres: Mais lors qu'on y voudroit aller il faut ranger à discretion le Château pour éviter une jettée de pierres qui sont à la pointe du Môle à fleur d'eau, & aprés l'avoir doublée il faut s'aprocher du Môle qui est le plus profond: car dans le fond de la Darce, du côté du Château, il n'y a point d'eau.

On peut moüiller aussi devant le Lazaret, & porter une amarre à terre du même côté.

Allant au moüillage il ne faut pas aprocher la pointe qui est vis-à-vis du Château, à cause d'une roche qui est à fleur d'eau.

On fait de l'eau à la Ville & au Convent des Capucins qui sont au-dessus de la Ville; le Traversier est le vent de Sud, & lors que les vents sont frais du côté du Sud-Ouest, il y a un grand ressac de la mer. La latitude est 43. deg. 40. m. & la variation 6. deg. Nord-Ouest.

Pointe de Malalangue.

La pointe de l'Est de la Baye de Ville-Franche s'apelle Malalangue, qui est haute & avancée beaucoup en mer; l'extremité en est basse, & tant soit peu au dedans de cette pointe & vers l'Ouest, il y a une roche presque à fleur d'eau, où la mer brise par fois, mais elle n'est pas loin de terre.

S. Souspir.

Le Fort S. Souspir est environ un mille vers le Nord'est du bout de la pointe de Malalangue, située sur le bout d'une pointe de rocher, escarpée presque de toutes parts; & entre ces deux pointes il y a un peu d'enfoncement.

Ce Fort est assés considerable par raport à sa situation avantageuse; c'est un quarré long à quatre Bastions & une demi-Lune qui défend la porte.

Tour

Tour de Bose.

A une petite demi-lieuë au Nord quart de Nord-Oueſt de ce Fort, il y a une petite pointe, de l'autre côté de laquelle il y a une Tour quarrée & une petite Chapele qu'on apelle la Tour de Boſe, devant laquelle eſt une petite Plage (où les Galeres debarquoient le canon & autres munitions pour le Siege de Ville-Franche lors qu'on prit Nice, y ayant fort peu de chemin par terre;) mais il y a pluſieurs roches aux environs de cette pointe.

Entre la Tour de Boſe & S. Souſpir il y a un grand enfoncement, dans lequel on peut moüiller avec des Vaiſſeaux & Galeres, venant du côté de l'Eſt & ne pouvant gagner Ville-Franche, il y a 10. 12. à 18. braſſes d'eau; il faudroit s'aprocher du Fort de S. Souſpir à diſcretion, il n'y a que 7. à 8. braſſes. Vis-à-vis la Forteresse, environ une longueur de cable, il y a un petit banc de roches à fleur d'eau, qu'il ne faut pas aprocher; ce moüillage n'eſt guiere frequenté, à cauſe de la proximité de celuy de Ville-Franche.

Monaco.

A 6. milles au Nord'eſt de S. Souſpir, eſt Monaco ou Mourgues, qui eſt une petite Ville de guerre, apartenant à Mr. le Prince de Monaco; elle eſt ſituée & fortifiée ſur une haute pointe de rochers qui avance en mer vers l'Eſt, eſcarpée de toutes parts & preſque inacceſſible.

Derriere cette pointe du côté du Nord, il y a une petite anſe de ſable, où l'on peut moüiller avec des Galeres, mettant le fer de la gauche en mer vers le Nord'eſt, & deux amarres à terre du coté de la Ville, & une bonne amarre à poupe vers le Nord-Oueſt.

Moüillage.

La Commandante moüille ordinairement ſous la Ville, ayant la poupe vis-à-vis une vieille maſure, & la prouë proche un Corps de Garde, où il y a 4. pieces de canon, ſituées ſur le bord de la mer au-deſſous de la Ville; le moüillage eſt à cet endroit à 3. à 4. braſſes d'eau, fond d'herbe vazeux; les autres Galeres ſe mettent proche la Commandante, de la même façon ſe rangeant par andanes. Dans le fond de la Plage il y a 5. à 6. braſſes d'eau, mais on y eſt trop à decouvert des vents d'Eſt & Sud'eſt: On ne peut s'aprocher tout le long de la Plage à une longueur de cable, à cauſe de pluſieurs ſequans de mattes & roches ſous l'eau.

A l'entrée de cette anſe le fond y eſt de 10. 12. 14. & 16. braſſes d'eau.

On aſſure que preſque par le milieu de l'entrée il y a une groſſe ancre perduë, ſur laquelle il y a 16. braſſes d'eau, à laquelle les dernieres Galeres doivent prendre garde, de peur qu'elles n'endomagent leurs cables; il ſe faut bien amarrer du côté du Nord-Oueſt: car il y eſt quelquefois fort rude, parce qu'il vient entre deux hautes montagnes: Ce n'eſt pourtant pas le veritable Traverſier: car c'eſt le vent d'Eſt-Sud'eſt qui donne à plain dans l'entrée, & qui cauſe un gros reſſac de la mer, de ſorte qu'on ne peut ſe debarquer dans un mauvais temps qu'avec bien de la peine.

Au-deſſous de la Forteresse il y a une grande Halle & quelques maiſons de Peſcheurs, & dans le fond de la Plage on voit les murailles d'un grand jardin, dans lequel eſt un puits où on va faire de l'eau.

On en peut encore aller faire à un mille ou environ vers le Nord'eſt de la Ville, dans un enfoncement, ſur le bord de la mer, à un ruiſſeau qui fait tourner quelques moulins.

On voit ſur le haut de la montagne du côte de l'Eſt pardelà ce ruiſſeau, le village de Roquebrune.

Vers le Nord-Oueſt de Monaco, on voit entre deux montagnes une Tour ronde qui fait la ſeparation de la côte de Savoye avec celle de Mourgues; qu'on nomme la tour de la Torbiere, apartenant au Duc de Savoye qui y tient garniſon.

Au bout de la Ville du côté de l'Oueſt, & là joignant, il y a un ancien Château, & un magnifique Palais, où loge le Prince. Monaco eſt facile à reconnoitre du large par la blancheur des fortifications; & parce que la Ville, comme il a eſté dit, eſt ſur une haute pointe.

Menton.

Environ 3. milles vers l'Eſt-Nord'eſt de Monaco, eſt une longue pointe de moyenne hauteur qu'on apelle le Cap Martin; & deux milles par-de-là auſſi vers le Nord'eſt, eſt la petite ville de Menton, qui eſt de la dependance de Mr. le Prince de Monaco, où tout proche ſe termine ſa Principauté au côté de la mer.

Entre le Cap Martin & Menton, il y a une Plage de ſable un peu enfoncée où l'on peut moüiller avec des Galeres dans un beau temps, ne pouvant gagner Monaco; on y eſt à couvert des vents de Sud-Oueſt, Oueſt & Nord-Oueſt.

Reconnoiſſance de cette Côte.

Lors qu'on vient du large, on reconnoit cette Côte par une haute montagne, dont le sommet reſſemble à une Platteforme, qu'on apelle vulgairement la Table de Mourgue, elle eſt environ 5. à 6. milles vers le Nord'eſt de Monaco: On remarque encore une autre montagne au-deſſus, & tant ſoit peu plus à l'Eſt de la ville de Menton, tirant du côté de Vintimille, faite en pain de ſucre & aſſés aiguë par le bout, qu'on appelle l'Aiguille de Menton, l'une & l'autre ſe voyent de fort loin, & font une très bonne connoiſſance.

Vintimille.

Environ 14. milles à l'Eſt quart de Nord'eſt de Monaco, eſt la pointe de la Bordiguere; & deux milles vers le Nord-Oueſt de cette pointe, eſt la petite ville de Vintimille; elle eſt ſituée proche la mer, vers l'Eſt d'une groſſe pointe ſur le bord d'une petite riviere où il y a un pont.

Au-deſſus de la Ville il y a une Fortereſſe conſiderable par ſa force & par ſa ſituation: ſur la droite de la premiere il y a un Village ſur le bord d'une Plage dans une plaine; & tout proche vers l'Eſt, il y a une autre petite riviere ou ravine d'eau; on pourroit moüiller avec des Galeres devant Vintimille dans un beau temps: On y eſt à couvert des vents d'Eſt-Nord'eſt & Nord'eſt, par la pointe de la Bordiguere.

DESCRIPTION DES COSTES de Genes & autres.

CE qu'ordinairement on apelle la Riviere ou Rive de Genes, eſt depuis la Riviere de Vintimille juſques au-de-là du Golfe d'Eſpecia ou Eſpece.

La Bordiguere.

C'eſt une petite Ville ſituée ſur une pointe de moyenne hauteur; elle a des murailles tout à l'entour, & ſemble de loin à une Fortereſſe; il y a du côté de l'Oueſt une Tour de garde proche la mer, & quelques maiſons à Peſcheurs; on peut ranger cette pointe aſſes prés, il y a pourtant quelques écueils, mais ils ſont fort proche.

Saint Reme.

Du Cap de la Bordiguere à la pointe de l'Oueſt de S. Reme', qui eſt à une petite lieuë plus à l'Eſt, c'eſt une groſſe pointe preſque ronde, ſur laquelle eſt une Tour quarrée de garde, & une petite maiſon au proche ; & à 5. milles vers l'Eſt de ladite pointe, eſt le Cap de l'Eſt de S. Reme, qui eſt preſque ſemblable au precedent, ſur lequel eſt auſſi une Tour quarrée.

Entre ces deux pointes il y a une grande anſe, & preſque par le milieu il y a une petite Ville qu'on apelle S. Reme qui fait un tres agreable aſpect; elle eſt ſituée ſur une petite hauteur, & conduit juſques ſur le bord de la marine; elle eſt entourée de jardins remplis d'orangers & citronniers, & pluſieurs grands palmiers aux environs qui en donnent la connoiſſance.

Devant la Ville il y a un petit bout de Môle, en forme d'un crochet, mais il n'y peut aller que de petites barques pour le debarquement, comme il eſt au milieu d'une grande Plage de ſable; il n'y a que 7. 8. à 9. pieds d'eau; ordinairement en toutes ces Côtes les habitans de S. Reme tirent leurs barques & bateaux à terre.

On peut moüiller avec des Vaiſſeaux & Galeres vis-à-vis la Ville, environ un mille loin, par 7. à 8. braſſes d'eau fond de ſable vazeux; les Vaiſſeaux moüillent un peu plus au large, pour être plus en état d'apareiller. On y eſt à découvert de tous les vents du large, il n'y a abry que des vents à la terre, mais le fond y eſt fort bon.

S. Eſtevent.

Environ 8. milles à l'Eſt-Nord'eſt de la pointe de l'Eſt de S. Reme, il y a une pointe tant ſoit peu avancée en mer, proche de laquelle eſt un petit village qu'on apelle S. Eſtevent; entre ces deux pointes il y a un peu d'enfoncement, où on voit un Fortin ſur une pointe, & quelques petits villages aux environs.

S. Lorenſe.

Tout proche le village de S. Eſtevent, eſt celuy de S. Lorenſe, auſſi ſitué ſur le bord de la mer, proche une pointe baſſe.

Port Maurice.

Quelques 8. à 9. milles vers l'Eſt-Nord'eſt de la pointe Saint Eſtevent eſt le Port Maurice, qui eſt une petite Ville entourée de murailles & quelques Fortifications, ſituée ſur une eminence proche la mer; auprés de la Ville du coté de l'Eſt il y a un Convent, & quelques maiſons auſſi proche la mer, & même il y a une baſſe pointe de rochers qui cauſent un peu d'abry, où l'on tire les barques & bateaux à terre.

Oneille.

Vingt milles à l'Eſt quart de Nord'eſt 3. degrez vers le Nord du Cap de l'Eſt de S. Reme, & 3. milles vers l'Eſt-Sud'eſt du Port Maurice, eſt le Cap d'Oneille ou de Dian; où preſque par le milieu, tant ſoit peu plus du côté du Cap, eſt la ville d'Oneille qui appartient au Duc de Savoye; Elle eſt environnée de murailles, principalement du côté de la mer, & eſt ſituée ſur le rivage, dans une tres-belle plaine, où il paſſe d'un côté & d'autre deux petites rivieres : Celle qui eſt du côté du Port Maurice eſt la plus grande, proche de laquelle ſont quelques retranchemens, qu'on avoit fait dans le temps que nous le bombardames pour empécher la decente. Du côté de la mer il y a trois petits Forts, un à chaque bout & l'autre au milieu; & vers le Cap d'Oneille il y a quelques

ques maisons de Pécheurs, & une Tour Octogone sur une pointe pour en deffendre le moüillage.

Moüillage.

On moüille avec les Galeres vis-à-vis la Ville à demy portée de canon, à 5. à 6. brasses d'eau, fond d'herbe & Vaze ; & les Vaisseaux qui y vont charger d'huile se tiennent un peu plus au large, pour être plus prêts de faire voile en cas de besoin, quoy que le fond y soit tres bon.

Dian.

Environ 8. à 9. milles au Nord'est quart d'Est du Cap d'Oneille, est le Cap Delmelle ; celuy d'Oneille est une grosse pointe ronde, sur laquelle est une Tour de garde qui est ronde, & un hermitage au dessous, du côté du Nord'est, avec une autre Tour ; on l'appelle par fois Cap de Dian, à cause qu'il est entre Oneille & Dian, & par consequent commun entr'eux.

Du côté du Nord'est de cette pointe, il y a un peu d'enfoncement & une Plage de sable, où par le milieu est le village de Dian, situé sur le bord de la mer, & plusieurs autres aux environs, à la montagne : Il y a un petit Fort sur le bord de la mer, proche le village de Dian, du côté de l'Est joignant une Eglise.

On peut moüiller devant le village de Dian, par 7. à 8. brasses d'eau, environ un quart de lieuë de terre ; & pour être au meilleur moüillage, il faut voir un Clocher d'une Eglise qui est presque au milieu du village sur le bord de la mer, par un autre qui est au-dessus, & les tenir l'un par l'autre : Pour les Vaisseaux, ils moüillent un peu plus au large, pour pouvoir doubler les pointes dans un besoin.

On appelle communement ce moüillage la Fosse de Dian, le fond est de sable fin & vazeux, où les ancres tiennent très bien.

Lou Cervo.

A un mille vers l'Est du village de Dian, il y a une Tour de garde ronde, proche d'un petit village qu'on appelle lou Cervo, situé sur le haut d'une pointe, & plusieurs autres petits Hameaux aux environs.

Cap S. Antoine.

Entre la pointe de Lou Cervo & le Cap Delmelle, il y a une autre pointe qu'on apelle le Cap S. Antoine, & entre les deux derniers il y a un vallon où est le Village du même nom.

Cap Delmelle.

Le Cap Delmelle est une grosse pointe & haute presque ronde, sur laquelle est une Tour quarrée & deux maisons auprès ; cette pointe est celle qui s'avance le plus en mer de toute cette Côte.

Araiche.

Et environ six milles au Nord-Nord'est du Cap Delmelle, est la pointe d'Albengue, où entre les deux il y a un peu d'enfoncement & une Plage de sable, & presque par le milieu de cette Plage, tant soit peu du côté de l'Est, est le village d'Araiche, qui est fort long & du côté de la mer ; Il y a trois Fortins armez de deux pieces de canon chacun ; vis-à-vis celuy du milieu il y a un petit Môle, autrement un Quai pour se debarquer ; & du côté de l'Est il y a aussi deux petites Tour

Tours de garde qui sont rondes, & sur le bord de la mer : Comm'aussi plusieurs petits Villages à la Montagne voisine : Mais du côté du Cap Delmelle il y en a un proche la mer qu'on apelle Languille, à l'extremité de celui d'Araiche ; vers l'Ouest il y a une grande Ravine d'eau où est un Pont de communication.

Isle d'Albengue.

Vis-à-vis le Cap d'Albengue, environ un petit mille, est l'Isle du même nom, qui a environ un mille de circuit ; elle est fort haute, & a une Tour de garde.

On peut moüiller devant le village d'Araiche, à la distance d'environ un mille, mais pour être au meilleur moüillage, il faut voir le clocher de l'Eglise qui est dans le Village du côté de l'Ouest, par un autre qui est au-dessus du Village vers la Montagne, les tenir l'un par l'autre autant qu'on pourra ; dans cette distance vous serez par 15. 18. à 20. brasses d'eau, fond de sable vazeux, selon ce que vous serez loin de terre, & on est même obligé de relever ses ancres de temps en temps parce que le fond y est bon.

On remarque que les courans vont ordinairement vers le Sud-Ouest, qui est la cause que les bâtimens ne peuvent mettre la proüe au vent, lors qu'ils sont au Sud'est & Sud-Sud'est, qui en sont les Traversiers, il ne convient pas de moüiller trop proche du Village à cause des vents du large.

On peut moüiller deux à trois Galeres du côté de l'Oüest de l'Isle d'Albengue, par 12. à 15. brasses d'eau, ayant une amarre sur l'Isle, pour les vents d'Est-Nord'est.

On peut passer à terre de cette Isle avec Vaisseaux & Galeres, il y a 10. 12. & 15. brasses d'eau, observant de ranger un peu plus l'Isle que la Côte, à cause d'une longue pointe basse de sable qui s'avance en mer, qui est celle de la Riviere d'Albengue, outre qu'il y a quelques Secants à la pointe la plus voisine de l'Isle d'Albengue.

Albengue.

Environ 3. milles au Nord'est quart de Nord de la pointe d'Araiche, est la pointe de la Riviere d'Albengue qui est fort basse & avancée en mer, bordée de sable & remplie d'arbres, où presque sur l'extremité il y a un petit Fort ; du côté de l'Ouest d'icelui il y a un grand Convent qui en donne la connoissance, & de ce même côté proche le Fort il y a une petite Riviere qui passe proche la ville d'Albengue, il y a encore une autre branche vers l'Est du Fort.

La Ville d'Albengue est environ un mille sur le terrain, située dans une plaine : On y voit plusieurs Tours que les Capitaines Corsaires avoient fait élever anciennement en memoire de leurs victoires.

De l'Isle d'Albengue au Cap de Noli, la route est le Nord'est environ 19. milles ; entre les deux il y a un grand enfoncement, où l'on voit plusieurs Villes & Villages le long de la mer, dont la premiere est celle d'Albengue ; ensuite Suria, la Barquetta, Louva, Laprea, Final & Varigousta.

Final.

Est environ 5. milles à l'Ouest-Nord-Ouest du Cap de Noli, il apartient au Roi d'Espagne ; il y a deux Forteresses très-considerables proche l'une de l'autre, situées sur une coline, au pied desquelles on void un grand Village sur le bord de la mer, devant lequel on peut moüiller dans une necessité par 5. 6. & 8. brasses d'eau ; mais on n'y a nul abry des vents du large.

Venant du côté de l'Ouest on le reconnoit par une grosse pointe, sur le haut de laquelle sont plusieurs sables blancs qui se voyent de fort loin ; ensuite on voit les Citadelles, comme nous avons dit, outre que le Cap de Noli en donne une entiere connoissance : On ne peut voir ces taches de sable lors qu'on vient du côté de l'Est.

Varigouste.

Est un petit Village situé proche une pointe de rocher, environ un mille vers l'Ouest du Cap de Noli; entre les deux il y a une petite Plage de sable.

Cap de Noli.

C'est une grosse pointe fort escarpée & unie sur le haut qui s'avance un peu en mer; vers la moitié de sa hauteur il y a un Hermitage.

Noli.

Du côté de l'Est du Cap de Noli il y a un peu d'enfoncement & une Plage de sable, sur le bord de laquelle est le village de Noli, qui se reconnoit par plusieurs Tours quarrées & rondes, bâties, comme nous avons deja dit, en memoire des victoires que les Capitaines avoient remportées sur leurs Ennemis : On peut moüiller en attendant un beau temps devant Noli, par les vents de Sud-Ouest, Ouest & Nord-Ouest.

Espetourne.

Est un autre Village, éloigné de celuy de Noli, environ deux milles, du côté du Nord, aussi situé sur le bord de la mer, dans une anse de sable, devant lequel on peut aussi mouiller avec les vents à la terre; on en voit aussi plusieurs autres à la montagne.

Isle Brazily.

Environ 4. milles au Nord-Nord'est du Cap de Noli il y a une petite Isle apellée Brazily, sur laquelle on voit quelques vieilles Ruines; on peut passer dans un besoin à terre d'elle avec des Galeres, y ayant environ 400. toises de distance, & 8. à 9. brasses de profondeur d'eau; observant toutefois de passer par le milieu, & prenant garde à quelques écueils qui sont du côté de l'Est-Nord'est proche la côte; mais comme ils sont hors de l'eau, ils ne sont pas beaucoup à craindre.

On peut aussi mouiller du côté de l'Ouest de cette Isle, ne pouvant gagner la rade de Vaye, il y a 14. & 15. brasses tout proche de l'Isle.

Brazili.

A un mille & demy vers le Nord'est de cette Isle est le Cap de Vaye; entre les deux il y a un petit Village à la montagne environné d'arbres qu'on apelle Brazili.

La Rade de Vaye.

Est une grande anse de sable, qui se forme au moyen d'une grosse pointe qu'on apelle le Cap de Vaye, qui s'avance en mer & paroit de loin blanchâtre, sur le sommet de laquelle il y a quelques vieilles ruines de Fortifications : On en voit aussi d'autres, encore demolies, au dessous du côté du mouillage.

Sur

Sur le bord de la mer dans le fond de la Rade, qui est de l'autre côté du Cap de Vaye, il y a quelques maisons le long de la Côte, avec une petite Chapelle devant laquelle on moüille; & du côté du Nord-Ouest de ladite Chapelle il y a un petit Fort armé de 6. à 7. canons pour la seureté des bâtimens qui y moüillent; le meilleur endroit pour des Galeres est vis-à-vis cette Chapelle, c'est où ordinairement se met la Commandante, elle y porte une amarre, elle est éloignée presque de deux grelins, & les autres Galeres moüillent aux environs entre la Chapelle & la pointe de Vaye; la plûpart portent des amarres à terre: On y est par 5. à 6. brasses d'eau fond d'herbe vazeux, ayant un fer en mer vers le Nord-Ouest, par 9. à 10. brasses d'eau; il ne faut pas s'aprocher du petit Fort, à cause de quelques roches qui y sont sous l'eau.

Les Vaisseaux peuvent aussi moüiller dans cette Rade, mais un peu plus au large, les vents d'Est & Sud'est qui y sont les Traversiers y amenent ordinairement une grosse mer; mais comme le fond y est bon il n'y a rien à craindre, de même lors que les vents sont au Sud-Ouest, il s'y fait un gros Ressac de mer; il faut aussi se precautionner contre les vents de Nord-Ouest qui y sont rudes.

Tout proche de Vaye vers le Nord-Ouest, il y a une grande Ravine d'eau, principalement pendant l'Hiver; pardelà la Ravine est le village de S. Jean de Vaye, aussi sur le bord de la mer dans une Plage.

La reconnoissance de la Rade de Vaye est assés facile par le Cap de Noli venant de l'Ouest, par l'Isle Brazili, & par la blancheur de ces ruines qui sont sur le haut du Cap de Vaye.

De même lors qu'on vient du côté de l'Est, on voit aussi le Cap de Noli & le Cap de Vaye, qui forment cette grande anse, comme nous venons de dire, ces deux Villages & le Fortin au milieu, outre qu'on voit encore la ville de Savone, & sa Forteresse proche la mer, qui le font suffisamment reconnoître.

Savone.

Environ 4. milles au Nord'est du Cap de Vaye est la ville de Savone où entre les deux il y a un village nommé la Fournague, & plusieurs Fabriques où on fait la vaisselle de terre, prés de ce Village il passe une petite riviere.

La ville de Savone est assés grande, située dans une plaine proche la mer, elle a une Forteresse considerable sur un rocher sur le bord de la mer; devant la Ville il y a un Môle, dont l'entrée est du côté de l'Est, elle est presque bouchée par des sables & roches; on peut neanmoins y entrer avec des Galeres, au nombre de 5. à 6. Le passage de l'entrée est fort étroit, il faut ranger à discretion sur la droite en entrant, proche une grosse pointe, parce que c'est le plus profond.

La Côte de Genes.

Environ 25. milles à l'Est quart de Nord'est de la pointe de Vaye est le Fanal de Genes, qu'on distingue aisément lors que l'air est clair: Toute cette côte est fort haute & remplie de Villes & Villages proche la mer, & de magnifiques maisons; le lieu le plus voisin de la ville de Savone s'apelle Arbisolle, les autres se nomment Selli, Varazo-Nestore, Moureta, Monaster, Concourjou, Lansan, Asuruza, Outry, Parma, Pigisestri de Ponant, Ste. Marguerite, Sournelin, S. Pierre d'Arene & Genes.

S. Pierre d'Arene.

C'est un Faux-bourg de la ville de Genes, magnifique par la quantité de Palais & superbes maisons dont il est rempli; il est situé le long d'une grande Plage, & conduit jusques aux murs de la ville de Genes.

DESCRIPTION DE LA VILLE de Genes.

De ses Moles & des environs.

LA ville de Genes est la Capitale d'une Republique fort ancienne & fort connuë, elle est fort grande, superbe en batimens, & situee au pied d'une haute montagne, sur le bord de la mer, qui la resserre; de maniere qu'elle est beaucoup plus longue que large; une muraille asses haute la renferme, non seulement, mais aussi toute la montagne, qui est cultivée & remplie de beaux jardins : Cette Ville est marchande, & le Commerce qui y fleurit beaucoup y porte de grandes Richesses.

Devant la Ville il y a un tres-grand Port, fait par artifice; il est renfermé par deux Môles, ou deux grandes jettees qui s'avancent à la mer, pour en rendre l'entrée moins large, qui n'est que d'environ 350. toises; la jettee qui est au bout de la Ville du cote de l'Ouest qu'on apelle le Môle neuf, & qui s'avance en mer vers le Sud'est, est d'environ 280. toises.

Mole neuf.

Les Galeres du Roy s'y rangent d'ordinaire, principalement dans l'Eté, & y moüillent par 7. 8. à 9. brasses d'eau, fond d'herbe vazeux, portant des amarres au Mole où elles ont la poupe, & un fer en mer vers le Nord'est.

Le Fanal.

Au dehors de ce Môle tirant vers l'Ouest, sur un gros rocher elevé & fortifié, il y a une Tour blanche quarrée tres-haute qu'on apelle le Fanal, sur laquelle est une grosse Lanterne qu'on allume la nuit pour servir de reconnoissance aux batimens qui pourroient venir; & de jour il s'y fait des signaux des Vaisseaux & Galeres, distinguez par de grosses balotes, & flames pour les Galeres.

Au dessous de ce rocher sur le bord de la mer & au dehors du Môle, il y a une grande demie Lune, & plusieurs batteries de canon sur les murailles de la Ville de toutes parts, qui deffendent la Marine.

Le vieux Mole.

Est devant & le plus proche de la Ville, & s'avance en mer d'environ 250. toises, vers la pointe du Môle neuf; sur le bout il y a une batterie de 9. à 10. pieces de canon, & presque au milieu du cote du Port, un petit Fort quarre, deffendu de 7. à 8. pieces de canon.

On peut ranger de fort prez la pointe du Môle neuf, lors qu'on y va moüiller, parce qu'il y a tout auprés 10. à 12. brasses d'eau, mais non pas si proche la pointe du vieux, à cause de quelques roches perduës qui s'etendent un peu sous l'eau.

Lors que les Galeres moüillent au vieux Môle, elles y mettent leurs poupes, & la prouë vers le Nord, par 3. 4. à 5. brasses d'eau, fond d'herbe vazeux; elles mettent deux fers en mer, l'un au Nord-Ouest & l'autre au Nord'est, & deux amarres au Môle par la poupe.

La Commandante se place d'ordinaire vis-à-vis d'une espece de Chapelle quarrée, attenante au Môle.

Les gros Vaisseaux, & ceux qui sont press à partir, moüillent ordinairement vers le milieu du Port sur deux amarres, par 8. à 10. brasses d'eau, affourchez Nord-Ouest & Sud'est, & les moyens

Vais-

Vaisseaux viennent au vieux Môle, où ils mettent de même que les Galeres la poupe vers le Môle, avec deux amarres sur le Môle, & deux Ancres en mer.

Il s'y en trouve ordinairement plusieurs, & il y en a souvent jusques à trois rangs: On peut neantmoins passer devant eux par leur prouë, pour aller moüiller au poste ordinaire comme il a esté dit, y ayant depuis 12. jusqu'à 15. pieds d'eau, il faut seulement prendre garde à leurs ancres.

Les Darces.

Dans le fond du Port vers le milieu de la Ville il y a deux Darces fermées à chaine, l'une pour les Galeres de la Republique, & l'autre pour des barques de trafic.

On fait de l'eau à la Ville dans differens endroits, & si on veut à une grande Fontaine qui est sur le Quay devant la porte Reale; Mais d'ordinaire on y entre par la Darce pour la faire plus aisement.

Quand les vents sont au Sud'est, Sud & Sud-Ouest, qui sont les Traversiers du Port, la mer y est extremement grosse, & fait un grand ressac, & revolution dans ce Port; le vent de Nord y est tres rude, ils l'apellent la sereuze, & le vent de Sud-Sud'est y donne tout à plain.

Les vents qui y regnent ordinairement le plus, comme presque dans toute cette côte pendant l'Eté, depuis 8. à 9. heures du matin jusques au soir, sont l'Est-Sud'est jusques au Sud-Ouest; on les apelle l'embas, & la nuit ils se mettent à la terre.

La Latitude est 44. degrez 30. minutes, & la variation six degrez Nord-Ouest.

La Ville de Genes est fort facile à reconnoître de quelque part que l'on vienne, par la quantité des belles maisons de campagne qu'on voit aux environs de la Ville, la blancheur de ses grandes murailles & le Fanal qui est fort elevé.

Bizagne.

Du côté de l'Est de la ville de Genes environ un mille, il y a aussi un grand village nommé Bizagne, entre les deux il y a une grande Ravine d'eau, principalement en Hiver.

Du Môle de Genes au Mont Portefin, la route est le Sud'est 5. degrez vers l'Est, environ 12. à 13. milles; dans cette etenduë la côte fait un peu d'enfoncement, la terre est haute, bordée de quantité de Villes & Villages, & remplie de superbes Palais, dont l'aspect est admirable; & pour abreger puis qu'il n'y a point de moüillages, nous mettrons icy leurs noms par ordre, afin de les pouvoir reconnoître.

Immediatement aprés Genes vient celuy de Bizagne, ensuite Afugy, Arba, Lasea, Servy, Boucadoza, Sutilla & Couvertou, qui est du côté du Nord du Mont Portefin, dans un enfoncement où l'on peut moüiller dans une necessité, lors qu'on vient vers l'Est avec les vents contraires; mais il ne faut pas se laisser surprendre aux vents d'Ouest & Sud-Ouest.

Le Mont Portofin.

Est une grosse pointe qui paroit de loin de figure ronde, il est fort escarpé de toutes parts.

Santa Fortoza.

De la pointe du Mont Portofin à la pointe du Portofin, il y a environ 6. milles vers l'Est; entre les deux ce sont toutes hautes terres fort escarpees, & presque au milieu de l'un à l'autre il y a un Convent de Religieuses & quelques maisons aupres qu'on apelle sancta Fortoza, situé proche la mer.

Portofin.

La pointe de Portofin fait l'entrée du Golfe de Rapallo ; elle est facile à reconnoître par quelques Tours, & un petit Fort quarré qui est sur le haut ; outre qu'on y voit une Chapelle entre deux rochers, comme une espece de coupure : Cette pointe est escarpée de toutes parts, & basse par son extremité, on la peut ranger de fort proche.

Le Portofin est une petite Calanque, située entre deux montagnes, en dedans de cette pointe environ un quart de lieuë & de ce même côté ; elle a environ 140. toises de long & 70. de large : On n'en peut decouvrir l'entrée à moins d'en être presque par son travers : on voit sur le haut de la pointe de la gauche en entrant, un petit Fort presque quarré, armé de quelques canons, & sur la droite dudit Port le village de Portofin, où tout le long il y a un Quay avec des pilliers pour amarrer les bâtimens.

On y peut mettre 7. à 8. Galeres, ayant les rames tirées en dedans pour occuper moins d'espace, on en pourroit ranger jusques à 12. A l'entrée du Port il y a 10. à 12. brasses d'eau, & 3. à 4. par le milieu, fond d'herbe vazeux : La Commandante moüille le fer de la droite à l'entrée du Port (par 10. à 12. brasses) & tourne la poupe dans le fond, & reste le long du Quai, où l'on porte des amarres de poupe & de prouë, & les autres Galeres se rangent de la même façon auprès d'elle.

On porte des amarres dans le fond du port, à quelques écueils qui y sont.

Il n'y a que le vent de Nord'est qui donne dans l'entrée du Port, & ne peut causer de grosse mer, d'autant qu'il vient du côté de terre : On ne peut decouvrir la mer du large lors qu'on est dans ce Port, il n'est propre que pour des Galeres & Barques, car pour des Vaisseaux ils seroient trop engagez & resserrez.

On va faire de l'eau en une Calanque dehors le Port environ un quart de lieuë, qui est dans le Golfe de Rapallo, où il y a une Plage & quelques Magasins ; sur la pointe de la droite de cette Calanque il y a un petit Fort quarré.

Le Golfe de Rapallo.

Est fort grand, on y voit plusieurs Villes & Villages, il a environ une petite lieuë d'ouverture & autant d'enfoncement ; dans le fond du Golfe il y a deux Villages qui ne sont separez que par une pointe sur laquelle est un tres beau Palais, & une Eglise auprés. Le Village qui est du côté de l'Ouest se nomme sainte Marie & l'autre S. Michel.

On pourroit moüiller devant ce Village avec des Galeres, par 5. à 6. brasses d'eau fond d'herbe vazeux ; & avec des Vaisseaux, tenant un peu plus au large, par 15. à 20. brasses ; il n'y a que les vents de Sud'est & Sud-Sud'est qui y donnent à plain.

De l'autre côté du Village de S. Michel, est la petite ville de Rapallo, devant laquelle on pourroit moüiller, de même dans une necessité ; elle est située sur le bord de la mer, mais par le milieu du Golfe il y a beaucoup de profondeur d'eau ; tout proche la ville de Rapallo est le Village nommé Parage.

Sestri de Levant.

Environ 11. à 12. milles à l'Est-Sud'est de la pointe de Portofin, est une grosse pointe qui paroit comme une Ile, derriere laquelle est une petite ville qu'on apelle *Sestri de Levant* ; dans cette distance il y a un grand enfoncement, & la Côte est fort haute.

Presque à moitié chemin de l'un à l'autre on voit une petite ville nommée Chiavari ; & deux milles plus à l'Est, il y a un grand village qu'on apelle l'Avagne, entre les deux passe une petite riviere.

Du côté du Nord de la pointe de Sestri, il y a un grand enfoncement & une Plage de sable où on pourroit moüiller par les vents d'Est & Sud'est, mais il ne faudroit pas s'y laisser surprendre [illegible] de Nord Ouest.

Ca

Cap Sincoterre.

Environ 23. milles au Sud'eſt de la pointe de Portofin, & 12. de celle de Seſtri, eſt le Cap Sincoterre; entre les deux il y a pluſieurs Villages proche la mer; toute cette Côte eſt fort haute; le Village le plus voiſin de la pointe de Seſtri, qui en eſt environ 6. à 7. milles, ſe nomme Mane; enſuite vient celuy de Dea, Trigoza, Beneſore, Levance, Mous, Monte-rouſſo, qui eſt une haute Montagne proche le Cap Sincoterre.

Le Cap Sincoterre eſt une groſſe pointe fort haute & eſcarpée de toutes parts, & avancée un peu en mer; ſur ſon ſommet il y une Chapelle qui en donne la connoiſſance; du côté de l'Eſt de cette pointe il y a un peu d'enfoncement, & une petite Plage de ſable, où on pourroit mouiller en attendant un beau temps avec quelques Galeres, mais il ne faut pas s'y laiſſer ſurprendre par les vents du large.

Du Cap Sincoterre à l'entrée du Porto-Veneré il y a environ 12. à 13. milles vers le Sud'eſt; c'eſt auſſi une Côte tres haute & fort eſcarpée: Entre les deux il y a cinq Villages proche l'un de l'autre, dont le plus voiſin du Cap Sincoterre en porte le nom, l'autre Menelera, Iſemeza, Remaſou, Sernilla & Zibiza, qui eſt un petit Hameau.

Porto-Veneré.

Ce Port eſt à l'entrée du Golfe Deſpecia, il y a une petite Ville ſituée ſur le bord de la mer, au pied d'une haute Montagne remplie d'oliviers.

Iſle Palmaria.

Vis-à-vis de Porto Veneré eſt une grande Iſle fort haute qu'on nomme Palmaria, cette Iſle forme le Port de Porto-Veneré; elle n'eſt éloignée de la Ville par la pointe de l'Oueſt que d'environ 40. toiſes.

On peut paſſer entre la Ville & l'Iſle avec une Galere ordinaire, mais il faut bien ſçavoir le paſſage: car preſque par le milieu de cette Iſle il y a une longue pointe de ſable & vazes qui s'avancent ſous l'eau, vis-à-vis d'un Convent de S. François qui eſt hors la Ville ſur une pointe; il n'y a que deux braſſes & demi dans cet endroit, mais entre les deux pointes de l'entrée il ne manque pas de fond.

Iſle du Tin.

Tout proche l'Iſle Palmaria du côté du Sud, il y en a une plus petite qu'on apelle le Tin qui eſt auſſi fort haute, ſur le ſommet de laquelle il y a un petit Fort abandonné, & un vieux debris d'un Monaſtere, elle eſt auſſi remplie d'arbres de pins: Au Sud-Oueſt de cette Iſle, environ 300. toiſes, il y a un écueil hors de l'eau, & quelques roches ſous l'eau, dont il faut s'éloigner.

Venant du côté de l'Oueſt, pour aller mouiller à Porto-Venere, on paſſe ordinairement entre ces deux Iſles, où il ne manque pas de fond; enſuite on fait le tour de l'Iſle Palmaria, & on entre dans le Golfe d'Eſpecia, rengeant à diſcretion un petit Fort quarré qui eſt ſur un écueil à fleur d'eau à l'extremité de l'Iſle Palmaria du côté de l'Eſt.

On peut auſſi paſſer entre cette Iſle & le Fortin, paſſant un peu plus proche du Fort que de l'Iſle, ou du moins par le milieu, y ayant trois braſſes au moins profond, & il faut prendre garde à quelques rochers qui ſont à fleur d'eau de part & d'autre.

Ayant donc doublé ce Fortin d'une maniere ou d'autre, on va enſuite moüiller par le milieu d'une anſe qui eſt du côté du Nord-Oueſt, où il y a quelque peu de Plages de grave; elle eſt remplie d'Oliviers juſques auprés de la mer: On moüille le premier fer du large, par 8. à 10. braſſes d'eau vers le Sud'eſt, enſuite on porte une amarre à terre vers le Nord-Oueſt proche les Oliviers, à un grellin &

& demi loin de la Plage, pour lors on sera par 4. à 5. brasses d'eau fond d'herbe vazeux, les autres Galeres moüillent aux environs, & quelques unes demeurent affourchées sur deux ancres.

On y peut même venir moüiller avec des Vaisseaux; & lors qu'on vient dans cette Rade, il ne faut pas aprocher plus de deux longueurs de cables la pointe où est le Convent de saint François dont nous avons parlé, parce que le fond manque tout à coup de part & d'autre: On fait de l'eau à un puys qui est hors la Ville, & quelquefois dans le cloistre de ce Convent.

Le Traversier de la grande passe est l'Est-Sud'est.

Celui de la petite passe le Sud-Oüest; mais ny l'un ny l'autre ne peuvent causer de grosse mer.

La Latitude est 44. degrez 6. minutes.

Le Golfe d'Especia.

Est fort grand, & a environ 6. milles d'enfoncement, & 3. à 4. de largeur; & environ un petit quart de lieuë de la pointe du Nord'est du Porto-Veneré, il y a une Citadelle assés considerable nommée sainte Marguerite; elle est située sur l'extremité d'une longue pointe de rochers, fortifiée de toutes parts.

Depuis cette pointe jusques à la ville d'Especia, qui est dans le fond du Golfe, il y a environ 4. milles; entre-deux il y a plusieurs grandes Calanques où l'on pourroit moüiller avec des Galeres.

Immediatement après la Citadelle de sainte Marguerite, il y a une Calanque assés enfoncée, qui a environ 250. toises de large, & près de 400. d'enfoncement, où l'on pourroit moüiller avec 3. à 4. Galeres, dans le milieu il y a 4. à 5. brasses d'eau, vis-à-vis une grande maison blanche, qui est sur la gauche en entrant.

Mais de l'autre côté de cette Calanque il y en a une autre bien plus grande & plus enfoncée: On la reconnoit par un Convent de Peres du Mont Olivet, qui est sur la gauche en entrant sur le bord de la mer.

On peut aisement pendant l'Eté y moüiller avec 8. à 10. Galeres; elles moüillent du côté du Monastere, où il y a plus de fond, la Commandante met sa poupe tout près de ce Monastere, ayant un fer vers le Nord'est, & un autre au Nord-Oüest, & deux amarres du côté du Convent, il y a 4. 5. à 6. brasses d'eau fond d'herbe vazeux, les autres Galeres se rangent proche d'elle, & font deux Andanes, parce qu'il n'y a pas d'eau sur la droite en entrant, à plus d'une longueur de cable loin de la cote, non plus que dans le fond de la Calanque, c'est pourquoi il ne faut pas aller plus avant que le Convent.

Dans le fond de la Plage vers le Nord-Oüest & proche la mer, il y a une très-bonne Fontaine suffisante pour plusieurs Galeres.

Le Traversier est l'Est-Nord'est qui y donne à plain; mais il n'y peut causer de grosse mer, le vent de Nord-Oüest y est le plus à craindre, par la raison qu'il vient quelquefois avec violence, entre deux hautes montagnes, & prend les bâtimens à moitié en travers.

Sur la pointe qui s'avance en mer à la droite en entrant, il y a un petit Fort quarré, & de l'autre coté on voit plusieurs petits Villages, devant lesquels on peut aussi moüiller à 4. ou 5. brasses.

La Ville d'Especia.

Est dans le fond du Golfe, comme nous avons dit cy-devant; elle est petite & entourée de murailles fort vieilles, d'une figure presque quarrée, située dans une très-belle plaine & sur le bord de la mer, devant laquelle il y a un petit Quay pour se debarquer: On n'en peut aprocher à un demy quart de lieuë qu'avec des bateaux; on y voit de grands arbres devant la Ville proche la mer, il passe une petite riviere proche les murs, laquelle traverse aussi la Ville.

Près la Ville sur la droite on voit un Convent & plusieurs bocages sur une pointe un peu avancée, proche laquelle sont deux vieilles Tours ruinées qui sont dans la mer, & quelques rochers aux environs.

Et par delà cette pointe allant à l'Est il y a une grande plaine remplie de canieres & marécages, bordée de Plages de sable & vaze.

On peut moüiller presque par tout ce Golfe avec des Vaisseaux, par 20. 15. à 18. brasses d'eau: On y pourroit même echoüer dans le fond vis-à-vis la Ville dans une extremité, le fond étant vazeux.

Les

Les vents du Sud'est jusques au Sud y donnent à plain & sont les Traversiers.

Mais comme il se trouve un banc de sable à l'entrée de ce Golfe, qui le traverse presque entierement, sur lequel il n'y a que 10. à 12. brasses d'eau, il empéche que la mer n'y soit trop grosse.

Environ 3. milles vers l'Est-Sud'est de la ville d'Especia, il y a un petit village sur une pointe qu'on apelle S. Lorenze.

Leriza.

A 3. à 4. milles à l'Est de la Citadelle de sainte Marguerite, il y a un Fort quarré, proche lequel est un petite ville nommée Leriza, située sur le bord de la mer.

Pointe de la Mayre.

De la même Citadelle sainte Marguerite à la pointe de la Mayre, il y a environ 7. milles vers l'Est-Sud'est: Cette pointe est fort grosse, & fait l'entrée du Golfe de la Mayre, qui est assés profond, & c'est où finit la côte de Genes; proche cette pointe il y a un gros écueil hors de l'eau.

Environ 45. milles au Sud-Sud'est 4. degrez vers l'Est de l'Isle de Porto-Veneré, est la ville de Livourne, entre les deux il y a un grand enfoncement & de terres fort hautes, principalement jusques à Via-Regio & Luques, où commence la grande plaine de Pize; il y a aussi plusieurs Villes & Villages proche la mer le long de cette côte, dont le plus voisin de la ville d'Especia est S. Lorenzo, Mazo, Leriza, Telaron, Crou, Mayre, Porto-Louna, Saragoza-Pietrasanta, Via-Regio, Serchio, & la ville de Luques, qui est un peu eloignée de la mer.

Ensuite on voit la grande plaine de Pize; on découvre les Tours de cette Ville, quoi qu'eloignée de la mer, en passant vis-à-vis d'une riviere qui en passe proche: On voit ensuite une Tour proche la mer, & un village auprès qu'on apelle S. Pierre, il n'est éloigné de Livourne que de 5. à 6. milles, entre les deux il y a plusieurs petites branches de rivieres & canaux.

Plage de Pize.

Toute cette côte depuis Via-Regio, où commence la Plaine, est bordée de grandes plages de sable, où il se trouve quelques pointes qui s'avancent fort loin sous l'eau; mais principalement par le travers de cette Eglise de S. Pierre, où il y a un banc de sable qui s'étend vers l'Ouest environ 9. à 10. milles, sur lequel il n'y a que 5. à 6. brasses d'eau, & à son extremité il y a un autre banc aussi de sable sur lequel il n'y a que deux brasses d'eau.

Remarques.

Lors qu'on vient du côté du Nord-Ouest ou de Porto-Veneré, il ne faut pas ranger la Plage de trop près ny trop au large, à cause de ce banc de sable dont nous avons parlé, mais gouverner droit sur la tête du Môle. Les Vaisseaux ne passent jamais à terre de la Malore, à cause de ces bas fonds, hors d'une necessité.

Lors qu'on vient du côté de l'Ouest, on ne peut voir la ville de Livourne que de 12. à 15. milles, parce qu'elle est basse; on decouvre seulement la montagne de Monte-Negre, qui est deux lieuës par de-là.

La Ville de Livourne.

Apartient au Grand Duc de Toscane; elle est située sur le bord de la mer, dans une plaine, & très-bien fortifiée, environnée de très-bons fossez d'eau, & demi-Lunes revêtuës; il y a encore plusieurs autres Fortifications aux environs; il s'y fait un grand Commerce de toute sorte de Nations etrangeres.

Darses.

Devant la Ville du côté de l'Oueſt il y a deux Darſes pour des Galeres, & même pour des Vaiſſeaux; elles ſe ferment à chaîne: Pour y entrer il faut paſſer par un Chenail fort étroit & entre deux Forteresses.

Môle de Livourne.

Au dehors de ces Darſes il y a un Môle fort grand, le long duquel les Vaiſſeaux & Galeres peuvent moüiller à la droite en entrant, car il n'y a point d'eau au milieu, y ayant un banc de roches, dont une paroit hors de l'eau.

Tellement que lors qu'on veut entrer dans ce Môle il le faut ranger autant qu'on peut, où la prouë des Vaiſſeaux qui ſont ordinairement à la tête du Môle; enſuite on moüille une ancre à la gauche, & on tourne la poupe au Môle & la prouë ſur la Ville: Il faut s'amarrer à quatre de poupe & de prouë; il y a 12. à 15. pieds d'eau fond de vaze, & plus on eſt voiſin du Môle, mieux on eſt moüillé, comme étant le plus profond.

Les Vaiſſeaux Marchands ſe mettent de même la poupe à la tête du Môle, où il y a 18. à 20. pieds d'eau.

Tour apellée Marſoque.

Aprochant de la Ville on voit deux petites Tours environées de la mer, dont la plus haute eſt blanche, on l'apelle la Marſoque; il faut s'en éloigner, parce que tout eſt rempli de rochers à fleur d'eau & ſous l'eau aux environs. Il y a auſſi à l'ouverture du Môle pluſieurs rochers, ſur le plus gros il y a une cabane de garde, il la faut ranger pour aller dans les Darſes, mais il eſt beſoin d'un Pilote du lieu pour y entrer.

A la tête du Môle il y a deux batteries de Canon l'une ſur l'autre très-conſiderables.

On va faire l'eau hors la Ville du côté du Sud proche les Capucins, & l'on paſſe avec les bateaux dans les foſſez le long du Môle ſous un pont.

La Latitude eſt 43. degrez 35. minutes, & la variation 6. à 7. degrez Nord-Oueſt, le Traverſier eſt le vent de Nord, mais il n'y cauſe pas de groſſe mer.

Le Fanal.

Au dehors du Môle environ 4. à 5. toiſes vers le Sud, il y a une Tour ſituée ſur un rocher, environné de la mer; ſur le haut de la Tour il y a une Lanterne qu'on allume le ſoir pour la reconnoiſſance, ce qu'on apelle le Fanal; il eſt environné d'écueils hors de l'eau & ſous l'eau, qu'il ne faut pas aprocher qu'avec diſcretion, qui s'avancent environ trois cent toiſes au large.

Environ 8. à 9. milles au Sud-Sud'eſt, 5. degrez vers le Sud du Môle de Livourne, eſt la pointe de Monte-negre. Entre les deux & preſque à moitié chemin, il y a un Fort ſur une pointe baſſe, vis-à-vis duquel eſt une pointe de roches ſous l'eau qui s'avance fort au large, il y en a auſſi tout le long de cette côte auſquelles il faut prendre garde.

Cap Monte-negre.

Le Cap de Monte-negre eſt fort haut, & fait l'entrée du Golfe de la Cheaume proche Vade; on voit preſque à la moitié de cette Montagne du côté de Livourne, un grand Convent de Nôtre-Dame de Monte-negre, & quelques maiſons auprès qui en donnent la connoiſſance.

La

La Malore.

Eſt un banc de rochers preſque à fleur d'eau, qui eſt à l'Oueſt, ſix degrez vers le Nord du Môle de Livourne, environ 6. milles; il peut avoir 50. à 60. toiſes d'étenduë hors de l'eau: On a élevé au millieu quelques pierres, & une croix pour le decouvrir de plus loin.

Aux environs de ce banc à un quart de lieuë, il y a quelques roches ſous l'eau preſque de toutes parts; mais principalement du côté du Nord, où environ une demie lieuë il y a un banc de ſable ſur lequel il n'y a que 6. à 7. pieds d'eau, où la mer briſe quelquefois.

Dans cette même ligne à 3. à 4. milles de ce banc, il y en a un autre ſur lequel il n'y a que 2. braſſes, qui joint l'extremité de ce grand banc, dont nous avons parlé, qui commence aux Plages de S. Pierre, de ſorte qu'il ne faut pas aprocher la Malore du côté du Nord, mais à un petit mille du côté de l'Oueſt & du Sud, il n'y a rien à craindre.

La Rade de Livourne.

Lors que les Vaiſſeaux viennent du côté de l'Oueſt, voulant aller à Livourne, ils viennent reconnoître l'Iſle de la Gourgone, enſuite paſſent au Sud de la Malore, ainſi que nous venons de dire, & vont moüiller à une demy lieuë à l'Oueſt-Nord-Oueſt du Môle de Livourne qui eſt la grande Rade, il y a 7. 8. à 10. braſſes d'eau fond de vaze; on n'y a point d'abri que des vents à la terre: Mais comme cette Rade eſt preſque environnée de bancs de ſable, depuis le Sud-Oueſt, Oueſt juſques au Nord'eſt, & que l'écueil de la Malore la couvre, tout cela enſemble empéche que la mer n'y incommode pas beaucoup & rend la Rade bonne.

L'Iſle Gourgone.

Eſt environ 30. milles à l'Oueſt quart du Sud-Oueſt du Môle de Livourne; c'eſt une groſſe Iſle fort haute, elle paroît preſque ronde, il y a quelques maiſons de Pécheurs, on la peut ranger de toutes parts.

La Cabrera.

Eſt une autre Iſle, mais plus grande que la precedente, qui peut avoir 5. à 6. milles de long, qui eſt vers le Sud-Oueſt, 2. degrez vers le Sud du Môle de Livourne environ 40. milles. Celle-cy eſt habitée & a une petite Fortereſſe, elle apartient au Grand Duc; on pourroit moüiller dans une neceſſité avec des Galeres du côte de l'Eſt.

Remarques ſur ces Côtes.

Lors qu'on eſt ſur le Môle de Livourne, on void non ſeulement ſes deux Iſles, mais encore partie de celle de Corſe, & les hauteurs de celle d'Elbe.

On ne peut voir de Livourne le Cap Baratte ny de Piombin, on voit ſeulement deux ou trois petites Montagnes qui ſemblent des Iſles, qui ſont une partie de l'Iſle d'Elbe: Le Cap Baratte eſt un peu à l'Eſt de Portoferrare, enſuite vous voyez diſtinctement le bout de l'Oueſt de la même Iſle qui eſt le plus élevé, dont l'extremité eſt le Cap S. Pedre; mais étant preſque à moitié chemin de l'un à l'autre, on decouvre entierement toute l'Iſle comm'auſſi le Cap Baratte. Sur le haut de la pointe de l'Eſt de l'Iſle d'Elbe, il y a une autre Tour qui ſe voit de loin, & étant un peu plus avancée, on decouvre entre Piombin & l'Iſle d'Elbe les deux petites Iſles de Palmaria, qui ſont preſque par le my-canal de Piombin.

De Livourne à Portoferrare qui eſt dans l'Iſle d'Elbe, la route eſt le Sud, cinq degrez vers l'Oueſt, & la diſtance de [illegible] milles.

Seche de Vade.

De la pointe de Montenegre au Cap Baratte, la route est le Sud-Sud'est, 5. degrez vers le Sud, & entre les deux il y a un grand enfoncement, & presque par le milieu & dans la même ligne d'un Cap à l'autre il y a une Seche que l'on dit être l'ancienne ville de Vade qui est abîmée, sur le haut de laquelle il n'y a que 3. à 4. pieds d'eau.

Elle est à l'Ouest de la Tour de Vade, qui est dans le fond de ce Golfe environ 8. milles; la Tour de Vade est proche la mer, dans un terrain bas: On voit prés de la Tour un Village & une autre Tour au-dessus de ce Village, & un gros terrain qui en donne la connoissance; mais observant de n'entrer pas en dedans de l'alignement du Cap Monte-negre & de celuy de Baratte, on évitera entierement cette Seche.

Tout le long de ce Golfe, la terre est fort haute, excepté prés du Cap Baratte, & il y a plusieurs Villes & Villages; le premier qu'on trouve aprés le Cap Monte-negre s'apelle Castillon-chelle où est un petit Fort, ensuite Vade, Populonia, Monterufoli, S. Vincenzo & Baratte.

Le Cap Baratte.

Est une grosse pointe fort haute, sur laquelle du côté du Nord-Ouest il y a une petite Ville avec un Château & une Tour au milieu; & sur une autre hauteur pres la Ville du côté du Nord, il y a une espece de Redoute.

Vers le Nord'est de cette pointe il y a une grande anse de sable, & une pointe de rocher de mediocre hauteur qui s'avance en mer: On peut moüiller avec des Galeres dans un besoin dans cette Plage; le Cap Baratte de loin paroit isolé de part & d'autre, à cause des basses terres qui sont derriere.

La Ville de Piombin.

A 5. milles au Sud-Sud-Ouest de la pointe du Cap Baratte, est celle du Cap de Piombin qui est celle qui s'avance le plus en mer, & qui forme avec l'Isle d'Elbe ce passage qu'on apelle communement Canal de Piombin; au bout & tout prés de cette pointe il y a un gros écueil & quelques autres auprés.

La ville de Piombin est de l'autre côté de cette pointe vers le Sud'est environ 2. milles; elle est fort petite, situee sur le bord de la mer, & est assés bien fortifiée quoy qu'à l'antique: Il y a sur une pointe basse de rochers une Tour quarrée où on pourroit moüiller dans un besoin au dedans de cette pointe pour les vents de Nord-Ouest.

Nous allons donner la Description de l'Isle d'Elbe, ensuite nous reprendrons à Piombin.

Description de l'Isle d'Elbe.

Environ 12. milles à l'Ouest-Sud-Ouest de la ville de Piombin, est la pointe du Nord de l'Isle d'Elbe, qui est le terrain le plus proche de Piombin.

L'Isle d'Elbe est fort grande, elle appartient au Roy d'Espagne & au Grand Duc, la partie du Nord est au Grand Duc, & celle de l'Est & du Sud au Roy d'Espagne; elle est beaucoup plus longue que large, & a environ 50. à 55. milles de circuit, elle est fort haute presque de toutes parts: Du côté de l'Est elle a un tres-bon Port, qu'on apelle Porto-longon; il y a une Place considerable qui est au Roy d'Espagne; & du côté du Nord, est le Porto-Ferraro, au Grand Duc de Toscane; De la pointe de Nord'est de l'Isle d'Elbe à Porto-ferraro gist Sud-Ouest quart d'Ouest 7. milles.

Le

Le Porto-ferraro.

Est une grande Baye, située du côté du Nord de l'Isle d'Elbe, comme nous avons dit ; elle a environ 4. milles de long & plus de deux de large : Sur la pointe de l'Ouest ou de la droite en entrant, est la ville de Ferraro, qui n'est autre chose qu'une Place de Guerre, située sur une longue pointe fort haute, escarpée presque de toutes parts & tres bien fortifiée.

Cette pointe est une presqu'Isle ; sur ces deux extremitez sont deux Forteresses tres considerables par leur situation.

Du côté du Nord de cette Ville, environ 500. toises, il y a une petite Isle ronde, on peut passer à terre d'elle sans crainte passant par mi-canal ; du côté du Nord de cette Isle, à une demi longueur de cable, il y a quelques roches.

Du coté du Sud de la Ville, & dans cette Baye, il y a un Port qui ferme à chaîne, dans lequel on peut mettre 5. à 6. Galeres fort aisement, y ayant 3. à 4. brasses d'eau.

Voulant donc aller moüiller à Porto-ferraro, il ne faut pas ranger à plus de deux longueurs de cable la pointe de la Ville ; ensuite tournant à l'entour, on vient moüiller vis-à-vis une Tour qui est à l'entrée du Mole qui s'avance en mer, on sera par 6. à 7. brasses suivant les endroits.

Ordinairement la Commandante, & quelques autres Galeres portent des amarres au pied de cette Tour, ou de l'autre côte du Mòle, le fond y est tres-bon d'herbe vazeux, les autres Galeres moüillent aux environs d'elle ; les Vaisseaux moüillent un peu plus au large, pour être plus prés pour appareiller ; c'est cette Tour qui saluë, ou qui rend le salut en entrant.

La latitude est 42. deg. 50. minutes, & la variation prés de 7. degrez vers le Nord-Ouest.

Du côté de l'Ouest de la Ville, il y a quelques Salines dans un bas terrain, & quelques autres au dedans d'une pointe allant vers le fond de la Baye. Lors qu'on vient moüiller dans ce Port, il ne faut pas trop s'aprocher du côte de la Ville où est ce bas terrain, car il n'y a point d'eau, ny aller trop avant dans la Baye, quoy qu'il y ait un grand espace, mais bien à 3. à 4. cables de la Tour, dont nous avons parlé : On va faire de l'eau de l'autre côté de la Baye proche d'une pointe de rochers qu'on voit à la rive de la mer : Lors qu'on est moüillé à l'entrée du Port, on ne peut voir la mer du large, il n'y a que le Nord-Ouest & le Sud-Ouest qui incommode, mais il ne peut causer de grosse mer, parce qu'il vient pardessus la terre.

Environ un bon mille vers le Nord-Ouest quart d'Ouest de la pointe de la ville de Porto-ferraro, il y a une grosse pointe, proche laquelle sont deux seches, eloignées d'environ deux longueurs de cables, où la mer brise quelquefois.

Cap S. Pierre.

Et quelques 9. à 10. milles vers l'Ouest de cette pointe, est le Cap S. Pierre, qui est l'extremité du bout de l'Ouest de l'Isle : Entre les deux il y a un grand enfoncement, presque par le milieu est un village qu'on apelle S. Antoine, & quelques Tours de garde sur l'extremité des pointes.

Le Cap S. Pierre est fort haut & escarpé, & le terrain est le plus élevé de l'Isle ; on en peut approcher autant qu'on le veut avec discretion, il y a pourtant une roche à l'extremité de la pointe, mais elle est proche de terre.

S. Pedro d'Elcampo.

Quelques 4. à 5. milles vers l'Est-Sud'est du Cap S. Pedro, il y a une grande anse assés enfoncée, qu'on apelle S. Pedro d'Elcampo, dans laquelle on peut moüiller avec des Galeres en un besoin ; elle est assés bonne lors que les vents sont à la terre : Le vent de Sud-Sud'est y donne à plain, & en est le traversier, de sorte que lors qu'on en voit la moindre apparence il en faut partir.

On reconnoit ce lieu lors qu'on vient, soit du côté du Nord ou de l'Ouest, par une grosse & haute pointe, qui est environ 4. à 5. milles du Cap S. Pedro, qui a plusieurs taches blanches ; en-

ensuite on voit plus à l'Est, sur une autre pointe, du même côté, une Tour ronde à la gauche en entrant ; elle est suivie d'une grande Plage de sable, & quelques petits Villages auprès du côté du Nord-Ouest.

Au dehors la pointe de la droite en entrant, il y a deux écueils hors de l'eau, dont il y en a un à deux longueurs de cables au large.

Lors qu'on veut aller moüiller dans cette Rade, il ne faut approcher cette pointe de la gauche où est cette Tour, qu'à une longueur de cable, à cause de quelques roches qui sont aux environs, il faut passer par le milieu ou à peu près ; ensuite on peut moüiller par son travers, & plus au dedans si on veut : On porte des amarres sur cette pointe où est cette Tour, on y est par 4. à 5. brasses d'eau, fond de sable fin, & quelque peu de vaze.

Dans le fond de cette Plage, du côté du Nord-Ouest, il y a un petit village qu'on appelle S. Pedro d'Elcampo, & tout auprès dans une grande plaine, un moyen Château apellé S. Hilaire, situé sur une coline.

Auprès cette Tour, il y a quelques Magasins à Pecheurs, sur le rivage dans un grand enfoncement, mais il n'y a point de profondeur d'eau ; presque par le milieu de cette anse proche quelques maisons, il passe un ruisseau où on peut faire de très-bonne eau.

Cap S. André.

Du Cap S. Pedro au Cap S. André, il y a environ 15. milles à l'Est quart de Sud'est 5. deg. vers le Sud, entre l'anse de S. Pedro d'Elcampo & le Cap S. André, il y a deux Plages de sable & quelques écueils auprès, & l'on voit sur une hauteur un petit Village : Toute cette côte est très-peu habitée ; le Cap S. André est bas par son extremité, & a des taches blanches ; auprès de ce Cap du côté de l'Ouest, il y a quelques écueils hors de l'eau.

L'Isle Planouse.

Environ 9. milles au Sud-Ouest., 5. deg. vers l'Ouest, de la pointe de la droite en entrant de S. Pedro, est l'Isle de Planouse, qui est fort basse & remplie de bruscages ; elle a environ 4. milles de long & une demy lieuë de large : On la peut ranger du côté du Nord & du Nord-Ouest ; mais du côté du Sud il y a plusieurs rochers hors de l'eau, qui s'avancent plus d'un mille & demy : On peut moüiller du côté de l'Ouest & du Nord'est suivant le vent ; mais il faut être toûjours prest à serper ; & tourner l'Isle vers la pointe du Nord, qui est assés nette. On y peut faire du bois aisément, on moüille à un quart de lieuë de l'Isle, par 10. à 12. brasses d'eau.

Isle de Monte-Christe.

Du Cap saint André de l'Isle d'Elbe à l'Isle de Monte-Christe, la route est le Sud-Sud-Ouest, environ 27. milles : Cette Isle est fort haute & semble de loin ronde ; elle a environ 6. à 7. milles de long du côté de l'Est, il y a un gros écueil auprès, on y pourroit moüiller du côté du Sud'est dans une necessité.

Formigues de Monte-Christe.

Au Nord-Ouest quart d'Ouest du milieu de Monte-Christe, environ 9. milles, il y a un banc de roches de l'étenduë d'une demy lieuë, nommez les Formigues ; quelques-unes de ces roches sont hors de l'eau, d'autres à fleur d'eau & d'autres sous l'eau : Elles sont très dangereuses, principalement de nuit, & lors qu'on se trouve aux environs en calme, il faut y prendre garde, à cause que les courans & les mers portent dessus.

Porto-Longon.

A six milles vers le Nord'est du Cap saint André en l'Isle d'Elbe, est le Porto-Longon, apartenant au Roy d'Espagne; il est du côté de l'Est de l'Isle & fort enfoncé: Il y a plusieurs endroits où on peut moüiller avec des Vaisseaux & Galeres; sur la droite en entrant il y a une Citadelle considerable, située sur une pointe de rochers, escarpée de toutes parts, & à la gauche un petit Fortin: On moüille audelà de la Citadelle dans une grande Calanque fort profonde. Le Traversier est le vent d'Est-Sud'est.

Ferriere.

Quelques 2. milles vers le Nord quart de Nord'est de la pointe de Porto-Longon, il y a un fort petit enfoncement qu'on apelle Ferriere, où il y a quelques maisons & plusieurs mines de fer: On peut moüiller dans un besoin devant les magasins, par 18. à 20. brasses d'eau, fond de gros gravier qui n'est guere bon; on n'y a aucun abry du vent du large: sur la pointe du Sud'est il y a une Tour de garde; près de cette pointe est un gros écueil: On peut faire dans un besoin quelque peu d'eau au-dessus des maisons qu'on y voit.

De la pointe du Nord de Ferriere à celle du Nord'est de l'Isle d'Elbe, il y a environ 3. milles au Nord quart de Nord'est: Entre les deux sur le haut de l'Isle, il y a une Tour quarrée. Et de cette pointe à celle du Nord de la même Isle il y a 4. milles vers le Nord-Ouest quart de Nord: Presque à moitié chemin de l'un à l'autre, il a une petite anse où on pourroit moüiller avec les vents à la terre; il y a un magasin à Pecheur. Proche la pointe du Nord d'Elbe, est une petite Isle presque ronde, qui est haute, & une plage de sable derriere; mais on ne peut passer à terre d'elle qu'avec des bateaux; on la peut ranger en dehors à discretion.

Remarques.

J'ay souvent observé que lors qu'on navigue par le travers de l'Isle d'Elbe, les Boussoles varient differemment, à cause des Mines de fer qui se trouvent dans cette Isle, principalement du côté du Sud.

Nous allons reprendre à la ville de Piombin, en continuant le long des côtes, & les Isles voisines.

Nous avons dit cy-devant que de la pointe du Nord d'Elbe au Cap de Piombin, il y avoit environ 12. à 13. milles; c'est la largeur du Canal de Piombin.

Canal de Piombin, & les Isles Palmaria & Cerboli.

Presque au milieu de ce Canal, il y a deux grosses Isles presque rondes, sur le haut desquelles est un Tour de garde; elles ont environ un mille de tour & sont fort hautes: Proche la premiere qui s'apelle Palmaria, il y a un écueil hors de l'eau; on peut neantmoins ranger ces Isles, & même passer entre deux, mais avec prudence.

Du Cap Piombin au Cap de la Troya, il y a environ 20. milles vers le Sud'est; entre les deux fait un grand enfoncement d'environ 13. milles en certains endroits, avec des plages, & un bas terrain rempli de marescages & étangs: On apelle ce lieu, la plaine de Calva-Vetlera; il y en a un autre du côté du Sud'est, dans un autre enfoncement nommé Scalino.

De la pointe du Nord d'Elbe à celle du Nord du Mont Argentat gist Sud'est, environ 55. milles: Les Formigues de Talamon sont presque dans cette route, à quoy il faut prendre garde, les laissant à terre de vous si c'est de nuit.

Cap de la Troya.

Au bout de l'Oueſt du Cap de la Troya eſt une petite Iſle aſſés haute, ſur laquelle il y a une Tour de garde, ronde, éloignée de la côte d'environ un quart de lieuë; entre cette Iſle & la terre ſont quelques écueils hors de l'eau: Sur cette pointe il y a une Tour quarrée, il y en a une autre un peu plus ſur le terrain proche de la precedente, & un Village dans le fond de la plage nommé l'Iſle.

Rochetta.

A 6. milles vers le Sud-Sud'eſt de cette Iſle, il y a une Tour blanche quarrée, & quelques fortifications, ſituées ſur le haut d'un rocher eſcarpé, qu'on apelle Rochetta; & au deſſus, ſur une haute pointe, il y a une Tour ronde: Entre l'Iſle precedente & cette pointe, il y a un gros Cap qu'on apelle Cap de la Troya, il eſt fort haut.

Caſtillone.

Quelques 5. milles vers l'Eſt de ce rocher eſcarpé où eſt cette Tour, il y a une petite Ville & quelques fortifications qu'on apelle Caſtillone, & entre les deux il y a un peu d'enfoncement & de plage de ſable.

Environ 15. milles de Caſtillone & du côté du Sud'eſt, eſt la pointe de Talamon; entre les deux on voit un grand enfoncement d'environ 6. milles, qui eſt une grande plaine bordée d'une plage de ſable, derriere laquelle ſont quelques étangs & marecages, ce qu'on apelle étang de Caſtillon.

Au bout de cette plage du côté de la mer, on voit deux groſſes Tours quarrées, apellées Tours de Monbrone; elles ſont armées de quelques pieces de canon, il y a une grande maiſon près de la mer: Enſuite la côte eſt haute juſques à Talamon, qui en eſt éloigné environ 7. milles; il y a pluſieurs Tours de garde ſur les pointes le long de cette côte.

Talamon.

Talamon eſt une petite Ville de guerre appartenant au Roi d'Eſpagne, ſituée ſur l'extremité d'une pointe de rocher, eſcarpée: On peut moüiller dans une neceſſité du côté de l'Eſt, mais il n'y a pas d'orail pour mettre des amarres a terre à moins d'etre ſur ſes ancres.

On voit au-deſſus de Talamon, une jolie Ville ſur une hauteur, entourée de murailles & de Tours, qu'on apelle Maillano, elle apartient au Grand Duc de Toſcane.

Les Formigues de Talamon.

Sont trois rochers plats éloignez l'un de l'autre 4. à 500. toiſes, & 10. à 12. milles au large de la côte de Talamon; ces trois ecueils giſſent Sud-Sud'eſt & Nord-Nord-Oueſt: On peut paſſer à terre d'eux, à la petite portée du canon; on les peut de même ranger en dehors, à une ſemblable diſtance: Il y a quelques roches à fleur d'eau & ſous l'eau aux environs d'eux, mais elles en ſont proche; depuis Talamon juſques à Orbitelle il y a environ 15. milles.

Des Formigues de Talamon à la pointe du Nord du Mont Argentat, ou de S. Eſteve, il y a environ 15. milles vers le Sud'eſt & entre les deux c'eſt un grand enfoncement où le terrain eſt fort bas; il eſt bordé de plages de ſable, & preſque au milieu il y a une petite riviere & des ſalines, proche deſquelles eſt une grande Tour, & quelques fortifications auprès.

Sain

Saint Esteve.

Au bout de cette grande Plage qui vient se terminer au Mont-Argentat, & vers le Nord'est de ce Mont, il y a un petit Fort quarré, armé de quelques canons qu'on apelle saint Esteve, situé sur une pointe de rocher: Du côté de l'Ouest de la pointe, il y une anse & plage avec quelques maisons à Pécheurs, devant lesquelles on peut moüiller avec des Galeres & autres bâtimens: Il y a tout proche de terre 10. 12. à 18. brasses d'eau, à la longueur d'un cable des pointes.

On moüille indifferemment d'un côté & d'autre de cette plage, mais il ne faut pas aller plus avant que la pointe où est le Fort, parce qu'il y a quelques roches sous l'eau à une longueur de cable: On moüille un fer vers le Nord-Nord'est, par 18. à 20. brasses, ensuite on porte une amarre sur l'une ou sur l'autre pointe, & on restera par 9. à 10. brasses fond de vaze; les ancres y tiennent parfaitement bien, parce que le fond vient en montant vers la terre. On fait de l'eau en haut proche le Fort à une source & quelques petits canaux; les vents qui incommodent le plus, sont le Nord'est, Nord & Nord-Oueft qui sont les traversiers; le Nord-Ouest y cause une grosse mer.

La latitude est 42. degrez 27. minutes, & la variation de 7. degrez Nord-Ouest.

Orbitelle.

Environ une demi lieuë vers l'Est du Fort S. Esteve, il y a deux Tours de garde, l'une quarrée & l'autre ronde, sur deux pointes; entre la premiere qui est quarrée & S. Esteve, il y a une grande anse de sable, mais il n'y fait pas bon y moüiller.

Vis-à-vis & proche de la derniere Tour, est l'entrée de l'étang d'Orbitelle, formé par une longue pointe basse, remplie d'arbres, & bordée de sable, qui vient comme nous avons dit du côte de Talamon: On n'y peut entrer qu'avec des bateaux, encore avec peine.

On y avoit la ville d'Orbitelle au millieu de cet étang, qui est une petite Ville de guerre apartenant au Roi d'Espagne; elle est située sur l'extremité d'une basse pointe avancée dans l'étang, on y peut aller avec des bateaux.

Le Mont-Argentat.

Est une grosse pointe fort haute & fort avancée en mer, elle paroit de fort loin d'un côté & d'autre: On la decouvre du canal de Piombin & du côté de l'Est, de bien loin au-delà de Civitavechia: Cette montagne paroit de tous côtez isolée, à cause des basses terres d'Orbitelle dont on vient de parler.

On decouvre en même temps l'Isle de Giglio ou Julli, qui est aussi fort haute, éloignée du Mont-Argentat de 12. milles vers l'Ouest-Sud-Ouest.

Sur la pointe du Nord du Mont-Argentat, qui est celle de S. Esteve, il y a une Tour de garde, & environ une petite lieuë au Sud-Ouest, il y a une petite Isle contre la pointe de l'Ouest de ce Mont, à environ 150. toises: On peut passer entre l'Isle & la terre avec une Galere passant à my-canal; mais il faut prendre garde aux courans qui y sont violens.

Depuis cette Isle jusques à la pointe du Sud'est du Mont-Argentat, il y a environ 7. milles: C'est une côte fort haute, escarpée de toutes parts; on y voit plusieurs Tours de garde sur les pointes qui se répondent l'une à l'autre; mais presque au milieu, sur le haut d'une montagne, il y en a une avec une petite maison auprès.

L'Isle Jully ou Giglio.

Elle est environ 12. milles à l'Ouest-Sud-Ouest de la pointe de l'Ouest d'Argentat; elle a environ 6. à 7. milles de long, & est très-haute: Il y a une Forteresse & quelques maisons de Pécheurs.

L'Isle Jianutti.

C'est une autre Isle, mais plus basse & plus petite, elle est environ 8. à 9. milles au Sud-Sud'est de celle de Jully; elle est habitée de quelques Pêcheurs, & est basse par le milieu.

Port Hercule.

Environ 2. milles à l'Est-Nord'est de la pointe du Sud'est de Mont-Argentat, il y a une petite Isle asses haute, apellée Isle d'Hercule, séparée de la côte environ une longueur de cable.

Vis-à-vis cette Isle vers le Nord-Ouest, il y a un Fort quarré situé sur une hauteur: Entre cette Isle & la côte il y a quelques écueils; on pourroit pourtant passer à terre d'eux avec une Galere ayant reconnu le lieu, il y a 3. à 4. brasses dans le milieu; mais il faut prendre garde à quelques roches sous l'eau, qui sont du côté de l'Est-Nord'est de la pointe de l'Isle, ensuite il faut tourner la Galere & gouverner vers l'Est jusques à l'entrée du Port d'Hercule.

Le Port Hercule est environ un mille au Nord-Nord'est de cette Isle; c'est une petite anse resserrée entre deux hautes pointes, sur lesquelles sont deux Forteresses très considerables: Au pied de celle de la gauche en entrant est une petite Ville de guerre, située sur le penchant de cette hauteur jusques sur le bord de la mer.

De l'autre côté sur l'autre pointe qui est un peu plus basse, il y a un petit Fort tres bien armé proche la mer, & l'autre Forteresse est au-dessus de ce Fort sur une hauteur, on l'apelle Fort de Dom Philippe; il est fort considerable par sa construction, & par sa situation tres-avantageuse.

L'entrée de cette anse qui est ce qu'on apelle Port Hercule n'excede pas 125. toises & 150. d'enfoncement, autrefois il pouvoit être apellé Port, mais presentement il s'est rempli, & on ne peut demeurer qu'à l'embouchure, on peut neantmoins y moüiller avec 5. à 6. Galeres; mais lors qu'on y entre, il faut moüiller le fer de la gauche, ensuite faire tourner la Galere la poupe dans le Port & la prouë en mer, & estre prolongé le long de la Ville, où l'on porte des amarres de poupe & de prouë, & une ancre à poupe du côté de la gauche, ainsi on est à quatre amarres, il y a 8. à 10. brasses d'eau à l'entrée, & 4. à 5. où l'on est moüillé, le fond est d'herbe vazeux.

Les Galeres font deux andanes, & quelques-unes portent des amarres du côté de la gauche.

Dans le fond de cette anse, il y a quelques maisons & magasins à Pêcheurs, & une fontaine où on va faire de l'eau; il y a plusieurs grands arbres aux environs dans une plaine.

Le vent qui y donne à plain est le Sud'est, dont on n'a nul abry, & la mer y doit être grosse.

Il n'est pas besoin d'explication pour reconnoître ce lieu, le Mont Argentat & cette Isle, & toutes ces Forteresses demontrent visiblement ce Port, outre qu'il est à l'extremité d'une grande plage de sable.

Cap Lanseronia.

Environ 8. milles à l'Est du Port Hercule, est le Cap Lanseronia, qui est une longue pointe avancée en mer, sur laquelle sont deux Tours de garde à un mille de distance l'une de l'autre.

Isle Formigue.

Presque vis-à-vis cette pointe, environ deux milles, il y a une petite Isle fort platte, qu'on apelle les Formigues de l'Anseronia; on pourroit passer avec une Galere à terre d'elle.

Du Mont Argentat au Mole de Civitavechia, la route est le Sud'est, 6. degrez vers l'Est, environ 43. milles.

Entre les deux, la côte fait un enfoncement, & les terres sont basses, principalement proche la mer; mais il n'en est pas de même dans les terres où on voit plusieurs hautes montagnes.

De

De l'autre côté du Cap l'Anseronia, environ 3. milles, il y a une petite Ville proche laquelle passe une riviere, & à moitié chemin du Mont-Argentat à Civitavechia, il y en a une autre, où on voit environ 3. milles dans les terres une Ville située sur une montagne qu'on apelle Mont-Alto, où sont plusieurs grands arbres qui de loin ressemblent à une Ville.

Cornete.

La ville de Cornete est environ 14. à 15. milles vers le Nord de Civitavechia; elle est située environ une bonne lieuë sur le terrain, & sur une hauteur; elle paroit fort blanche & a plusieurs Tours & Clochers qui la distinguent d'avec les autres; il passe auprés une riviere bordée d'arbres du côté de l'Est.

Civita-Vechia.

On ne peut reconnoître Civita-Vechia venant du côté de l'Ouest ou de l'Est, que par la pointe de sainte Marinelle, qui en est environ 5. à 6. milles vers le Sud-Sud'est; venant de l'Ouest la ville de Cornete en facilite la reconnoissance, aussi bien que la pointe de sainte Marinelle, qu'on voit d'assés loin; c'est la plus haute & vient en abaissant vers la mer, & celle qui s'avance le plus de cette côte; ensuite on decouvre la Tour du Fanal & la ville de Civita-Vechia en même temps.

Vers le Nord-Ouest de Civita-Vechia, environ 3. milles, il y a une pointe un peu avancée en mer, sur laquelle est une Tour, & quelques autres. Entre cet Espace il y a quelques roches le long de cette côte.

La ville de Civita-Vechia appartient au Pape; elle est fortifiée & entourée de bonnes murailles & fossez, & plusieurs demi-lunes & autres ouvrages.

Du côté de la mer il y a un tres-beau Château sur une peninsule, & hors de ce Château vis-à-vis la Ville il y a un Môle qu'on a bâti sur quelques rochers à fleur d'eau, qui a environ 220. toises; aux extremitez il y a deux petits crochets pour se garantir des mers du large; sur la pointe du Nord'est il y a une vieille ruine & une grande inscription de marbre blanc, & sur l'autre bout il y a une Tour assés haute, sur laquelle est une lanterne qu'on allume le soir pour faire signal aux batimens qui y viennent, qui est ce qu'on appelle le Fanal.

Vis-à-vis les deux pointes du Môle, il y a deux Tours considerables qui en deffendent l'entrée: Celle du Nord-Ouest n'en est éloignée que de 60. toises, & celle de l'Est de 90. Ces deux Tours renferment un grand espace où est le port de Civita-Vechia, où l'on peut moüiller & Vaisseaux & Galeres; on peut aussi moüiller proche le Môle où est le fanal.

Tellement que ce Môle forme deux entrées, l'une du côté du Nord-Ouest, & l'autre de celuy du Sud'est, par lesquelles on peut entrer indifferemment, & suivant le côté où l'on vient, & le vent qu'il fait, observant de passer toûjours par le milieu, & plûtôt du côté du Môle que des autres côtez: A l'entrée du Nord-Ouest il y a 16. à 17. pieds d'eau, & à l'autre 25. pieds; à celle du Sud'est il ne faut pas aprocher le Château, à cause de quelques roches qui s'avancent sous l'eau, & même tout à l'entour du Château.

La Darse.

Est dans le fond du Port vers le Nord-Ouest, c'est où sont ordinairement les Galeres du Pape; elle se ferme à chaîne.

Lors qu'on veut aller moüiller dans le Port, on va mettre la poupe vers la Ville du côté de la Darse qui est le plus profond, il y a 12. à 15. pieds d'eau fond de vaze.

Mais du côté du Château, il y a fort peu d'eau; proche le Môle neuf il y a 10. 12. à 18. pieds; on y met ordinairement la poupe & la prouë vers la Ville, & on s'amarre à quatre.

Les Vaisseaux moüillent aussi indifferemment au Môle neuf, ou au milieu du Port, par 16. à 18. pieds. Ce Môle vous met à couvert de toute sorte de vents du large & de la mer; elle ne laisse pourtant pas d'y causer un gros ressac au Môle neuf d'un grand vent de Sud-Ouest; on fait

 de

de l'eau à l'entrée de la Ville. La latitude est 42. degrez 5. minutes, & la variation de 7. degrez Nord-Ouest.

On pourroit moüiller vers le Nord-Ouest de la tête du Môle, à deux à trois longueurs de cable, par dix à douze brasses d'eau, supose qu'il fût nuit, ou qu'on ne pût entrer dans le Port.

Sainte Marinelle.

Environ 6. milles au Sud-Sud'est du Fanal de Civita-Vechia, est la pointe de sainte Marinelle qui est fort basse, sur laquelle est une Tour quarree, & presque à moitié chemin de l'un à l'autre, il y en a une autre aussi sur le bord de la mer, vis-à-vis de laquelle il y a plusieurs roches sous l'eau qui s'avancent environ un mille au large, à quoy il faut avoir égard.

La pointe de sainte Marinelle est celle qui s'avance le plus en mer, & par consequent la plus reconnoissable de cette côte.

Environ une demy lieuë vers l'Est de cette pointe, il y a une grande Eglise, & quelques maisons auprès, c'est ce qu'on apelle sainte Marinelle.

De la pointe de sainte Marinelle à la pointe du Nord-Ouest de Fiumechino, qui est l'embouchure du Tibre, la route est Sud'est 3. deg. vers l'Est, environ 28. milles: Et de cette même pointe au Cap d'Ancio, Sud'est, environ 62. milles.

Du Fanal de Civita-Vechia à l'Isle de Ponce, Sud'est quart de Sud, deux degrez Sud, environ 110. milles.

De la pointe de Ste. Marinelle, comme nous venons de dire, à la pointe du Fiumechino, la route est le Sud'est 3. deg. vers l'Est, environ 28. milles; entre les deux il y a un grand enfoncement, & un terrain bas proche la mer, bordé de plages de sable: On y voit quelques Villes, Villages & Tours de garde, mais plus avant dans les terres, ce sont toutes hautes montagnes.

Sainte Severa.

Est un petit village sur le bord de la mer, à 5. à 6. milles de sainte Marinelle; & presque à une égale distance est celuy de Mazo, entre les deux il y a une Tour de garde.

Palo.

Environ 18. milles vers l'Est, & presque au milieu de cet enfoncement, on voit le Château de Palo, avec de grands magasins blancs, situez sur le bord de la mer: On voit aussi une petite Ville à une lieuë dans les terres au-dessus de Palo, & plusieurs arbres qui en facilitent la connoissance.

A deux milles vers le Sud'est de Palo, il y a une grosse Tour quarree sur le bord du rivage, & environ 3. milles plus au Sud'est, il y en a une autre presque semblable.

Riviere du Tibre.

La riviere du Tibre que l'on apelle communement le Fieumechin, passe par la ville de Rome, & vient se jetter à la mer, au milieu de ces plages qu'on apelle Plages Romaines.

A l'entrée de cette riviere, principalement du côte du Nord-Ouest, il y a une longue pointe basse qui s'avance fort au large, sur laquelle il y a quelques Tours & maisons çà & là, & plusieurs arbres qui de loin ressemblent à des voiles ou à des Tours: Au bout de cette pointe il y a des pointes de sable sous l'eau, qui vont fort au large, ausquelles il faut prendre garde.

Il ne peut entrer dans ce Fleuve que des Barques & Tartanes; l'entree en est asses large, mais comme il y a plusieurs bancs de sable, il faut y être pratique.

A 3. à 4. milles plus au Sud'est de l'embouchure de ce Fleuve, il y a proche la mer une grosse Tour à huit côtez, avec une espece de pavillon au milieu qui donne une entiere connoissance de l'embouchure de cette riviere, & qui eſt d'une grande conſequence, & proche de la Tour au Sud'eſt on voit deux grandes maiſons.

De la pointe du Fieumechin au Cap d'Ancio, la route eſt le Sud'eſt 4. degrez vers le Sud, 34. milles entre les deux il y a un peu d'enfoncement, les terres ſont fort baſſes proche la mer, on voit quelques Tours & maiſons le long de la marine.

Preſque à moitié chemin de l'un à l'autre, il y a une pointe tant ſoit peu avancée, ſur laquelle on voit une Tour qu'on apelle Tour de Vayanica; & environ 6. à 7. milles plus au Sud'eſt de cette Tour, on trouve celle de S. Lorenzo, auſſi ſur une pointe; il y en a encore une autre entre celle-cy & le Cap d'Ancio.

Lors qu'on eſt par le travers de cette groſſe Tour où eſt le pavillon, qui eſt 3. milles au Sud'eſt de l'entrée de la riviere du Tibre, on decouvre aſſés diſtinctement le haut du Dôme de l'Egliſe S. Pierre de Rome.

Toute cette côte, depuis la pointe de ſainte Marinelle juſques au Mont Cercelle, l'eſpace d'environ 110. milles, eſt baſſe, & bordée de plages de ſable.

On les apelle les Plages Romaines, depuis Palo juſques au Cap d'Ancio, il y a une tres-grande plaine & pluſieurs marecages & etangs, ce qui fait en partie que les vapeurs y ſont extremement epaiſſes & l'air gras, ce qui empeche de reconnoître la terre, & qui rend cette côte plus dangereuſe; outre que les mers portent le plus ſouvent vers la Plage, à quoy il faut prendre garde.

Le Cap d'Ancio.

Eſt une longue pointe qui s'avance le plus en mer de toute cette côte, elle eſt haute & unie, par raport aux autres qui ſont toutes baſſes; ſur ſon extremité il y a une grande Tour quarrée & quelques rochers auprés: On voit auſſi une autre Tour ronde à 3. milles plus à l'Oueſt de cette pointe, que l'on voit lors qu'on vient du côté du Nord-Oueſt: Du côté du Sud'eſt du Cap d'Ancio il y a un grand Palais & une grande maiſon, leſquels en donnent une grande connoiſſance lors qu'on vient du côté du Sud'eſt; mais venant de celuy du Nord-Oueſt, on ne peut decouvrir que le haut de ces maiſons pardeſſus le terrain: On decouvre en même temps le Mont Cercelle, les Iſles de Ponce, Palmerolle & Senonne.

Port de Neptune ou Naton.

Tout proche le Cap d'Ancio, & du côté de l'Eſt, il y a un Môle en forme d'un crochet, que le Pape a fait faire en l'année 1699. qu'on apelle le Port de Neptune, ou ſelon le vulgaire Naton: On y peut moüiller avec des Galeres & autres moyens bâtimens; c'eſt un grand ſecours pour toutes ſortes de bâtimens, de trouver un azile au milieu de toutes ces Plages ſi dangereuſes; ce Port a deja ſauvé bien des bâtimens & des perſonnes qui periſſoient ſur ces côtes.

Ce Môle eſt ſitué au bord d'une plage de ſable, ſur le debris d'un Port que l'Empereur Neron avoit fait bâtir: Il s'avance en mer 200. toiſes vers le Sud; à l'extremité il y a un crochet avancé vers l'Eſt de 90. toiſes: ce Môle à crochet ferme le Port, & met les bâtimens à l'abry des vents & de la mer du large: Sur cette extremité il y a un petit fort quarré armé de quelques pieces de canon & une Tour au milieu, où eſt un fanal qu'on allume le ſoir pour la reconnoiſſance.

Dans l'Angle, autrement le Coude du Môle, il y a un autre petit Fort, ſemblable au premier, proche duquel on a bâti de grands magaſins pour les Galeres du Pape & pour l'entretien du Port; joignant ces magaſins il y a une Chapelle.

Ancien Port d'Ancio.

Entre la pointe du Cap d'Ancio & ce Môle, il y a environ 400. toiſes; depuis cette pointe venant vers le Môle, on voit encore pluſieurs ruines d'un Port que l'Empereur Neron avoit fait bâtir, dont la plûpart ſont hors de l'eau, & quelques autres ſous l'eau.

De même on en voit encore d'autres de ce même Port, proche le môle qu'on a fait nouvellement; tous ces debris qui sont bastis de briques renferment un grand espace, où étoit anciennement le Port, qui presentement est comblé de sable.

Moüillage.

Voulant donc entrer dans le nouveau Mole de Neptune, premierement si on vient du côte de l'Ouest il faut s'ecarter un peu de tous ces debris que nous venons de citer, à cause de ceux qui sont sous l'eau, ensuite ranger à discretion la pointe du Môle où est le fanal, & conduire le long de ce Mole, moüillant à discretion le fer de la droite; ensuite on porte des amarres à poupe vers l'Est du Mole, & un autre de proüe sur l'autre Mole vers le Nord-Ouest; ainsi on reste la poupe au Môle vers la mer, & la proüe vers la Plage étant amarree à quatre: Tout proche la tête du Môle il y a 16. pieds d'eau, & en dedans 15. & 14. le fond est de vaze & sable. On y peut mettre 6. Galeres aisement avec leurs rames, & 8. à 10. ayant leurs rames retirees; on ne doit point aprehender les vents ny la mer du large dans ce Port; le vent d'Est-Nord'est en est le traversier, mais comme il vient du côté de la terre, il ne peut causer de grosse mer, qui est ce qu'il y a le plus à craindre dans un Port.

De la tête du Mole allant vers la Plage environ 110. toises, il y a depuis 15. jusques à 10. pieds d'eau, si bien qu'on ne doit point aprehender de s'amarrer de ce côte là, pour bien prendre son poste, il ne faut pourtant pas s'avancer plus avant que les magasins qui sont sur le grand Mole.

Presqu'au millieu de ce Mole il y a une fontaine avec plusieurs tuyaux, où on peut faire de l'eau sans sortir même des bateaux, elle est fort bonne. Il y en a une autre très-considerable au commencement de ce Mole qui est fort magnifique, au-delà de laquelle on voit une grande maison qui facilite la reconnoissance de ce Port venant du large, comme il a été dit.

La Ville de Neptune.

Est à 2. milles au Nord'est quart d'Est du Môle de Naton, où presque à un tiers de chemin il y a un magnifique Palais du Cardinal Coustaguti, qu'on decouvre de fort loin venant du côté du Sud'est.

La ville de Neptune est fort petite & très ancienne, située sur le bord de la mer dans une Plage de sable.

On remarque tout à l'entour du Cap d'Ancio, & jusques à la ville de Neptune, plusieurs antiquitez, comme Voutes, Grotes, Bains, Piliers dans le Roc à pointe de marteau, & plusieurs apartemens sous-terrains curieux, par raport à leur antiquite & leur maniere.

Mont Cercelle.

Environ 32. milles vers le Sud'est du Cap d'Ancio, est le Mont Cercelle; entre les deux il y a un grand enfoncement & un terrain fort bas, rempli de marecages; mais environ 7. milles vers l'Est-Sud'est de Neptune, il y a une Tour sur une pointe un peu avancée en mer, qu'on apelle la Tour d'Astaria, proche laquelle coule une petite Riviere du coté de l'Est; tout le reste est une grande Plage de sable & un terrain fort bas.

Le Mont Cercelle est une haute montagne qu'on aperçoit de très-loin, avancée en mer; elle ressemble à une Isle, parce que du cote du Nord le terrain est fort bas, & rempli comme nous avons dit de marécages; cette montagne a presque 6. à 7. milles de longueur, elle gist Sud'est quart d'Est, & Nord-Ouest quart d'Ouest; elle est fort escarpee vers la mer, proche laquelle on voit deux Tours de garde.

Du côté du Nord'est environ un mille de la pointe, il y a une Tour quarree sur une basse pointe de sable, & un village au-dessus nommé Ste. Filicite.

On peut moüiller dans une necessité entre cette Tour & la pointe du Mont Cercelle, où est cette autre Tour, par 6. à 7. brasses d'eau fond de sable; mais il ne faut pas aprocher trop de cette Tour quarree qui est au commencement de la Plage, à cause d'une longue pointe de

roche

roches qui s'avancent sous l'eau plus de deux cables ; Il ne faut pas non plus se laisser surprendre aux vents du large, desquels on n'a point d'abry. On peut dans un besoin moüiller du coté du Nord-Ouest, mais il faut aussi faire attention aux vents du large.

L'Isle de Ponce.

Cette Isle est environ 25. milles au Sud-Sud-Ouest du Mont Cercelle ; elle apartient au Duc de Parme, & a environ 12. à 15. milles de tour; elle est fort haute, principalement à la pointe du Sud-Ouest, & paroit de loin comme nous avons deja dit

On la reconnoit fort facilement par le Mont Cercelle, & les autres Isles voisines : Elle est au milieu de deux autres Isles, celle de l'Ouest s'apelle Palmaria, & celle de l'Est Senone.

L'Isle de Ponce paroit de loin comme plusieurs Islots, principalement lors qu'on vient du côte de l'Ouest.

L'Isle Senone.

Quelques deux milles au Nord'est de l'Isle de Ponce, il y a une Isle d'environ une lieuë & demy de tour qu'on apelle Senone, qui est aussi fort haute & n'est point habitée.

On peut moüiller du côté de l'Est de cette Isle, tout proche d'icelle, par 8. à 10. brasses ; ce moüillage n'est bon que dans un besoin, car il n'y a d'abry que de l'Isle.

Isle Gabia.

Au bout du Nord'est de l'Isle de Ponce environ 180. toises, il y a une petite Isle fort haute qu'on apelle l'Isle Gabia : On ne peut passer entre l'Isle de Ponce & elle qu'avec des bateaux, encore avec peine, quoique plusieurs Autheurs mal instruits de la chose, disent que c'est le bon passage pour aller à la Rade de Ponce ; mais après l'avoir examiné & sondé expressement, j'ai trouvé que ce passage est entierement rempli d'ecueils sous l'eau, & que pour y passer avec un bateau il y faut chenailler pour éviter ces roches.

Entre cette Isle & l'Isle Senone, il y a trois écueils hors de l'eau, comme de petites barques, distant l'un de l'autre environ 150. toises, entre lesquels on peut passer librement, lors qu'on va dans la Rade de Ponce : Il y a entre eux presque egalement 12. à 15. brasses de profondeur d'eau.

On peut fort bien passer entre l'Isle Senone & le dernier écueil ; mais le passage ordinaire & celui que j'aprouve le plus est entre l'Isle Gabia & l'ecueil le plus voisin, il peut avoir 220. toises de large & 15. à 16. brasses de profondeur : car dans celui-ci on voit les dangers de cote & d'autre, & on peut ranger également l'Isle ou l'écueil.

La Rade de Ponce.

Est du côté du Sud'est de l'Isle ; on y peut moüiller, principalement avec des Galeres & autres moyens bâtimens : C'est une asses grande anse, où sur la pointe du Sud'est il y a un petit Fort quarré armé de quelques pieces de canon ; au bout de cette pointe il a un gros ecueil, entre lequel on pourroit passer dans un besoin, y ayant 15. à 16. brasses ; tout proche sur la droite en entrant il y a un autre gros écueil mais plus haut, environné de plusieurs autres petits.

Seche de Ponce.

Mais presque entre ces deux rochers, & au milieu du passage, il y a une roche sous l'eau très dangereuse, dont les marques lors qu'on est dessus le plus haut, sont de voir le premier ecueil de l'Isle Gabia, par le bout de l'Ouest de l'Isle Senone, qui est la premiere marque ; & pour

pour l'autre il faut voir l'extremité du côté du Nord'est de ce gros écueil le plus voisin de la pointe où est le Fort, par l'écueil du large nommé la Boutte de Ponce, qui en est environ 9. milles.

Voulant donc aller moüiller dans la Rade de Ponce lors qu'on vient du côte de l'Ouest, après avoir passé proche l'Isle Gabia, comme nous avons dit, il faut aller chercher directement le gros ecueil que nous avons dit être à la pointe du Fort, & le ranger à discretion pour éviter cette seche.

Ensuite après l'avoir doublé, on conduit encore un peu cette route, on moüille le fer de la droite par 12. brasses d'eau, on porte une amarre à terre audessous du Fort, de cette maniere on demeure affourché; & les autres Galeres moüillent aux environs, tellement qu'on reste par 6. à 7. brasses d'eau fond d'herbe vazeux: Au-de-là du Fort il y a un grand enfoncement, mais il y a fort peu d'eau, & il ne convient guere de passer plus avant que la pointe où est le Fort.

Dans cet enfoncement du côté du Nord-Ouest, il y a une espece de ruisseau où on peut faire de l'eau, mais pendant l'Eté il tarit assez souvent.

Aux environs de ce Fort, & en plusieurs endroits, il y a plusieurs concavitez & logemens sous-terrains que quelques Empereurs Romains y avoient fait faire, taillez dans le roc à pointe de marteau: On y voit des bains curieux, par raport à leur situation, & la patience avec laquelle ils ont été faits: On voit floter aux environs du rivage de cette Isle plusieurs pierres ponces, ce qui me fait croire en partie qu'elle en a pris son nom.

Au dehors de ce gros écueil qui est à la pointe du Fort tirant vers le Sud, il y en a un autre plus gros presque joignant l'Isle.

Du Mont Cercelle à Gayette.

La route est presque l'Est quart de Sud'est environ 30. milles: Entre les deux la terre fait un grand enfoncement; on y voit quelques Villes & Villages & Tours de garde.

La Ville la plus proche du Mont Cercelle est, Terracine; Elle en est eloignée environ 10. à 11. milles, sa situation est sur une pointe asses haute, proche de laquelle du côté de l'Est, il y a un grand étang qui a communication à la mer.

Entre le Mont Cercelle & Terracine, il y a une grande plage de sable & un terrain fort bas; & entre Terracine & Gayette la côte est fort haute: On y voit plusieurs Tours de garde & quelques Villages, entre autres il y en a un presque à moitié chemin qu'on apelle Fondi.

On reconnoit Gayette, principalement lors qu'on vient du cote de l'Ouest, par une grosse pointe qui en est environ 2. milles vers l'Ouest-Nord-Ouest, qu'on apelle le Mont de la sainte Trinité, où du côté de l'Ouest est une grande Plage de sable: Cette Montagne est escarpée & fendue de haut en bas, & ouverte presque regulierement de la largeur d'une brasse au plus; la fente vient jusques à la mer; au pied de la montagne du cote de la mer, il y a un Oratoire d'un Christ que les Galeres & autres bâtimens saluent; au-dessus de cette fente il y a un Convent de Religieux.

Gayette.

Cette Ville apartient au Roi d'Espagne, comme toute cette côte; elle est située sur une pointe fort escarpée vers la mer, à l'entrée d'un grand enfoncement: On voit la Ville & plusieurs fortifications du côté de la mer, & une grosse Tour sur une hauteur d'une montagne fort escarpée.

La plus grande partie de la Ville de Gayette est du côté du Nord de cette pointe, où il y a plusieurs fortifications.

La Baye de Gayette est au-dedans de cette pointe; elle a environ 5. à 6. milles d'ouverture, & quatre milles d'enfoncement.

On moüille ordinairement proche la Ville, & la Commandante des Galeres se met auprès des fortifications de la premiere pointe, où on moüille le premier fer de la droite, ensuite on va au Nord-Ouest si on veut moüiller l'autre ancre, après quoi on met la poupe vers la Ville le long des premieres fortifications qui sont sur la gauche en entrant, où on porte des amarres de poupe, & les ancres sont par 12. a 15. brasses d'eau; mais là où est la Galere il n'y a que

que 3. à 4. brasses fond d'herbe vazeux; les autres Galeres moüillent auprés de la Commandante sur la gauche devant la Ville.

Il ne faut pas s'avancer plus avant que la moitié des murs de la Ville, parce qu'il y a beaucoup de roches sous l'eau, & que la profondeur manque tout à coup.

Dans le fond de la Baye de Gayette sur le bord de la mer, il y a un village assés long, qu'on apelle Fond de Vigo ou Castillone; & au fond de cette Baye du côté du Nord-Ouest, il y a une petite riviere où ordinairement on va faire de l'eau.

On pourroit moüiller avec des Vaisseaux devant Gayette, mais non pas dans le milieu de la Baye, à cause de la grande profondeur d'eau, d'ailleurs on n'y seroit pas à l'abry des vents du large. Les vents qui incommodent le plus dans ce moüillage sont depuis le Nord'est jusques à l'Est: car on ne peut voir la mer du large, étant moüillé comme nous avons dit.

La Latitude est 41. degrez 14. minutes, & la variation de 7. à 8. degrez Nord-Ouest.

Cap de la Roque.

Environ 20. milles au Sud'est quart d'Est de la pointe de Gayette, est le Cap de la Roque; entre les deux il y a un grand enfoncement: La côte est fort haute jusques à moitié chemin de Gayette audit Cap; ensuite elle vient en abaissant jusques au Cap de la Roque: Dans cet intervale il y a plusieurs Villes, Villages & Tours de garde; le premier est Fond de Vigo, comme on l'a dit cy-devant, ensuite sainte Marie, Caste & quelques autres.

Le Cap de la Roque est fort haut & paroit isolé lors qu'on est le long de la côte, par la raison que le terrain derriere ce Cap est fort bas, le haut de ce Cap paroit en pain de sucre.

Il y a une Tour de signal & une maison auprés, & une autre Tour du côté du Nord sur une pointe plus basse.

Cap de la Mesa, à l'entrée du Golfe de Naples.

De la pointe de Gayette au Cap de la Mesa, la route est le Sud'est quart de Sud, & la distance 41. milles; & du Cap de la Roque au même endroit, la route est le Sud-Sud'est environ 25. milles.

Entre les deux il y a un grand enfoncement, & des terres basses & Dunes de sable, bordées de Plages.

Tour de Patria.

Presque par le milieu de cet enfoncement, on voit une Tour sur une haute pointe, qu'on apelle Tour de Patria, proche de laquelle du côté du Sud il passe une riviere.

Il y en a une autre entre le Cap de la Roque & la Tour de Patria, & plusieurs marécages; on la reconnoit par quantité de grands arbres dont elle est bordée.

DESCRIPTION DU GOLFE DE NAPLES.

Des Isles d'Iscle, Procita & Cabrita.

COmme j'ay eu ordre de Mr. le Marquis de Forville, Commandant les Galeres en la Campagne de Naples en 1702. de faire exactement un grand Plan de tout le Golfe de Naples, & que j'ay eu l'honneur de le presenter à Sa Majesté Catholique; il me fut enjoint d'en expliquer en abregé toutes les particularitez. Le Lecteur excusera si je suis un peu plus long en cet en-

endroit ; comme ces lieux ont des choses particulieres à expliquer, j'ay crû qu'il ne falloit rien obmettre.

Le Golfe de Naples est entre les Isles d'Iscle, Cabrita & le Cap Campanel ; il est fort grand, ayant environ 25. milles d'enfoncement & 22. de large ; il est très facile à reconnoître par les Isles d'Iscle & de Cabrita, qui sont fort hautes ; d'ailleurs le Mont Vesuve qu'on apelle ordinairement la Montagne de Somme, qui est très-haute, située dans le fond du Golfe, brûle incessamment par son sommet, de sorte que de nuit on voit le feu, & de jour une grosse fumée, ce qui suffit pour reconnoître ce Golfe.

La Ville de Naples est dans le fond de ce Golfe vers le Nord, & plusieurs Villes & Villages, Forteresses & Chateaux le bordent entierement, outre les Isles qui sont à l'entrée qui le renferment : Nous commencerons donc par celle d'Iscle.

L'Isle d'Ischia ou Iscle.

Est à l'entrée du Golfe de Naples, & du côté du Nord ; elle est fort grande, très-haute & presque escarpée, principalement du côté du Sud-Ouest : Sur le milieu de cette Isle il y a une très-haute montagne en pain de sucre, remplie en certains endroits de taches blanches qui la font reconnoître.

Elle a environ 25. milles de tour ; presque toute la partie du Sud & de l'Ouest est inhabitée, mais proche la pointe du Nord-Ouest du côté de la mer il y a une assés grande Ville ; & de l'autre bord de cette pointe du côte du Nord'est, il y a une autre Ville qu'on apelle Lelago, située sur le bord de la mer, dans une anse de sable : On peut moüiller devant Lelago, principalement avec des Galeres ; on y est à l'abry des vents depuis le Sud'est jusques à l'Ouest.

Dans le fond de cette Plage il y a une roche sous l'eau environ deux longueurs de cables, il faut y prendre garde. On voit une grosse Tour quarrée sur la pointe du Nord de cette anse qui la fait reconnoître : Les vents de Nord & Nord'est y donnent à plain, & sont dangereux.

A 3. milles à l'Est-Sud'est de la pointe d'Ellago où est la Tour, il y a une autre Tour aussi quarrée, située sur une pointe de moyenne hauteur, qu'on apelle Tour de Castillone : Proche de cette Tour il y en a une autre sur une pointe basse, apellée la garde S. Pierre : Vis-à-vis cette Tour il y a une pointe de sable qui s'avance un peu au large, mais on peut la ranger à portée de fusil ; il y a aussi quelques roches autour des autres pointes.

Château d'Iscle.

Environ un mille vers le Sud'est de cette derniere pointe, on voit le Château d'Iscle, situé sur un haut rocher qui est isole mais on a fait un pont de pierre d'environ 200. toises de long qui vient communiquer à l'Isle d'Iscle ; ce Château est considerable par sa situation inaccessible, il est trés-haut, escarpé & fortifié de toutes parts.

Au bout de ce pont il y a une petite Ville le long de la mer, & quelques Tours de garde aux environs.

On peut moüiller avec des Galeres d'un côté & d'autre du pont : Entre le Château & la Ville du côté du Nord du pont, il y a 3. à 4. brasses d'eau fond de vaze, & on peut porter des amarres à terre vers la Ville.

On peut de même moüiller suivant les vents du côté du Sud du pont ; mais il faut prendre garde à quelques roches sous l'eau qui sont proche le Château, & quelques autres qui sont de l'autre côté vers l'Isle, vis-à-vis d'une pointe ; si bien qu'il faut passer par le milieu de l'un à l'autre pour venir moüiller proche le pont.

A une demi lieuë vers le Sud du Château, il y a une pointe haute, qu'on apelle pointe de la Pouchaque, à l'extremité de laquelle il y a aussi quelques secans.

Isle Procita.

Cette Isle est environ une bonne demi lieuë vers l'Est-Nord'est du Château d'Iscle, elle est à moitié chemin de l'Isle d'Iscle, au Cap de la Mesa, qui fait le commencement du Golfe de Naples ; elle est de moyenne hauteur, très-fertile, remplie de superbes Palais & maisons de plaisance ; on y voit y voit plusieurs Antiquitez remarquables ; elle a environ 8. à 9. milles de circuit, & plusieurs Calanques où on pourroit moüiller en un besoin.

Du côté de l'Isle d'Iscle, il y a une petite Isle fort haute sur laquelle on voit une Tour de garde ; cette Isle n'est separée de celle de Procita que de l'espace qu'occupe un bateau.

On peut passer avec des Vaisseaux & Galeres entre le Château d'Iscle dont nous avons parlé, & cette petite Isle ; il y a 12. 15. & 20. brasses d'eau, mais il faut ranger le Château, y ayant 7. à 8. brasses tout auprès, pour éviter un petit banc de roches sous l'eau, qui est au Nord-Ouest quart d'Ouest de cette petite Isle voisine de Procita, environ 600. toises ; sur lequel il n'y a que 4. à 5. pieds d'eau.

On pourroit dans un besoin passer entre elles & l'Isle où est cette Tour, rangeant plûtôt du côté de l'Isle, il y a 5. à 6. brasses, mais le plus seur est de passer à un tiers du chemin du Château à cette Isle, n'y ayant rien à craindre.

Entre cette Isle & celle de Procita, il y a un grand espace, où au milieu duquel on pourroit très-bien moüiller, par 4. à 5. brasses d'eau, fond de sable & herbe, & y être à couvert de plusieurs vents le long de la Plage, il n'y a que le Sud & Sud'est qui y donne à plain.

Depuis cette Isle venant du côté du Nord, jusques à la pointe de Chiopatre, qui est celle du Nord'Ouest de Procita, il y a environ 3. milles ; entre les deux il y a un peu d'enfoncement, & une Plage qu'on appelle la Queolle, dans laquelle on peut aussi moüiller, & y être à couvert des vents de Nord'est, Sud & Sud-Ouest ; il y a 4. à 5. brasses d'eau fond d'herbe vazeux.

Mais depuis cette Plage jusques à la pointe de Chiopatre, de Procita, il y a plusieurs roches sous l'eau, à plus de trois longueurs de cables au large.

Du côté du Sud'est de l'Isle Procita, il y a aussi plusieurs anses & calanques de sable, où on pourroit moüiller dans un besoin, avec les vents d'Ouest-Nord-Ouest & Nord : On ne doit pas craindre de ranger la côte de ce côté là, car il y a beaucoup de profondeur d'eau, même près de terre.

Moüillage de Procita.

De la pointe du Nord-Ouest de cette Isle à celle du Sud'est, il y a environ une demi lieuë, entre lesquelles il y a un peu d'enfoncement & une Plage, où on peut moüiller par 4. à 5. & 6. brasses d'eau, fond d'herbe vazeux : Tout le long de cette Plage il y a plusieurs grandes maisons & plusieurs Palais à l'antique, & un grand Village le long de la mer, où l'on voit une Eglise aussi sur le bord de la mer.

La Ville de Procita.

Est située sur l'extremité de la pointe du Sud'est de la même Isle ; elle est petite & entourée de fortifications asses bonnes, quoi qu'antiques : Elle est forte par sa situation avantageuse ; cette pointe est haute & fort escarpée vers la mer.

Cette Isle est extremement peuplée, il y a plusieurs Villages au-dessous de la Ville de Procita ; du côté du Sud'est il y en a un considerable sur le bord d'une Plage.

Dangers.

Au pied du Château ou de la Ville de Procita, qu'on apelle pointe d'Aleme, il y a quelques rochers hors de l'eau à deux longueurs de cables loin de terre, mais tout au proche il y a 3. brasses d'eau.

Lors qu'on veut moüiller du côté du Nord'est de cette Isle sous la Ville, il ne faut pas s'aprocher à plus d'un quart de lieuë de la Plage, parce qu'il n'y a pas beaucoup d'eau, il faut rester sur une ancre, à moins de vouloir affourcher sur deux ancres. On y est fort bien pour les vents depuis le Sud'est-Sud, jusques au Sud-Ouest ; il y a à craindre du Nord & Nord'est qui y donnent à plain.

Cap de la Mesa.

Environ 2. milles & demy vers le Nord'est de l'Isle Procita, est le Cap de la Mesa, qui fait l'entrée, comme nous avons dit, du Golfe de Naples, de ce côté là.

C'est une grosse pointe fort haute, où sur une hauteur vers la mer, il y a une Tour de garde qui est ronde, au-dessus de laquelle est un haut terrain qu'on apelloit autrefois Monte-Vacia.

Isle S. Martin.

Du côté du Nord de cette Tour, il y a une petite Isle assés haute, qu'on apelle l'Isle S. Martin; on y voit une Tour quarrée. Toute cette Isle est environnée d'écueils hors de l'eau & sous l'eau, qui s'avancent plus de 30. à 40. toises au large; on ne peut passer à terre d'elle qu'avec des bateaux.

Vers le Nord'est de cette Isle, il y a une Tour quarrée de garde, sur le haut d'une petite pointe de roches avancées en mer; on l'apelle Tour de Voto, au bout de laquelle il y a quelques écueils: Et à une petite lieuë vers le Nord de cette Tour il y a une pointe assés haute au milieu d'une Plage & Dunes de sable, apellée pointe de Cuma.

Dans cette distance le terrain est fort bas, il y a un grand étang qu'on apellé le Lac de Colusio ou Fuzare, dans lequel on voit encore des restes d'un ancien Temple.

Cap Mizene.

De la pointe du Cap de la Mesa au Cap Mizene, que les Holandois & plusieurs autres apellent Cap Messenus, il y a une petite lieuë de distance vers l'Est.

Entre les deux il y a un enfoncement & une grande Plage de sable, & terres basses & Dunes de sable, devant lesquelles on pourroit moüiller par 4. à 5. brasses d'eau fond de sable & herbe: On y seroit à couvert des vents de Nord-Ouest, Nord & Nord'est, mais à decouvert de tout le reste.

Le Cap de Mizene est une longue pointe fort haute & avancée en mer, sur laquelle il y a deux Tours de garde quarrées, asses proche l'une de l'autre. Au dessus desquelles on voit une grande maison: A l'extremité de cette pointe il y a un écueil, auprés duquel il y a 15. brasses d'eau; on apelle cette pointe Monte-Mizene.

Il y avoit autrefois une Ville tres-considerable, que les tremblemens de terre & la suite des temps ont entierement ruinée; cependant on y voit encore plusieurs grands & superbes logemens souterrains, taillez dans le roc à pointe de marteau, ornez de plusieurs beaux ouvrages & grandes colomnes dans le roc, pour soûtenir ces Edifices.

Port de Malamorte.

Vers le Nord du Cap de Mizene, environ une demy lieuë, il y a un long enfoncement, où autrefois il y avoit un tres-bon Port, qu'on apelle encore aujourd'huy le Port de Malamorte, dans lequel on peut pourtant encore aller moüiller, principalement avec des Galeres: Ce Port a environ 400. toises d'ouverture & un plus d'enfoncement.

Du côté de la droite il y a une longue pointe basse de roches unies, qui ressemble faite de main d'homme, au bout de laquelle il y a une longue trainée de roches sous l'eau, à plus d'un cable loin vers le Sud'est, sur lesquelles il y a fort peu d'eau.

De l'autre côté vers le Monte-Mizene, ou sur la gauche en entrant, on voit encore cinq pilliers de briques d'un ancien Môle ou Pont que les Romains avoient fait, ils sont au ras de l'eau, & de ce même côté on voit un magasin à pecheur & une Chapelle audessus. Dans le fond de ce Port, qui se retressit par le moyen de deux pointes, où sur celle de la droite en entrant il y a une asses grande maison, & l'autre pointe est haute & presque Isle: Au dedans de ces deux pointes, dans

dans ce fond dis-je, il y a un grand espace de figure ronde, mais il n'y a que 4. à 5. pieds d'eau: Au-delà c'est un grand Lac, qu'on apelle Maremorte, où autrefois il y avoit une Ville qui a été abimee: Ce Lac n'a autre communication avec la mer, que par une écluse qui est dans le fond du Port de Malamorte.

Lors qu'on veut entrer dans le Port de Malamorte, il faut premierement voir directement toute l'embouchure du Port, & venir ranger autant proche qu'on voudra le dernier pilier que nous avons dit être à fleur d'eau, du côté de la gauche en entrant, où il y a 4. à 5. brasses d'eau: Du côté droit il y a plusieurs ruines sous l'eau de maisons abimees; on voit encore les appartemens de ces maisons à travers de l'eau, ainsi il ne faut pas s'en aprocher.

Continuant donc cette route vers le fond du Port, on va moüiller un peu au dedans de cette maison à Pecheur qui est du côté de la gauche, par 3. à 4. brasses d'eau fond d'herbe vazeux; mais il ne faut pas passer une Monticulle de rocher qui est au dedans de cette maison sur la gauche; car le fond manque tout à coup; il ne faut pas non plus s'aprocher à plus d'un cable de cette côte, parce qu'il y a aussi plusieurs maisons abimées que l'on voit au travers de l'eau.

Dès qu'on est entré dans ce Port, de la maniere que nous avons expliqué, on ne doit rien craindre de toutes sortes de vents; celui du Sud'est donne à plain dans ce Port, mais il n'y peut causer de mer, à cause de tous ces écueils qui sont à l'entrée.

Neantmoins dans un grand vent de Sud-Sud'est & d'Est, on ne pourroit entrer dans ce Port, à cause d'un gros ressac de la mer; l'on auroit peine de gouverner, parce que toute l'entrée brise par tout.

A l'extremité de cette longue trainée de roches de la droite en entrant, il y a 5. à 6. brasses d'eau.

La Rade de Baye.

Environ une demi lieuë vers le Nord de la pointe de Malamorte, est le Château de Baye, qui est très-considerable, il est situe sur une haute pointe escarpée vers la mer: Au pied du Château il y a un écueil ras de l'eau, sur lequel on a nouvellement fait une batterie de canon; on ne peut passer à terre de lui qu'avec des bateaux.

Environ un mille vers le Nord quart de Nord-Ouest de cette batterie, il y a une grosse pointe fort haute, qu'on apelle la pointe des bains; entre les deux il y a un peu d'enfoncement, & presque par le milieu il y a une autre batterie faite depuis peu; elle est située sur l'extremité d'une basse pointe, vis-a-vis de laquelle environ un bon cable il y a quelques roches ou maisons abimées, où il n'y a que 4. pieds d'eau. A l'entour de cette batterie, il y a aussi plusieurs roches sous l'eau, mais principalement vers la pointe des bains qui s'avancent au large plus de 300. toises.

Le vrai moüillage de la Rade de Baye est entre ces deux batteries qu'on voit à fleur d'eau, à 2. ou 3. longueurs de cables de terre, & pour lors on est par 5. 7. & 9. brasses d'eau fond d'herbe vazeux; mais la premiere ancre qu'on moüille, suivant le vent, est par 10. à 12. brasses; il faut, comme nous avons dit, prendre garde de s'aprocher du côte de la pointe des bains, à cause d'une quantité de vieilles ruines abimées sous l'eau: Moüillant, comme il est dit, à peu près entre ces deux batteries basses, on peut porter fort aisement des amarres à terre vers le Château de Baye & aux environs; mais il y a une roche sous l'eau entre une maison qui est au dessous le fort de Baye & le lieu où on est moüillé, qui pourroit gâter les cables, à quoy il faut prendre garde.

Dans le fond de cette anse, au-delà de la derniere baterie, il y a un grand espace: Entre cette baterie & la pointe des bains qui est sur la droite, est une Plage de sable, dans laquelle on pourroit moüiller avec des Galeres par 3. brasses d'eau bon fond; mais pour y aller il faut connoître où sont les roches que nous avons dit d'un côté & d'autre, & passer entre elles & l'autre roche qui est presque à fleur d'eau, vis-à-vis la baterie, laissant ces dernieres sur la gauche, comme la baterie qu'il ne faut pas approcher.

Ensuite on moüille en dedans de cette baterie par 3. à 4. brasses d'eau fond de sable; on peut porter des amarres à terre & un bon fer en mer vers l'Est-Nord'est.

Pour eviter de coté & d'autre ces dangers qu'on ne peut voir, il faut mettre la poupe vers la Ville de Poussole, & la prouë sur deux piltiers qu'on voit à la montagne, par une coupure ou abaissement qui est dans le fond de cette Plage au dessus d'un Temple.

Dans le fond de cette Plage, il y a proche la mer un Temple bâti de briques, qu'on avoit autrefois dedié à Mercure, & proche la pointe des bains il y en a un autre plus ruiné, dedié à la Deesse Venus.

Proche celuy du milieu qui est bâti de brique, il y en a un autre fort vaste à demy en ruine, dans lequel la voix circule le long des murs; de sorte que parlant à une personne opposée directement à vous dans le même Temple, pourveu qu'elle aproche l'oreille de la muraille, elle entend distinctement, quoy que vous parliez si bas, que celuy qui est au milieu du Temple ne vous entend pas.

La pointe des bains est fort grosse, elle est sur la droite du Château de Baye, en enfront: Sur le haut de cette pointe on y voit seulement une grande inscription de marbre blanc, & au dessous proche la mer il y a plusieurs chemins souterrains taillez dans le roc à pointe de marteau: Ils vont tres avant dans la montagne, & conduisent à plusieurs bains d'eaux minerales, & à plusieurs apartemens à droite & à gauche; & ce qui est extraordinaire, c'est que d'un côté il y en a un extremement chaud qu'on apelle le bain du Soleil; & tout prés un extremement froid, qui est celuy de la Lune. Pardelà ces bains sont ceux de la Sibile Cumane, proche le Fort de Baye; on y charge les Vaisseaux de terre qu'on apelle Pourcelaine, & en plusieurs autres endroits des environs.

Poussole.

Environ deux milles & demy vers l'Est-Nord'est du Fort de Baye, est la Ville de Poussole, entre les deux il y a un grand enfoncement: Mais il ne faut pas y aller à cause de plusieurs rochers à fleur d'eau & sous l'eau qu'il y a le long de cette côte: On voit encore le haut de quelques Tours abimées à ras de l'eau & fort au large, à l'entour desquelles il y a quelques autres debris sous l'eau, il y a 7. 8. & 10. brasses au pied.

Entre la pointe des bains & ces ruines, il y a une Plage de sable, derriere laquelle est un petit étang qu'on apelle le Lac de Lucrine, au milieu duquel il y a 30. brasses de profondeur d'eau.

Il y avoit autrefois une Ville qui s'abima, il n'a point de communication à la mer: On ne peut aller moüiller dans cette Plage, à cause de tous ces secans dont nous venons de parler.

La Ville de Poussole est petite, située sur une basse pointe & sur le bord de la mer; elle est fort renommée par les bâtimens magnifiques que les Empereurs y ont fait faire autrefois: Je ne m'arreterai pas à en parler, je dirai seulement qu'on voit encore devant la Ville 14. pilliers dans la mer, qui sont les restes du debris d'un pont que l'Empereur Neron avoit fait pour traverser jusques à Baye, qui est éloigné de deux milles & demy. Cependant dans cet alignement il se trouve 20. à 25. brasses de profondeur d'eau: Les 14. pilliers occupent 180. toises, Est & Ouest; il y a auprés du dernier 7. à 8. brasses.

On peut aisément aller moüiller avec des Vaisseaux & Galeres devant la Ville: Il y a une Plage de sable du côté du Nord du pont, où il y a 10. 8. & 4. brasses d'eau fond d'herbe & vaze, à deux longueurs de cables de la Ville; on peut porter si on veut une amarre sur les piliers: Il ne faut pas s'aprocher de la côte du Nord à cause que le fond manque tout à coup, & qu'il y a quelques roches tout au long, de même le long de la Ville du côté de la mer, il y a bien des rochers à fleur d'eau & sous l'eau, la mer y fait un gros ressac des vents du large.

Souffriere de Poussole.

Audessus la Ville de Poussole, environ un mille, il y a une montagne qui brûle incessamment, d'où on tire le souffre; tout proche cette montagne est cette grande Piscine qu'ils appellent la Piscine admirable.

Du Cap de Mizene à l'Isle Mizita, la route est l'Est, & la distance prés de 6. milles: Et de Poussole à la même Isle, il y a 4. milles vers le Sud'est; entre Poussole & l'Isle Nisita, il y a un grand enfoncement & une grande Plage de sable, en laquelle on pourroit moüiller dans un besoin avec les vents à la terre, mais il ne faudroit pas s'y laisser surprendre de ceux du large.

Toute la côte depuis Poussole, jusques au commencement de cette Plage, est remplie d'écueil hors de l'eau & sous l'eau, on ne peut s'en aprocher.

Dans le fond de cette Plage, il y a une tres-belle plaine, où sont aussi plusieurs Bains antiques.

L'Isle Nizita.

Est fort haute & remplie d'arbres; elle a environ une demy lieuë de circuit, & est éloignée de la côte environ 400. toises: Sur le haut de cette Isle, il y a une grosse Tour revêtuë de quelques fortifications: Du côte du Sud-Ouest il y a une petite anse en forme de croissant: A la pointe de la gauche en entrant, il y a un gros écueil, & l'on voit audessus de cette Calanque une grande maison tres-ancienne.

On pourroit avec deux Galeres, dans une necessité, y moüiller avec les vents de terre; il y a 3. à 4. brasses d'eau, & 7. à 8. à l'entrée, mais il n'y feroit pas bon des vents du large.

Du côté du Nord de cette Isle vers cette grande anse, il y a un bout de Môle, au bout duquel allant au Nord-Nord-Ouest, il y en a une partie abîmée; on voit encore les caisses du Môle entieres, il y a fort peu d'eau, ayant égard à faire le tour de ces roches sous l'eau, on peut moüiller proche le Môle avec des Galeres, c'est à dire du côté de l'Est-Nord'est, on y sera par 3. 4. & 5. brasses d'eau fond d'herbe vazeux; on peut porter des amarres sur le Môle; au dedans d'iceluy, il n'y a que 8. à 10. pieds d'eau, c'est pourquoy on n'y peut pas aller.

Lazaret.

Entre l'Isle Nizita & la terre, il y a au milieu un long rocher, escarpé de toutes parts, sur lequel on a fait une Infirmerie pour y mettre les Lepreux; vis-à-vis duquel dans l'Isle de Nizita, il y a quelques maisons proche la mer, & un Quay pour le debarquement.

On ne peut passer entre l'Isle Nizita, & celle du Lazaret, qu'avec des bateaux, à cause de quelques ruines d'un ancien pont qu'il y avoit autrefois, & plusieurs autres dangers qui sont aux environs; & entre le Lazaret & la terre il y a environ 100. toises, on n'y peut aussi passer qu'avec des bateaux.

Pointe de l'Algalogne.

A un mille vers l'Est de l'Isle Nizita, est la pointe de l'Algalogne qui est fort haute, au bout de laquelle est une petite Isle; on ne peut passer à terre d'elle qu'avec des bateaux: Sur le haut de cette Isle, il y a quelques ruines d'une Tour, & du côté de terre est encore un ancien Temple qu'on apelle l'Ecole de Virgile.

Pointe de Pozilippe.

De cette Isle à la pointe de Pozilippe, il y a environ une petite demy lieuë: Entre les deux la côte est de moyenne hauteur remplie de grandes maisons, mais la pluspart abandonnées: Il y en a plusieurs le long de cette côte abîmées sous l'eau; on en voit encore les murailles à fleur d'eau & sous l'eau, & plusieurs roches fort au large; c'est pourquoy il faut en passer au large, du moins à un mille.

Au bout de la pointe de Pozilipe, où on commence à decouvrir la ville de Naples, venant le long de cette côte, il y a aussi plusieurs Piliers, Tours & Maisons abîmées, & quelques roches à fleur d'eau & sous l'eau qui s'avancent environ prés de 400. toises au large, à quoy il faut avoir égard allant à Naples: On reconnoit cette pointe par une grande maison qui est sur le haut, qui est fort blanche.

On peut neantmoins ranger ces dangers aparens de cette pointe à deux longueurs de cables, l'on y trouvera 3. à 4. brasses, & un peu aprés 12. & 15.

Château de l'Oeuf, ou Castel de l'Ove.

Environ 2. milles vers le Sud'est quart d'Est de la basse pointe de Pozilipe, est le Château de l'Oeuf qui est sur un rocher ; entre les deux il y a un grand enfoncement, & presque au milieu il y a une grosse pointe remplie de Palais & autres maisons avec une Eglise apellée sainte Marie Delparto : Toute cette côte depuis la pointe de Pozilipe jusques à Naples est remplie de magnifiques maisons.

Entre la pointe de sainte Marie Delparto & le Château de l'Oeuf, autrement Castel de l'Ove, qui est proche la ville de Naples, il y a une grande Plage de sable toute bordée de superbes Palais & très-belles maisons, devant lesquelles on voit plusieurs belles fontaines de marbre, & une longue allée d'arbres, qui ornent cette belle promenade, qui est une des plus agreables des environs de la ville de Naples, on apelle ce lieu, Chiaja.

Dans le milieu de cette Plage il y a une Chapelle presque entourée de la mer, apellée Saint Bernardo ; & au bout de cette Plage allant vers l'Ouest, est l'entrée de cette incomparable Grotte qu'on apelle la Grotte de Poussole ; elle est percée à travers d'une haute montagne, sur laquelle il y a un Village & une Forest de grands arbres ; elle a 82. pieds de hauteur à ses entrées, & presque également par tout 30. de large, & 1200. pas communs de longueur en droite ligne & toute reguliere, où l'on decouvre une perspective admirable d'une entrée à l'autre, le tout fait à pointe de marteau : Un Empereur Romain fit faire cette ouverture pour éviter un grand tour d'une montagne qu'il faloit faire pour venir de Poussole à Naples ; il y peut passer deux carosses de front.

DESCRIPTION DE LA VILLE de Naples & des environs.

LA ville de Naples, Capitale du Royaume, est fort grande, elle est située dans le fond du Golfe, comme nous avons dit, du côté du Nord, sur le bord de la mer dans une très-belle plaine ; elle est remplie d'une quantité de magnifiques Eglises, de superbes Palais & de plusieurs Forteresses & Châteaux, principalement vers la mer.

L'on en voit un audessus de la Ville, sur une hauteur, qui est très-considerable par sa construction & par sa situation, il commande generalement sur toute la Ville, on le nomme le Fort saint Elme ; la Chartreuse qui est très-riche est proche de ce Fort.

Il y a aussi un ancien Château proche la mer, devant la Ville, qu'on appelle le Château neuf ; c'est celui qui rend le salut aux Estrangers lors qu'on saluë la Ville, il est très considerable : Proche d'icelui & du côte de l'Ouest on y voit le Palais Royal, qui est le lieu où loge le Vice-Roi, & qui est fort magnifique.

Joignant le Palais est l'Arsenal pour la construction des Galeres, & proche l'Arsenal il y a une Darse pour y contenir 10. à 12. Galeres ; elle est deffenduë par une Tour à l'antique, qui est fort bonne, & de plusieurs autres ouvrages.

Le Castel de l'Ove, comme nous avons dit, est du côté du Sud-Ouest ; c'est le premier qui deffend les aproches de la ville de Naples : Ce Château est parfaitement bien fortifié de toutes parts, & sur une pointe de rochers ; il ne communique aux murs de la Ville que par un Pont-levis, sous lequel on peut passer avec des bateaux.

Fanal de Naples.

A 650. toises vers le Nord'est du Castel de l'Ove est le Môle de Naples, qui a la figure d'un crochet, ou d'un angle droit, & s'avance en mer environ 200. toises, le coude s'avance 120. toises vers le Sud'est.

Sur

Sur le Coude de ce Môle il y a une Tour de brique fort haute, sur laquelle est une grande Lanterne qu'on apelle le Fanal, qu'on allume le soir pour la seureté des bâtimens, & leur montrer le lieu ; cette Tour est revetuë d'une très-bonne batterie, armée de bonnes pieces de canon ; l'entrée du Môle est du côté du Nord'est.

De même à la tête du Môle il y a un petit Fort considerable, & auprès une batterie de canons & mortiers à bombes : Dans ce Fort l'on voit une très-belle figure de S. Janvier Patron de la ville de Naples.

On peut moüiller dans ce Môle plusieurs Galeres & des Vaisseaux mediocres, par 3. à 4. brasses d'eau fond d'herbe vazeux, mais principalement proche le coude du Môle : car dans le fond vers la Ville il n'y peut aller que des barques ou tartanes & autres petits bâtimens.

Lors qu'on veut y aller moüiller avec une Galere, il faut, après avoir doublé la tête du Môle, moüiller le fer de la gauche, ensuite on fait tourner la Galere la poupe vers le Môle, où on porte des amarres de poupe & de prouë, & les autres Galeres en font de même & se rangent sur deux andannes, & de la même maniere.

On n'y voit point la mer, ny les vents du large ; il n'y a que les vents du Nord & Nord'est qui y donnent, & viennent par dessus la terre, qui y sont tres-violens : On y sent neantmoins un gros ressac de la mer du large.

On pourroit moüiller entre le Castel de l'Ove & la Tour de la Darse, qu'on apelle S. Vincensso, par 6. à 7. brasses d'eau, mais le fond n'est pas des meilleurs, il y a quelques roches qui gâtent les cables, outre qu'on y est trop à decouvert.

On peut aussi moüiller entre la Tour de la Darse & le Môle, mais le fond n'y est pas non plus bon, & on n'y a aucun abri des vents du large.

Il n'est pas besoin d'expliquer les endroits où on peut faire de l'eau, car cette Ville est abondante en toute sorte de choses, & a une quantité prodigieuse de superbes fontaines de marbre de differentes couleurs, enrichies de très-belles figures.

Les Vaisseaux peuvent moüiller à la tête du môle sans entrer dedans, ayant une ancre à poupe & une amarre à la tête du Môle ; mais les Vaisseaux du Roi, & autres gros Vaisseaux, moüillent un peu plus au large, c'est à dire au Sud-Sud'est du Fanal, environ un mille par 30. à 35. brasses d'eau : car dans toute l'étenduë de ce Golfe il y a beaucoup de profondeur d'eau.

La Latitude de Naples est 40. deg. 50. minutes, & la variation de près de 8. deg. Nord-Ouest.

Pont de la Magdelaine.

Du Môle de Naples à la Tour de Geomare, qui est sur une basse pointe dans le fond du Golfe, la route est presque le Sud'est quart de Sud, environ 10. milles : Entre les deux c'est presque une côte unie & basse, bordée de Plages de sable, & ornée de plusieurs Villes & Villages, dont le premier & le plus voisin de la ville de Naples s'apelle Cavalerisa, proche duquel il passe une petite riviere, sur laquelle il y a un grand Pont de pierre apellé le Pont de la Magdelaine qui est proche la mer.

Ensuite est un autre Village aussi situé sur le bord de la mer, qui s'apelle S. Jean de Teduche, l'autre Pietra-Bianca, Portiche, & une pointe de rochers qui s'avancent un peu en mer, proche laquelle est une Tour qu'on apelle Tour de Resino, dont le village du même nom est auprès : Ensuite vient celui des Grecs & de Somme, & plusieurs autres Tours de garde le long de la mer.

Mont Vesuve ou de Somme.

Le Mont Vezuve est une haute montagne par delà ces villages, & dans le fond du Golfe de Naples comme nous avons dit : Cette montagne est au millieu d'une grande plaine fort haute & écartée du bord de la mer environ une lieuë.

Elle jette continuellement une quantité de feu qu'on voit de nuit, & de jour on voit une grosse fumée ; elle sort par son sommet, & par plusieurs petits trous qui ressemblent à des soûpirans.

Au dessus de cette montagne du côté de la mer, il y a un grand Convent de Religieuses & quelques maisons auprés, il est situé sur une coline, on l'apelle S. Archange.

Castelamare.

Environ 16. milles au Sud'est quart de Sud du Fanal de Naples, & 6. milles de la pointe où est la Tour de Geomara, est la petite ville de Castelamare, qui est située au pied d'une haute montagne & sur le bord de la mer.

Entre la pointe de Geomara & Castelamare, il y a un grand enfoncement & une Plage de sable, par le milieu duquel est un petit Fort quarré au milieu de quelques rochers, qu'on apelle le Fort de Reveillano.

L'Anonciade.

Est dans le fond de cette Plage vers le Nord, qui est un grand village qu'on apelle l'Anonciade; d'un côté & d'autre on y voit deux Tours de garde, l'une sur une pointe, & l'autre au-delà d'une petite riviere qui passe auprés du village, qui est situé proche la mer.

Vers le Sud'est de ce village environ un mille, il y a une petite riviere qu'on apelle riviere de Serene, dont l'entrée est fort étroite; elle vient d'une grande plaine qu'on apelle plaine de Serene.

A l'entour du Fort de Reveillano du côté de l'Ouest, il y a tout auprés 7. à 8. brasses d'eau, il est éloigné de la Plage environ un mille.

On pourroit, si on vouloit, passer avec une Galere à terre de luy, y ayant 4. à 5. brasses d'eau par le milieu du passage.

Devant la ville de Castelamare, il y a un petit Môle en forme de crochet, qui s'avance vers l'Est-Nord'est, où on peut mettre quelques barques; neantmoins on y peut moüiller d'un beau temps à la pointe du Môle, qui est une longue pointe de cailloux au ras de l'eau: On peut moüiller hors de cette pointe à 5. brasses d'eau, & quelques Galeres y peuvent porter des amarres à terre où sont quelques ancres & orails.

Au bout du Sud-Ouest de la Ville, proche d'une Tour qui est au bord de la mer, il y a une Source admirable par son abondance & par sa fraicheur; elle sort du pied d'une haute montagne, & se décharge dans la mer.

Ce lieu est propre pour y moüiller avec des Galeres dans une belle saison; mais il ne conviendroit pas y passer la nuit, de peur d'un vent du large.

Au dehors la pointe du Môle vers le Sud-Ouest, il y a un Convent de S. François sur une pointe de rocher, proche laquelle ordinairement on tient une Madrague pendant l'Eté.

Vigo.

De Castelamare à Vigo, il y a environ 5. milles vers l'Ouest-Sud-Ouest: Entre les deux c'est une côte fort haute & fort escarpée du côté de la mer; Vigo est un petit village proche la mer, & environ un quart de lieuë vers l'Ouest de ce village, il y a une grosse pointe un peu avancée en mer, sur laquelle est une Tour de garde, & plusieurs autres aux environs: On peut moüiller entre cette pointe & le village de Vigo, par 8. à 10. brasses d'eau fond d'herbe vazeux, & suivant qu'on veut aprocher de terre; mais ce moüillage n'est propre que pour les vents à la terre, c'est à dire du côté du Sud & Sud'est, comme tout le reste de la côte.

Surenty.

Environ 3. milles à l'Ouest-Sud-Ouest de la pointe de Vigo, est celle de Surenty, qui n'est pas toutefois si haute, sur laquelle il y a une tour de garde.

Entre les deux il y a un peu d'enfoncement; la côte est escarpée & unie par le haut, presque tou-

te

te remplie de concavitez souterraines vers la mer, faites à la pointe du marteau, ce qui la rend admirable, par raport à ses Antiquitez: Audessus c'est une plaine charmante, remplie de grandes maisons, entremélées de beaux arbres; on l'apelle la plaine de Surenti.

Proche la pointe du Sud-Ouest de Surenti, est la petite Ville du même nom, où sur le bord de la mer joignant icelle, il y a deux petits Forts armez de quelques canons, pour la deffense du moüillage.

On peut aussi moüiller devant cette Ville proche la pointe du Sud-Ouest, par 7. à 8. brasses d'eau; la premiere ancre sera par 18. à 20. brasses d'eau fond d'herbe vazeux: A l'extremité de cette pointe, il y a plusieurs écueils hors de l'eau & sous l'eau proche la pointe.

De la pointe de Surenti au Cap Campanel, la route est environ le Sud-Sud-Ouest, & la distance 5. milles: Cette côte est fort haute, escarpée vers la mer, & remplie de Tours de garde sur toutes les pointes & hauteurs.

Mazo.

Et presque par le milieu de l'un à l'autre, il y a un village sur une hauteur qu'on apelle Mazo; & un peu au-delà un autre apellé sainte Constance; devant lequel, dans une anse de rochers, il y a une tres-belle source d'eau, du côté du Sud-Ouest d'icelle.

Environ un mille au Nord-Ouest de la pointe de Mazo, il y a un assés haut rocher qu'on apelle l'écueil de Berniche, où tout prés & à l'entour de luy il y a 15. à 16. brasses, & entre la côte & luy il y en a 30.

Cap Campanel.

C'est une grosse pointe sur laquelle est une Tour de garde: Cette pointe est à l'extremité du Golfe de Naples; proche lequel tirant vers l'Est, il y a une autre pointe nommée Pointe de Damaso, sur laquelle on voit une Tour de garde & tout prés deux rochers hors de l'eau; & tant soit plus vers le Sud'est, il y a une petite Isle haute, sur laquelle il y a une Tour de garde, qui est à l'entrée du Golfe de Salerne.

Isle de Cabrita.

Environ 4. milles vers l'Ouest du Cap Campanel, est l'Isle de Cabrita, à l'entrée du Golfe de Naples; elle est fort haute par ses extremitez, & a environ 9. milles de tour; elle a plusieurs petits villages, & du côté du Nord'est il y a une anse & une plage de sable; le long de laquelle il y a plusieurs maisons à Pêcheurs, d'une bâtisse fort ancienne & tres-particuliere; au dessus de la Plage & entre deux hauteurs, on voit la ville de Cabrita qui est petite.

Elle a auprés un ancien Château; il y a sur cette Isle plusieurs belles antiquitez remarquables: Sur le haut de la pointe de l'Est, il y a une espece de Mausolée où on dit qu'est le Sepulcre de l'Empereur Tibere.

Sur la pointe de l'Ouest, qui est le plus haut de l'Isle, il y a deux à trois petits villages, & quelques Tours de garde; & à la pointe du Sud'est il y a trois gros écueils qui sont tres-hauts.

Dans une necessité on pourroit moüiller, pour les vents de Sud & Sud-Ouest, vis-à-vis cette anse de sable que nous avons dit être vers le Nord'est de l'Isle, à la petite portée du canon de la Plage, il y a 4. à 5. brasses d'eau fond d'herbe vazeux; mais dès qu'on s'éloigne de la Plage on trouve 15. à 25. brasses d'eau.

On peut faire le tour de cette Isle d'assés prés sans crainte; il y a quelques rochers hors de l'eau & sous l'eau, mais ils sont proche l'Isle.

De même on peut aisement passer entre cette Isle & le Cap Campanel, il y a par milieu 68. brasses d'eau & 15. à 20. tout proche le Cap Campanel.

Tout le Golfe de Naples a generalement une grande profondeur d'eau; tout le long de la côte du Sud, & même dans le fond du Golfe, il y a par le milieu jusques à 120. brasses d'eau.

Je ne parleray point de la Côte de Calabre où je n'ay pas esté, & je ne veux point parler des lieux que je n'ay pas vûs.

DESCRIPTION DES COTES DU NORD de l'Isle de Sicile, & des Isles voisines.

Du Fare de Messine.

ON apelle le Fare de Messine, un Détroit ou Canal de mer, resserré par la côte de Calabre, & par le prochain terrain de l'Isle de Sicile, il n'y a qu'environ une lieuë de largeur: La côte de Calabre est fort haute, & celle de Sicile fort basse dans cet endroit.

Du côté de Sicile il y a une grosse Tour armée de quelques pieces de canon qu'on apelle la Tour du Fare: Elle est située sur l'extremité d'une longue pointe basse de sable, qui deffend en quelque maniere ce passage.

Ordinairement les bâtimens qui veulent entrer dans le Fare moüillent du côté de l'Ouest de cette Tour, pour prendre des Pilotes du lieu, qui ont coûtume de venir au-devant des bâtimens, & pour y attendre la marée propre pour entrer dans le Fare.

On peut moüiller tout le long de cette côte jusques au Cap de la Mortelle, qui est vers le Nord-Ouest: Environ 12. milles le long de cette côte, il y a environ 5. 6. à 7. brasses d'eau, le fond y est assés bon; cependant il ne faudroit pas se laisser surprendre dans cette côte des vents de Nord'est, Nord & Nord-Ouest.

Remarques du Fare de Messine.

Comme cette vaste mer, qui vient du côté de l'Ouest, est renfermée par la côte de Calabre & celle de Sicile, & qu'elle ne trouve qu'un passage étroit, qui est le Fare, il ne faut pas s'étonner si dans cet endroit la mer y entre avec impetuosité & en confusion, par raport aux differens cours de marées qui s'y trouvent, lesquels dans un calme portent les bâtimens çà & là: On est même obligé de se laisser entrainer à leurs mouvemens, ne pouvant joüir de la seureté des ancres qu'on moüille pour arrêter les bâtimens, à cause des abîmes d'eau qui se trouvent en ces endroits.

Ces courans n'ont pas leurs cours reguliers comme dans l'Ocean, dont on connoit les mouvemens & les changemens; soit que leur mouvement rapide, où ce Canal qui reçoit de part & d'autre une vaste mer, venant à se rencontrer se choquent dans ce passage, soit que les Gouffres qui s'y rencontrent soient les causes de ces divers courans, & de ce soûlevement des mers & des agitations que l'on voit les unes contre les autres: J'ay pourtant remarqué qu'ils ont quelque chose d'aprochant de la regularité des Marées de l'Ocean, que l'on connoit par le mouvement de la Lune: Ceux du Fare sont aprochant de même, suivant les jours de Lune à 6. à 7. & 8. heures, & quelques fois à 9. heures d'un côté, & à 4. & 5. de l'autre; Mais dans l'Ocean, ils sont regulierement 6. heures d'un côté & 6. heures de l'autre.

Cependant dans le Port de Messine la mer n'augmente ny diminuë qu'imperceptiblement, au lieu que dans l'Ocean, par un mouvement si violent, elle augmenteroit plus de 15. à 20. brasses perpendiculairement, comme elle fait à S. Malo d'où je suis, où elle croit de 15. brasses à plomb dans le temps des Equinoxes.

Cette varieté des Courans oblige de prendre à l'entrée de ce Fare des Pilotes du lieu, qui ont par une longue pratique une experience suffisante pour ménager ces differens courans, & mettre en lieu de seureté les bâtimens.

De la Tour du Fare à la ville de Messine, il y a environ 7. à 8. milles au Sud-Ouest quart d'Ouest; il faut ranger à discretion la côte de la Sicile, car les courans n'y sont pas si violens; il y a beaucoup d'eau, quoi qu'on y voit des Plages de sables: Et lors qu'on seroit contraint de moüiller le long de cette côte, ne pouvant gagner Messine, il faut aprés avoir moüillé tâcher de porter une amarre à terre, & en joindre deux ensemble.

Messine.

Cette Ville est fort grande, & la plus considerable de toute l'Isle de Sicile; elle est située au pied de quelques montagnes, mais dans une tres belle plaine sur le bord de la mer, où elle a un Port tres bon & fort spacieux: L'aspect de cette Ville est beau par la regularité d'une infinité de belles maisons toutes uniformes qui bordent ce Port, & plusieurs magnifiques Palais & belles Eglises qu'on y voit.

Fort S. Salvador.

De l'autre côté de la Ville allant vers l'Est, il y a une longue pointe de terre basse, bordée du côté de la mer de grandes Plages de sable: A l'extremité de cette pointe, & vers la mer, il y a une Tour quarrée qu'on apelle le Fanal, où effectivement on allume le soir une lanterne pour la reconnoître; & au bout de cette même pointe du côté de la Ville, il y a un tres-bon Fort qu'on apelle le Salvador; ce Fort avec cette pointe renferme un grand espace & forme le Port de Messine.

Dans le fond du Port il y a un tres-beau Palais où le Gouverneur loge ordinairement, il est sur le bord de la mer prés de la Citadelle qu'on y a nouvellement construit, sur ces bas terrains dont nous avons parlé; elle a batterie sur batterie, & doubles fossez pleins d'eau avec plusieurs demy-lunes.

On voit aussi entre la Citadelle & le Fort Salvador une grande maison environnée de la mer, avec un pont de communication à terre, qu'on apelle le Lazaret ou Infirmerie, il n'y a bas beaucoup d'eau aux environs.

Lors qu'on veut moüiller dans le Port de Messine, il ne faut pas aprocher trop prés le Fort Salvador, à cause d'une basse pointe de sable qui le joint, mais du côté de la Ville il y a beaucoup d'eau: La Commandante moüille ordinairement devant une figure de marbre blanc qui est sur le Quay devant la Ville: On moüille le premier fer de la gauche par 22. à 23. brasses d'eau, ensuite on moüille l'autre plus dans le fond, & on met la poupe proche le Quay avec deux amarres, & les autres Galeres moüillent aux environs, & dans les mêmes formes.

On peut aussi moüiller plus en dedans vers le grand Palais, mais toûjours plus du côté de la Ville que de l'autre.

Le Traversier est le vent d'Est-Nord'est, la latitude est 38. d. 12. minutes, & la variation de 8. d. Nord-Ouest.

Cap de la Mortelle.

Le Cap de la Mortelle est une pointe de moyenne hauteur, qui est environ 10. milles au Nord-Ouest quart d'Ouest de la Tour du Fare de Messine; du côté de l'Est il y a quelques maisons, & auprés de ces maisons une longue pointe de sable qui s'avance sous l'eau environ un quart de lieuë au large: Il faut y prendre garde en naviguant le long de cette côte avec des Galeres.

Cap Rosocolme.

Quelques deux milles à l'Ouest-Nord-Ouest du Cap de la Mortelle, est le Cap Rosocolme, qui est aussi une pointe de moyenne hauteur, sur laquelle on voit une Tour de garde; cette pointe est un peu avancée en mer: Vers l'Ouest il y a une petite Plage de sable, devant laquelle on peut moüiller dans un besoin, étant éloigné de terre environ un bon mille: On y est par 10. à 12. brasses d'eau, fond de sable fin; il y a quelques écueils aux environs de cette pointe proche de terre.

La Ville de Melace.

Environ 23. milles vers l'Ouest de la pointe de Rosocolme, est celle de Melace ou Melazzo, qui est une longue pointe avancée en mer d'environ 5. milles, elle est de moyenne hauteur; par son extremité entre les deux il y a un grand enfoncement qu'on apelle Golfe de Melace: On y voit plusieurs Villes & Villages, partie proche la mer, & les autres un peu élevez sur le ter-

terrain ; le plus voisin du Cap Rosocolme s'apelle Divoto, S. Gregoire, Condro & Gouvaltero : Cette côte est basse proche la mer, mais haute dans les terres.

On reconnoit facilement la pointe de Melace, parce que c'est la plus avancée de cette côte, outre que sur son extremité il y a une petite Tour qui sert de Fanal, & quelques petites maisons au pied.

De plus on voit le Château, & partie de la ville de Melace, au commencement & vers le Sud de cette pointe : Ce Château est situé sur une hauteur fort escarpée vers la mer, du côté de l'Ouest il y a auprès deux petits Forts quarrez sur deux eminences.

Aux environs de cette pointe, il y a quelques écueils hors de l'eau, mais ils sont proche de terre environ deux longueurs de cable.

La ville de Melace est environ 4. milles au dedans de cette pointe vers le Sud ; on ne la peut voir venant directement du côté de l'Ouest ou du Nord, que lors qu'on est par son travers, après avoir doublé une certaine pointe voisine de la Ville, qu'il ne faut pas aprocher de trop près. Alors on découvre une quantité de maisons le long du rivage qu'on apelle la basse Ville, au-dessus de laquelle est la ville de Melace, située sur une hauteur : On y voit presque au milieu une grande Eglise, ensuite un ancien Château bâti à l'antique, mais assés fort par sa situation.

Au-dessous de cette Ville du côté du Sud & proche la mer, on voit une Bourgade très-considerable située sur le bord de la mer, devant laquelle est un petit Fortin armé de quelques canons : Cette basse Ville ou Bourgade devant laquelle on moüille est enceinte de murailles du côté de l'Ouest, mais non pas du côté de l'Est : Et comme on aprehende plus une descente du côté de l'Ouest, on y a fait plusieurs chemins couvers pour l'empécher : On voit auprès de ces chemins, & sur le bord de la mer, un Convent de S. François.

Moüillage.

Lors qu'on veut aller moüiller devant Melace, après avoir doublé la premiere pointe de la Ville, où il y a quelques roches au large, on vient le long de cette Ville moüiller le premier fer vers l'Est-Sud'est, par 20. 25. & 30. brasses d'eau, fond de sable vazeux, ayant une ancre en mer vers l'Est & une amarre à terre.

La Commandante moüille ordinairement vis-à-vis un petit Fort qui est sur le bord de la mer, où elle porte des amarres à des roches qui sont auprès, & les autres Galeres moüillent aux environs comme elles jugent à propos, & portent aussi des amarres à terre.

Lors qu'on vient du large pour moüiller dans cette Rade, il faut ranger à discretion le long de cette pointe : On y peut aussi moüiller avec des Vaisseaux devant la Ville.

Le Traversier est le vent d'Est-Nord'est : La latitude est 38. deg. 20. minutes, & la variation de 8. deg. Nord-Ouest : On fait de l'eau à la basse Ville vers le Sud.

On peut aussi aller moüiller avec des Galeres pour faire de l'eau dans le fond de cette Baye du côté du Sud, proche la troisiéme maison qu'on voit sur le bord de la mer, commençant à les conter de l'Ouest venant à l'Est ; il y a un grand ruisseau de très-bonne eau ; on y moüille par 4. 5. à 6. brasses d'eau fond de sable.

Dans le fond de cette Plage vers l'Ouest, il y a plusieurs marécages & une grande plaine très-fertile.

Golfe de Pati.

Environ 20. milles à l'Ouest quart Sud-Ouest de la pointe de Melace, est celle du Cap Carvao ou Calvao ; entre les deux il y a un grand enfoncement qu'on apelle le Golfe de Pati, dans lequel du côté de Melace il y a une grande Plage de sable.

On pouroit moüiller dans cette Plage proche le Château de Melace du côté du Nord-Ouest, pour les vents de Nord'est, Est & Sud'est, mais on y est à decouvert de tous les autres, & la mer y doit être extremement grosse.

Dans le fond de ce Golfe, il y a plusieurs Villes & Villages le long des côtes ; le plus voisin de Melace s'apelle Ste. Lucia, ensuite Olivero, Lotindaro, Pati & Guisa, qui est au-dessus du Cap Calvao.

La ville de Pati est à 5. à 6. milles du Cap Calvao sur une grosse pointe.

Cap Calvao.

Le Cap Calvao eſt une groſſe pointe, vis-à-vis l'Iſle Vulcan ou Vulcanio, il eſt fort eſcarpé & rempli de taches rougeâtres.

Des Iſles Stromboli, & autres voiſines.

Environ 50. milles au Nord quart de Nord'eſt de la pointe de Melace, & 64. vers le Nord-Nord-Oueſt de la Tour du Faro, eſt l'Iſle Stromboli, qui a environ 18. milles de circuit; elle eſt preſque ronde & fort haute, le ſommet de la montagne brûle continuellement; de jour on voit une groſſe fumée, & de nuit les flâmes de feu, elle n'eſt pas habitée; Proche la pointe du Sud'eſt il y a un petit Iſlet, près duquel on peut moüiller dans un beſoin, & porter une amarre à terre; mais il faut être prêt à tourner l'Iſle ſuivant le vent; il y a beaucoup de profondeur d'eau à l'entour de l'Iſle.

Iſle Panaria.

A 15. milles au Sud-Oueſt de l'Iſle Stromboli, & preſque à mi-chemin de là à l'Iſle Saline, il y a 3. à 4. petites Iſles, dont la plus groſſe qui eſt vers le Sud-Oueſt s'apelle Panaria; celle de l'Eſt Bazzaluzzo & l'autre Licia, proche la groſſe il y a un écueil hors de l'eau.

Iſle Saline ou Salini.

Eſt une groſſe Iſle un peu plus longue que large & fort haute; elle a environ 12. milles de circuit, elle n'eſt point habitée, il y a grand fond tout à l'entour.

Iſle Lipari.

L'Iſle Lipari eſt au Sud'eſt de Salini & à 4. milles, c'eſt la plus grande de ces Iſles après Stromboli, elle eſt habitée du côté du Sud'eſt; il y a un Village & une Fortereſſe auprès; l'on y peut moüiller proche de terre, neantmoins l'on n'y a d'abri que des vents qui viennent par deſſus l'Iſle.

Iſle Vulcan.

L'Iſle Vulcan eſt tout proche celle de Lipari, environ 400. toiſes du côté du Sud, on peut paſſer entre deux par mi-canal, il y a 40. braſſes de profondeur; mais ſi c'eſt avec un Vaiſſeau il faut avoir bon vent à cauſe des courans qui y ſont forts dans ce Canal: Du côté de l'Iſle Lipari il y a quelques écueils hors de l'eau, ſeparez de la côte près de la longueur d'un cable: & environ une petite lieuë vers le Nord-Oueſt du Canal, il y a un petit Iſlet proche la pointe de l'Oueſt de Lipari, & entre deux un peu d'enfoncement.

L'Iſle Vulcan n'eſt pas tout-à-fait ſi grande que celle de Lipari, mais elle eſt auſſi haute: Sur le haut de cette Iſle & du côté du Nord, il y a une montagne dont le ſommet eſt entierement ouvert, il en ſort continuellement du feu & une groſſe fumée; il y a des temps qu'elle brûle plus que dans les autres: On voit un autre Gouffre de feu qui ſort du ſommet d'une très-petite pointe du côté du Nord de la même Iſle, qui eſt preſque peninſule par une petite langue de terre fort baſſe; on l'appelle le petit Vulcan, c'eſt le plus proche terrain de l'Iſle Lipari.

Proche de la pointe du petit Vulcan, il y a une grande anſe & plage qui eſt du côté de l'Eſt, où il ſemble y avoir bon moüillage.

Mais

Mais j'ay sondé tout proche de cette pointe basse, où j'ay trouvé 60. brasses; il est assés surprenant que le feu sorte continuellement de cette petite pointe qui n'excede pas 150. toises de diametre.

On tire beaucoup de soulfre de cette Isle, & on voit des ruisseaux de cendres, poussées par la violence du feu jusques au bord de la mer.

On pourroit neantmoins moüiller en une petite anse de sable qui est vers l'Ouest-Nord-Ouest du petit Vulcan.

Mont-Gibel.

Droit au Sud de l'Isle Vulcan on voit le Mont-Etna, communement apellé le Mont Gibel, qui continuellement jette du feu; on le voit de fort loin, c'est une haute montagne fort avant dans les terres de l'Isle de Sicile.

On m'a assuré qu'on peut moüiller dans un besoin du côté du Sud de l'Isle Vulcan, je n'ay pû sonder ce moüillage.

Les Isles Felicur & Alicur.

Droit à l'Ouest de l'Isle de Lipari, environ 32. milles, sont deux plus petites Isles que les precedentes, mais tres hautes; la premiere est Alicur, & celle de l'Ouest Felicur.

Ces Isles sont proches l'une de l'autre, & du côté de l'Est d'Alicur il y a un gros écueil hors de l'eau, elles ne sont point habitées.

Isle Dustica.

55. milles à l'Ouest-Nord-Ouest, 2. degrez vers l'Ouest de l'Isle d'Alicur, est celle Dustica; cette Isle est presque Nord & Sud, avec le Cap de Galle proche Palerme; dont elle est eloignée de 33. milles, on voit clairement ce Cap.

Je pourrois raporter icy une infinité de fautes que j'ay remarqué sur les Cartes Holandoises, & sur plusieurs autres, au sujet des situations de ces Isles, & de toute la côte du Nord de Sicile; Comm'aussi de celles du Maritimo, Levance & de la Favoüillane, où ils mettent les distances disproportionnées, & situées par differens rumbs de vents qu'elles ne sont: J'ay eu occasion de les corriger par des observations que j'ay fait sur la plûpart de ces Isles, principalement sur celle Dustica, où j'ay observé la Latitude, & sur le Cap de Gali proche Palerme, d'où on voit cette Isle distinctement, & presque toutes les Isles & la Côte; par ce moyen avec une baze de 33. milles connuë, on peut tres-seurement bien situer les terrains.

L'Isle Dustica, est comme nous avons dit 33. milles presque au Nord du Cap de Gali proche de Palerme, ce qui en donne une entiere connoissance; cette Isle a environ 8. à 9. milles de circuit; elle est haute par le milieu, & basse par ses extremités; sa longueur est Est & Ouest; la pointe de l'Ouest est la plus basse, & celle de l'Est semble de loin isolée lors qu'on vient du côté du Nord; de ce même côte il y a un gros écueil hors de l'eau, éloigné d'environ 300. toises.

Dans un besoin on pourroit moüiller du côté du Nord'est, dans une plaine qui prend de la pointe de l'Est à celle du Nord où est l'écueil dont nous avons parle; on y est par 10. à 12. brasses d'eau fond de sable, & à couvert des vents de Sud-Ouest & de l'Ouest: Mais il ne faut pas se laisser surprendre dans ces sortes de lieux, par les vents qui jettent à la côte; quelques personnes m'ont assuré qu'il y avoit un puis de ce même côté; le peu de temps que nous y restames ne me permit pas de le voir: Du côté du Sud il y a prés de terre 30. brasses d'eau, je ne conseillerois point d'y moüiller: Cette Isle sert de retraite aux petits Corsaires, elle n'est point habitée, & est remplie de bois; la latitude est 38. deg. 43. min. & la variation 8. deg. Nord-Ouest.

Reprenons au Cap Calvao, que nous avons laissé pour faire la description de ces Isles, & suivons la côte.

Nous avons dit que le Cap Calvao est le plus prochain de l'Isle Vulcan, qui n'en est éloignée que d'environ 18. milles: On peut passer entre les deux, même avec une Armée si on veut, comm'aussi entre toutes les autres Isles.

Cap

Cap d'Orlande.

Environ 15. milles vers l'Oueſt du Cap Calvao, entre les deux, la côte eſt fort haute & eſcarpée & preſque au milieu on voit une petite Ville qu'on apelle Nazo.

Le Cap d'Orlande eſt une groſſe pointe qui ſemble iſolée ; il y a ſur ce Cap un Château ; & au deſſus une petite Ville.

Cap Ceſalu.

De la pointe de Melace à Palerme, la route eſt directement l'Oueſt environ 120. milles; du Cap d'Orlande au Cap Ceſalu la route eſt auſſi l'Oueſt, 2. degrez vers le Sud 55. milles : Entre les deux il y a un peu d'enfoncement, & pluſieurs Villes, Villages & Tours de garde : Le Village le plus voiſin du Cap d'Orlande s'apelle Mirtro, enſuite Pietra Roma, Roza Marina, S. Marco-Coronia-Seravalle, le Fort de Tuſa, Torre-Dirazicalbo & Ceſalu, qui eſt une petite Ville ſur le haut d'une groſſe pointe avancée en mer.

Mont Gerbin & Cap Sabran.

Quelques 18. milles à l'Oueſt-Nord-Oueſt, 3. degrez vers le Nord du Cap Ceſalu, eſt le Mont Gerbin, qui eſt proche le Cap Sabran, & qui fait l'entrée du Golfe de Palerme.

Preſque au milieu de ces deux pointes, il y a un grand enfoncement, dans lequel on voit une petite Ville qu'on apelle Terminy; du côté de l'Eſt de cette Ville il y a une Forterеſſe à quatre Baſtions, & un Village auprés apellé la Rochelle ; il y en a un autre du côté de l'Oueſt preſque ſemblable, nommé S. Nicolas, auprés duquel eſt celuy de Solanto proche la mer.

Vers l'Eſt de la pointe du Mont-Gerbin, environ deux milles, il y a un petit banc de rochers à fleur d'eau fort dangereux. Ce qu'on apelle le Mont-Gerbin eſt une montagne proche le Cap Sabran, qui fait, comme nous venons de dire, l'entrée du Golfe de Palerme : Au bout de cette pointe il y a deux gros rochers forts hauts, ſur leſquels ſont deux Tours de garde; celuy de l'Eſt eſt le plus haut & ſe voit de tres-loin, étant le long de la côte ; il ſemble iſolé, à cauſe du terrain bas qui eſt par derriere; il y a auſſi pluſieurs petits écueils hors de l'eau aux environs de cette pointe, mais ils ſont proche de terre.

La Ville de Palerme & des environs, avec les Reconnoiſſances.

Lors qu'on vient du large & du côté du Nord, voulant aller en Sicile, on en decouvre de tres-loin le ſommet des hautes montagnes, enſuite on aperçoit l'Iſle d'Uſtica, qui paroit par Monticulles, faiſant comme deux Iſles, qui eſt éloignée, comme nous avons dit, du Cap de Galle 33. milles droit au Nord ; en étant proche, faiſant la route du Sud, on y va directement : On aperçoit le Cap de Galle de fort loin, comme toute la côte. A l'extremité de l'Iſle de Sicile on voit une haute montagne, qui eſt celle de Trapano Vechio, ſur laquelle eſt l'ancienne Ville; mais on ne peut encore decouvrir l'autre Ville de Trapano, qui eſt baſſe.

Il paroit à l'Eſt de cette montagne une grand enfoncement, & une autre montagne comme iſolée, & en pain de ſucre : Et environ 4. à 5. milles vers l'Eſt, il y a une groſſe pointe qu'on apelle le Cap de Vitto.

Enſuite on voit un autre deffaut de terre & grand enfoncement vers l'Eſt; il y a auſſi une groſſe montagne qui facilite à reconnoître cette côte, & aprochant tant ſoit peu on voit le Cap de Galli, où il paroit trois pointes enſemble eſcarpées, & des taches rouges, & tout proche vers l'Eſt eſt le Monte-Pelegrino, qui fait auſſi l'entrée du Golfe de Palerme.

La Ville de Palerme.

Le Golfe de Palerme est fort grand : Compris entre le Cap Sabran, ou le Mont-Gerbin, & le Mont-Pelegrino, qui sont éloignez prés de 12. milles de l'un à l'autre, Sud'est quart d'Est, & Nord-Ouest quart d'Ouest, & 5. milles d'enfoncement.

Dans le fond de ce Golfe du côté de l'Ouest, est la fameuse Ville de Palerme, qui est fort grande, regulierement percée, embellie de riches Eglises, & de quantité de superbes fontaines, qui jettent leurs eaux de toutes parts, par un artifice admirable : Elle est située dans une tres-belle plaine sur le bord de la mer, & cette plaine, qui est fort grande, est bordée par une quantité de montagnes : Sur l'une d'icelles vers le Sud-Ouest de la Ville, environ une lieuë, est la Ville de Mont-Real, qu'on aperçoit de fort loin, comme étant plus élevée que Palerme.

C'est dans la Ville de Palerme, où d'ordinaire le Vice Roy du Royaume de Sicile fait sa residence; il y a aussi quantité de Noblesse.

Cette Ville est facile à reconnoître par le moyen de la pointe de l'Est du Mont-Gerbin, comme il a esté dit, & par le Mont-Pelegrino, qui est celle de l'Ouest qui est fort haut & escarpé de toutes parts ; sur le haut il y a une Chapelle de sainte Rosolie Patronne de Sicile.

Môle de Palerme.

Devant la Ville de Palerme il y a un petit Port pour des Barques ; & environ 600. toises vers le Nord-Ouest de la Ville il y a un Môle ou une longue jettée, où peuvent moüiller de moyens bâtimens & des Galeres : Ce Môle s'avance vers le Sud environ 200. toises, & du côté de l'Ouest 400. faisant un angle droit : Sur l'extremité du Môle il y a deux batteries de canon & une Tour au milieu, où on allume le soir un fanal en faveur des bâtimens qui y viennent de nuit ; presque par le milieu du Môle il y a un petit fort, & au bout du Môle du côté de la terre, il y a une petite Forteresse à quatre bastions; & dans le fond il y a plusieurs grands magasins & Arcenaux des Galeres, & plusieurs autres maisons, mais le côté du Sud-Ouest est rempli de roches à fleur d'eau & sous l'eau.

Voulant donc aller moüiller dans la Rade de Palerme, on moüille presque vis-à-vis la Ville & à la tête du Môle, par 18. 20 & 22. brasses d'eau fond d'herbe vazeux : Et voulant entrer dans le Môle, il faut ranger sa pointe où il y a 12 & 15. brasses d'eau, ensuite on conduit le long du Môle jusques dans le fond, si on le veut, puis on moüille le premier fer de la gauche, & on met la poupe de la Galere proche le Môle, avec deux amarres, ayant la prouë vers l'Ouest-Sud-Ouest, où on porte un autre fer : On peut rester affourché proche l'entrée du Môle, c'est là où se mettent les Vaisseaux, par 5. à 6. brasses d'eau fond d'herbe vazeux; les vents d'Ouest & Sud-Ouest, quoy qu'ils viennent du côté de terre, ne laissent pas d'y être incommodes.

Le Traversier de la Rade est l'Est-Nord-Est qui cause grosse mer.

Lors qu'on voudroit aller moüiller avec de moyens bâtimens dans ce petit Port qui est devant la Ville, il faut ranger a discretion la pointe de la gauche, où est le plus profond, parce que sur la droite il y a un Château ras la mer, devant lequel il y a plusieurs roches sous l'eau qui s'avancent en mer; dans le milieu de ce passage il y a 5. à 6. brasses d'eau, & du même côté dans le fond du Port 2. à 3. brasses.

On peut aussi moüiller par tout ce Golfe, principalement du côté du Sud'Est, par 14. & 15. brasses ; mais on n'y a aucun abry des vents du large.

A l'extremité des murs de la ville de Palerme, & du côté du Sud, il passe une petite riviere où il y a un pont, & quelques rochers sous l'eau; aux environs d'icelle à 200. toises au large, sont quelques roches & autres secans sous l'eau & à fleur d'eau.

Cette Ville est si magnifique, que ses murs du côté de la mer sont ornez de belles peintures à figures historiques, & plusieurs belles fontaines dans une trés-belle promenade, où l'on voit un grand nombre de carrosses le soir, & même la Ville y entretient plusieurs concerts de musique, dans une Tribune faite exprés pour la recreation du public.

On fait de l'eau hors la Ville dans le fond du Môle, allant vers la Ville proche la mer, à une fontaine faite exprés pour les Galeres.

La Latitude est de 38. deg. 9. minutes, & la variation de 8. à 9. deg. Nord-Ouest.

Du

Du Môle de Palerme à la pointe du Mont-Pelegrine, il y a environ une bonne lieuë ; presque à moitié chemin il y a une Tour, & quelques maisons d'une Madrague, qu'on y place ordinairement pendant l'Eté.

On peut aprocher toute cette côte d'assés prés ; il y a beaucoup de profondeur d'eau comme par tout ce Golfe.

Mondelle.

La Rade de Mondelle est environ 5. à 6. milles du côté du Nord-Ouest de Palerme ; c'est une petite anse & plage de sable, entre le Mont-Pelegrino & le Cap de Galle, qui sont éloignez l'un de l'autre environ 3. milles : Le Mont-Pelegrino est, comme nous avons dit, une grosse pointe fort haute tachée de rougeurs, & escarpée vers la mer de toutes parts.

Du côté du Sud de ce Cap il y a une basse pointe de rochers, sur laquelle on voit une Tour de garde qui est armée de deux petits canons apellée Tour des Figuieres, parce qu'elle est entierement environnée de ces figuieres de Barbarie.

On moüille ordinairement tant soit peu en dedans de cette Tour, par 6. & 8. brasses d'eau, fond d'herbe & sable vazeux & mattes, ayant un fer en mer vers l'Est-Sud'Est, & une amarre proche la pointe où est la Tour.

On y est à couvert depuis le Sud jusques au Nord-Nord-Ouest, mais on y est fort à decouvert des autres vents, & la mer y est fort grosse.

On peut aussi moüiller du côté de la pointe du Mont-Pelegrino pour les vents du Sud, par 12. à 15. brasses d'eau fond de sable & gravier, éloigné de terre environ 250. toises, on y est plus à l'abry.

Mais ce moüillage n'est bon que pour les vents à la terre & dans une belle saison, & il ne faut pas se laisser surprendre par les vents du large.

Dans le fond de cette anse du côté de la Tour des Figuieres & proche la mer, il y a une autre Tour qui est quarrée sur le bord de la plage, & quelques magasins d'une Madrague. Et de l'autre côté de la plage, il y a une grande maison avec un jardin où on fait l'eau.

Il ne faut pas moüiller trop avant dans le fond de la plage, parce qu'il y a un banc de mattes & sables, sur lequel il n'y a pas d'eau.

Lors qu'on vient de l'Est, étant encore environ 40. milles, le Cap de Galle vous paroit comme une Isle ronde, fort escarpé, & le plus au large de cette côte.

La Latitude est 38. degrez 15. minutes.

Cap de Lource.

Environ 15. milles vers l'Ouest du Cap de Galle est le Cap de Lource, qui est une grosse pointe de figure ronde & trés-haute, au bout de laquelle il y a une pointe basse de rochers plats au ras de la mer.

L'Isle Donzeille.

Presque par le milieu & dans un enfoncement, il y a une petite Isle qu'on apelle Donzeille, sur laquelle est une Tour quarrée armée de quelques canons ; on ne peut passer à terre d'elle qu'avec des bateaux.

On peut dans un besoin moüiller d'un côté & d'autre de cette Isle : On voit deux petites Villes à terre de cette Isle proche la mer ; celle du côté de l'Est se nomme Molice, & l'autre de l'Ouest Monte Ceriny.

Entre cette Isle & la pointe du Cap de Lource, il y a un grand enfoncement, dans lequel on pourroit moüiller avec les vents d'Ouest & Sud-Ouest ; mais ce sont des lieux où on n'est pas à couvert des vents du large.

Cap S. Vitto.

Environ 25. milles à l'Ouest quart de Nord-Ouest du Cap de Lource, est le Cap S. Vitto, entre les deux il y a un grand enfoncement de 8. à 9. milles, qu'on apelle le Golfe de Castelamare, la Ville du même nom est dans le fond, tant soit peu plus du côté de l'Ouest.

Et entre le Cap de Lource & la ville de Castelamare, il y a deux petites Villes, dont la plus voisine du Cap de Lource s'apelle Ramo, & l'autre S. Cadaldo; & au-delà de Castelamare est celle de S. Vitto.

Entre la Ville de S. Vitto, & la pointe basse du Cap S. Vitto, il y a une Tour; entre cette Tour & cette pointe on pourroit moüiller dans un besoin, pour être à couvert du Nord-Ouest & de l'Ouest.

Le Cap S Vitto est fort haut, & de figure ronde; à son extremité il y a une longue pointe de rochers plats avancée en mer, sur laquelle sont 3. Tours, dont la plus considerable qui est quarrée est sur l'extremité de la pointe qui est au ras de la mer; elles sont armées de quelques pieces de canon.

On peut moüiller suivant les vents d'un côté & d'autre de cette pointe, mais il faut être prêt à serper de peur des vents du large.

On apelle ordinairement cette pointe basse, qui est au-dessous du Cap. S. Vitto, la pointe de Mala-morte.

Cap de Ferro.

Environ 20. milles vers le Sud-Ouest du Cap S. Vitto, ou de la pointe de Mala-morte, est la pointe de Trapano, où presque par le milieu de cette distance il y a une haute pointe qu'on apelle Cap de Ferro, elle s'abaisse proche la mer.

Entre la pointe de Mala-morte & le Cap de Ferro, il y a un peu d'enfoncement, où l'on voit une Tour sur une pointe: Et entre le Cap de Ferro & la ville de Trapano, il y a une haute montagne, où est l'ancienne ville de Trapano qui se voit de fort loin; il y a auprés une autre montagne en pain de sucre dont la pointe est fort aiguë.

La Ville de Trapano.

Elle est à l'extremité de la pointe de l'Ouest de la Sicile, & est située sur une longue pointe basse de rochers, & entourée de belles murailles trés-bien fortifiées de toutes parts, avec un trés bon Château du côté de l'Est-Nord'Est, & sur l'extremité de la pointe de l'Ouest, il y a un petit Fort quarré armé de quelques canons.

Fort Colombar.

A un quart de lieuë au Sud Sud-Ouest de cette pointe, il y a une longue Isle platte, & une autre au milieu qui n'est pas si grande; sur l'extremité de la premiere, du côté de l'Est, il y a une grande Tour & quelques fortifications, on l'apelle Tour de Colombar: A l'extremité de la pointe de la Ville, & de l'Isle du milieu, il y a une quantité de rochers hors de l'eau & sous l'eau, & des bancs de sable & mates qui s'avancent plus de 300. toises au large.

On ne peut passer entre les deux Isles, à cause des roches sous l'eau; mais entre la pointe de la Ville & la premiere Isle, on y peut passer avec des bateaux.

A l'extremité de l'Isle Colombar du côté de l'Ouest, il y a un écueil hors de l'eau, qu'on peut ranger assés prés, il y a 2. & 3. brasses au pied.

Les Senelles.

Au Nord'Eſt de la pointe de l'Oueſt de Trapano, environ 2. milles, il y a un petit banc de rochers hors de l'eau & ſous l'eau, qu'on apelle les Senelles, qui eſt fort dangereux; il ne faut pas l'aprocher à plus d'un mille.

Autre Danger.

Environ 9. milles au Nord'Eſt quart de Nord, & 4. milles au Nord-Nord-Oueſt du Cap de Ferro, il y a un autre banc de roches ſous l'eau; il en faut paſſer un peu au large, & prendre garde au rumb de vent cité cy-deſſus.

Danger apellé Loſpoiros.

Droit au Nord-Oueſt quart d'Oueſt de la même pointe de Trapano environ 6. milles, il y a un autre banc de roches à fleur d'eau, où on voit briſer la mer preſque toûjours, on l'apelle Loſpoiros; il eſt auſſi trés-dangereux, parce qu'il ſe trouve à moitié chemin de Trapano à l'Iſle Levanzo, & preſque au paſſage.

Lors qu'on vient du côté de l'Eſt le long de cette côte, ſoit avec des Vaiſſeaux ou des Galeres, aprés avoir doublé le Cap S. Vitto, il faut s'écarter un peu de cette côte, juſques à ce qu'on aye doublé ce banc de roches que nous avons dit être au Nord-Nord-Oueſt du Cap de Ferro, enſuite on découvre les rochers de Senelles, qu'il faut laiſſer à un mille à terre de ſoy, & paſſerez auſſi à un mille au large de la pointe de Trapano: En ſuite on peut ranger à diſcretion la pointe de l'Iſle où eſt la Tour de Colombar, continuant ſa route vers l'Eſt le long de cette Iſle, pour moüiller droit à l'Eſt de cette Tour, environ 500. toiſes & non davantage; & on ſera pour lors à 3. & 4. braſſes d'eau; les Vaiſſeaux moüillent auprés, un peu plus au large, on voit clairement le fond qui eſt d'herbe vazeux: On peut auſſi paſſer entre les Poires & l'Iſle de Levanſo ſans crainte, & ſuivre la route comme il eſt dit.

On ne peut aprocher de la Ville qu'avec des bateaux, encore avec peine & par un canal; tout eſt rempli de vaze & grands herbiez.

Vers l'Eſt de la Tour de Colombar, au-delà du lieu du moüillage, il y a une grande Iſle plate & quelques autres petites aux environs, & pluſieurs marécages, dont on ne peut aprocher qu'avec des bateaux.

La ville de Trapano, comme nous avons dit, eſt ſur une pointe baſſe du côté de l'Eſt, il y a une trés-vaſte plaine, & pluſieurs Salines prés de la mer.

Environ une demy lieuë de la ville de Trapano dans cette plaine, il y a un trés-beau Convent de Peres Carmes, qui eſt ce qu'on apelle Nôtre-Dame de Trapano: il eſt celebre par la quantité de richeſſes des vœux qu'on y fait continuellement; pardelà on voit le vieux Trapano ſur la montagne.

Le Traverſier de la Rade de Trapano eſt le Sud-Sud-Oueſt & Sud-Oueſt; on fait de l'eau à l'entrée de la Ville. La latitude eſt 38. degrez 3. minutes, & la variation 8. à 9. degrez Nord-Oueſt.

A une petite lieuë au Sud de la Tour de Colombar, il y a une Tour quarrée ſur une baſſe pointe qu'on apelle Tour des Salines, & entre les deux eſt un grand enfoncement dont on ne peut aprocher.

Toutes ces côtes de l'Oueſt de Sicile ſont fort baſſes & bordées de Plages de ſable, mais elles ſont hautes dans les terres.

Iſles des Fornigues.

Environ 6. milles à l'Oueſt quart de Sud-Oueſt de la Tour Colombar, ſont deux petites Iſles plates; ſur la premiere il y a un petit fort quarré armé de deux à trois pieces de canon, proche duquel on voit quelques magaſins d'une Madrague qu'on tient ordinairement proche cette Iſle.

Et environ 400. toises vers l'Ouest, il y a une autre Isle aussi plate qu'on apelle Fornigones ; on ne peut passer entre elles, étant remply de roches sous l'eau.

A l'Est-Nord'Est de l'Isle Fornigue où est le Fort, environ un quart de lieuë, il y a une roche sous l'eau, sur laquelle il n'y a que 5. pieds d'eau, mais à cette roche prés on peut ranger ces Isles à discretion.

On peut moüiller du côté du Sud'Est de cette Isle, par 10. à 12. brasses d'eau fond de sable vazeux, à portée du canon de l'Isle, mais on n'y a aucun abry, ce moüillage n'est bon que de beau temps.

De cette Isle au banc des roches nommé les Poires, il y a environ 5. milles droit au Nord quart de Nord'Est, on peut passer aisément entre les deux.

Isle de Levanzo.

L'Isle de Levanzo est à l'Ouest de Trapano à 13. milles, elle a environ 10 milles de circuit, & est presque ronde & trés haute ; elle n'est point habitée & n'a aucun moüillage.

Isle Favoüillane.

Le milieu de cette Isle est à l'Ouest-Sud-Ouest de Trapano, environ 10. milles, dont les Isles des Fornigues se trouvent dans cette route : Elle n'est éloignée de l'Isle de Levanzo que de deux milles vers le Sud, on peut aisément passer entre deux; elle est fort grande & plate du côté de l'Est & du Sud.

Du côté de l'Ouest il y a une grosse montagne, sur laquelle il y a un Fort à quatre bastions fort élevé, apellé Fort Ste. Catherine; il y en a un autre au dessous du côté du Nord, & un petit Village nommé S. Leonardo, auprés duquel il y a un petit Port pour des Barques, où il y a 2. & 3. brasses d'eau ; le vent de Nord y donne à plain ; sur la pointe de la gauche du Port il y a une Tour.

On peut moüiller avec toutes sortes de bâtimens au-dessous du Fort sainte Catherine, par 10. & 12. brasses fond de sable; & avec les Galeres, on porte une amarre à terre vers l'Ouest sous cette Forteresse ; mais il ne faudroit pas s'y laisser surprendre aux vents de Nord-Nord'Est & d'Est, qui sont les Traversiers.

On peut aussi moüiller du côté du Sud de l'Isle Favoüillane, dans un peu d'enfoncement presque par le milieu de l'Isle pour les vents de Nord & Nord-Ouest : Cette Isle a environ 18. milles de tour, & est plus longue que large, elle gist Sud'Est & Nord-Ouest.

Danger.

Presque à moitié chemin de la pointe du Sud'Est de cette Isle, & le prochain terrain de Sicile, il y a un petit banc de roches sous l'eau trés-dangereux, tellement que lors qu'on vient avec un Vaisseau ou autres bâtimens du côté du Sud, il faut ranger à discretion l'Isle Favoüillane pour venir à Trapano, ou passer à terre du banc

Mais je ne voudrois pas y passer de nuit, car il y a trop de dangers, où il faut voir clairement, à moins d'en avoir connoissance avant la nuit.

Isle Maritimo.

C'est une grosse Isle presque ronde & fort haute & inhabitée, où il n'y aucun moüillage ; elle est vers l'Ouest de celle de Levanzo environ 10. milles, on peut passer entre elles sans crainte.

Ces Isles font reconnoître facilement la Sicile.

Comme je n'ay pas esté du côté du Sud de la Sicile, je n'en veux point parler, ayant dessein de ne traiter que de ce que j'ay vû & observé.

DESCRIP

DESCRIPTION DE L'ISLE de Corſe.

LE Cap de Corſe eſt celuy qui s'avance le plus vers le Nord de toute l'Iſle, il eſt de moyenne hauteur proche la mer, mais ſur le terrain il y a de hautes montagnes: Tout proche la pointe du Cap de Corſe il y a une petite Iſle preſque ronde aſſés haute, ſur laquelle on voit une Tour de garde on peut paſſer à terre d'elle.

Vers l'Eſt du Cap de Corſe, il y a un peu d'enfoncement avec une plage de ſable, devant laquelle on pourroit moüiller pour les vents d'Oueſt, mais il ne faudroit pas ſe laiſſer ſurprendre aux vents d'Eſt ou de Sud'eſt.

Cap Sagry.

A 15. milles au Sud-Sud'eſt du Cap Corſe eſt le Cap Sagry, qui eſt une groſſe pointe qui s'avance un peu au large.

La Baſtide.

A 24. milles au Sud 5. deg. vers l'Oueſt du Cap Sagry, eſt l'étang de Brigoglia, communement apellé la Baſtide, qui eſt une vaſte étenduë de marécages & un grand étang au milieu ; où autrefois il y avoit bon moüillage, mais preſentement il y a tres-peu d'eau, & il n'y peut entrer que de petits bâtimens.

Generalement toutes ces côtes ſont fort hautes & tres-peu habitées & fort dangereuſes avec les vents à l'Eſt & Sud'eſt.

Cap Sino.

Environ 18. milles au Sud quart de Sud'eſt de la pointe de la Baſtide eſt le Cap Sino, qui eſt celuy qui s'avance le plus vers l'Eſt de toute l'Iſle de Corſe ; il eſt de moyenne hauteur proche la mer ; mais tout proche il y a une haute montagne en pain de ſucre, & un petit Village, & quelques Tours de garde ſur des pointes.

Dangers.

Vers le Nord'eſt de la pointe du Cap Sino, environ 5. à 6. milles, il y a une roche tres dangereuſe; & à l'Eſt de ce Cap à la même diſtance, il y en a une autre auſſi fort dangereuſe, c'eſt pourquoy il n'en faut point aprocher plus de 9 à 10. milles pour ne rien riſquer.

Cap Meſcario.

Environ 30. milles au Sud-Sud-Oueſt du Cap Sino eſt celuy de Meſcario, qui eſt une autre pointe avancée un peu en mer, & dans les terres ce ſont toutes hautes montagnes ; du côté du Nord & tout proche il y a une petite Iſle.

Porto-Vechio.

Eſt une grande Baye, dans laquelle on peut moüiller pluſieurs Vaiſſeaux & Galeres, & y être à couvert de pluſieurs vents.

Elle

Elle est située du côté de l'Est de l'Isle de Corse vers la pointe du Sud; sa reconnoissance est facile, principalement venant du côté de l'Est : On y voit une haute montagne hachée ou dantelée tres-facile à connoître, & dans une basse terre.

Le Porto-Vechio est tant soit peu plus au Sud de cette terre; lors qu'on aproche du Port on voit quelques petits écueils comme des bateaux qui sont dehors l'entrée; il y en a un droit par le milieu de l'entrée, à une demy lieuë au large, & l'autre proche la pointe de la gauche en entrant à portée de fusil.

A l'Est-Sud'est de l'écueil du Nord, environ deux cables, il y a une seche.

La pointe de la droite en entrant est fort haute, sur laquelle il y a une Tour de garde & quelques rochers hors de l'eau auprés, & des plages de sable.

On voit une autre Tour vers l'Ouest de l'entrée sur une moyenne pointe; elle est entourée de plusieurs rochers hors de l'eau & à fleur d'eau.

Entre ces deux pointes il y a un peu d'enfoncement & une plage de sable, avec une petite Riviere où on peut faire de l'eau.

A 2. milles à l'Ouest-Nord-Ouest du Cap Cigli, il y a une grosse pointe fort haute qui fait l'entrée de ce Port, au pied de laquelle est une pointe de sable qui s'avance sous l'eau un cable & demy au large, à quoy il faut prendre garde.

Il ne faut pas non plus ranger trop sur la droite, ny aprocher trop prés de la pointe du fond où est cette Tour, car il y a des rochers sous l'eau fort au large.

Dans le fond de cette Baye, vers le Sud-Ouest, il y a une Citadelle en assés mauvais ordre, située sur le haut d'une coline, & au dessous dans le fond de la Baye il y a une grande plage de sable & terrain bas, où est un étang & quelques gros arbres de pin.

Presque par tout le fond de cette Baye du côté de l'Ouest, il y a une quantité d'écueils hors de l'eau & sous l'eau, ainsi il ne faut point en aprocher.

Moüillage.

Voulant donc entrer dans le Porto-Vechio, premierement venant du côté du Nord, il faut laisser les écueils de l'entrée sur la gauche; & si on vient du côté du Sud, on peut passer si on veut au milieu de ces gros rochers, dont nous venons de parler, qui y sont; ou entre le Cap Cigli qui est la pointe du Sud'est de Porto-Vechio; & le premier écueil, où il y a 10. brasses d'eau; ensuite s'écarter de la pointe de la gauche, à cause de cette pointe de sable mentionnée cy-devant.

Lors qu'on l'aura doublée on conduira le long de cette côte jusques au proche d'une petite Isle qui est du côté de la gauche en entrant dans le fond, où on moüille au dehors de cette Isle, par 3. 4. & 5. brasses d'eau fond d'herbe vazeux; la Commandante peut porter si elle veut une amarre sur cette Isle.

On ne voit presque point la mer du large à cause des pointes; la latitude est 41. degrez 39. minutes, & la variation de 7. degrez Nord-Ouest.

Le Traversier du Porto-Vechio est l'Est-Nord'est qui y donne à plain, mais on ne le sent point dans le lieu où on est moüillé.

Isles des Gary.

Vers le Sud de la derniere pointe de Porto Vechio, qui est le Cap Cigli, environ 6. milles, il y a une petite Isle ronde, & quelques autres écueils hors de l'eau aux environs du côté de l'Est, qu'on apelle l'Isle des Gary; on peut passer à terre d'elle sans aucune crainte.

Cap Santa Messa.

Environ 15. milles au Sud-Ouest quart de Sud du Cap Cigli, est le Cap Santa Messa ou Meza; où entre les deux il y a un enfoncement, & quelques plages de sable: Le Cap Santa Messa est une longue pointe qui s'avance en mer, & qui est de moyenne hauteur, sur laquelle il y a une Tour de garde, & presque par le milieu de cet enfoncement il y en a une autre sur une eminence.

Du

Du côté du Nord de la pointe Santa Messa, il y a un peu de plage assés enfoncée, où on pourroit moüiller dans un besoin, pour les vents de Sud-Sud-Ouest & Ouest; on y est par 8 à 10. brasses fond d'herbe vazeux.

Environ un mille & demy vers le Sud de la pointe de Santa Messa, il y a un gros écueil hors de l'eau, & plusieurs autres en dehors de luy, à 3 à 4 milles loin vers le Sud-Ouest du premier écueil il y a un banc de roches sous l'eau, qui continuë environ deux milles dans ce même rumb de vent.

De même du côté de la pointe Santa Messa venant vers cet écueil, il y a plusieurs roches aussi sous l'eau, qui vont presque à moitié chemin de l'un à l'autre.

On ne peut passer entre le premier écueil de Santa Messa & ceux du large, quoy qu'il semble y avoir passage, car il y a tout plein de roches sous l'eau.

Mais on peut passer entre eux & les Isles des Gary dont nous avons parlé.

On peut encore passer avec des Galeres entre le Cap Santa Messa & le premier écueil, rangeant à discretion l'écueil pour éviter ces roches sous l'eau qui sont du côté du Cap; il y a tout auprés 13 à 14. pieds d'eau, mais ayant doublé cet écueil il n'y a plus rien à craindre: On voit le fond fort clair, & on y peut passer hardiment, je dis dans un beau temps que la mer ne cave pas.

Il faut aussi avoir égard, aprés avoir doublé ledit écueil, de gouverner sur le Cap de Bonnet de Juif, pour éviter les écueils de la gauche qui sont proche celuy dont nous avons parlé.

Pointe apellée Bonnet de Juif.

Quelques 8. à 9. milles vers le Sud-Ouest du Cap Santa Messa, est une pointe de moyenne hauteur qu'on apelle Bonnet de Juif: Entre ces deux pointes il y a un peu d'enfoncement & des terres basses bordées de plages, devant laquelle on peut moüiller par des vents de Nord-Ouest & Ouest.

A l'extremité de la pointe du Bonnet de Juif, il y a un gros écueil auprés, & quelques autres secantes; & vers le Sud-Ouest de cet écueil, environ un cable, il y a une seche.

Du côté du Sud'Est de ladite pointe, il y a une autre petite Isle plate, & quelques roches à fleur d'eau & sous l'eau trés dangereuses.

On peut neantmoins passer avec des Galeres entre cette Isle & la pointe du Bonnet de Juif, rangeant à discretion les écueils de cette pointe plus proche que l'Isle plate, & continuant cette route un peu de temps, pour éviter la seche qui est auprés du Bonnet de Juif, aprés quoy il n'y a plus rien à craindre.

Cap Blanc.

De la pointe du Bonnet de Juif au Cap Blanc, il y a environ une petite lieuë à l'Ouest quart de Sud-Ouest.

Le Cap Blanc est une longue pointe de roche blanche d'où derive son nom, auprés duquel il y a un gros écueil hors de l'eau: Cette pointe est la plus voisine de l'Isle Sardaigne, dont elle n'est éloignée que de dix milles: On voit aussi dans ce passage 3. à 4 grosses Isles, le long de la pointe du Nord de Sardaigne, qu'on apelle les Isles de la Magdelaine; de sorte qu'entre ces Isles & la petite Isle plate qui est proche la pointe du Bonnet de Juif, il ne reste plus qu'environ 6. milles d'ouverture, qui est ce qu'on apelle Canal, ou Bouche de Boniface.

On y peut passer facilement au milieu avec des Vaisseaux, rangeant un peu plus les Isles de la Magdelaine ou la Sardaigne que la Corse, & sur tout prendre garde aux grands courans des marées qu'il y a, pourveu qu'on ayt le vent favorable, il n'y a rien à craindre.

S. Boniface.

Environ 3. milles au Nord-Ouest du Cap Blanc est l'entrée du Port S. Boniface, facile à reconnoître par la pointe de la droite en entrant, qui est fort haute & escarpée vers la mer, & remplie de taches blanches: Sur le haut de cette pointe il y a une Forteresse, & sur l'autre pointe un Oratoire ou Chapelle de sainte Therese.

Entre le Cap Blanc & cette pointe, il y a un peu d'enfoncement & une plage de fable.

La pointe de la gauche en entrant eft auffi fort haute, & femble prefque Ifle; au-deffous de la Forteresse du côté de l'entrée du Port, on y voit une grande Grotte.

Prés de cette pointe vers l'Eft, il y a une roche fur laquelle il n'y a que 4. pieds d'eau, mais elle n'eft pas plus de 15. toifes loin de terre.

L'entrée du Port S. Boniface ne fe peut voir à moins qu'on ne foit par fon travers; il femble une riviere, & n'a de large qu'environ 80. toifes par les endroits les plus larges, & environ une demy lieuë d'enfoncement.

A l'entrée il y a 15. 14. & 12. braffes d'eau; fur la gauche en entrant un peu au dedans, il y a deux ou trois écueils hors de l'eau, mais on les peut ranger, il n'y a qu'à conduire toûjours par le milieu jufques au fond & devant la Ville, où il y a encore 5. à 6. braffes d'eau; n'ayant rien à craindre tout au long, de part & d'autre de cette Riviere, la côte eft fort haute & nette.

Moüillage.

Dans le fond de ce Port, fur la droite en entrant, il y a une Citadelle confiderable auprés d'une petite Ville, & quelques maifons qui font fur le bord de la mer du même côté.

On moüille ordinairement devant la Fortereffe proche de ces maifons, où on a la poupe, ayant un fer en mer, & trois amarres à terre de part & d'autre, car on n'y peut pas éviter; on y eft par 4. 5. & 6. braffes d'eau fond de vaze.

On fait de l'eau dans le fond du Port en 3. à 4. endroits dans des jardins: L'entrée du Port eft au Sud-Sud-Oueft qui y donne à plain, mais dans le fond, où on eft moüillé, on ne voit point la mer du large, enfuite le Port gift Eft & Oueft jufques au fond.

La Latitude eft 41. degrez 24. minutes, & la variation de fix à fept degrez Nord-Oueft.

Avertiffement.

Comme je n'ay point efté en Sardaigne; & que je ne veux parler que des lieux que j'ay vû, de peur d'être trompé, je n'en dirai rien, & je continuerai le long de la Corfe jufques au delà de Calvi.

Cap de Son.

Environ 5. milles à l'Oueft de l'entrée du Port de S. Boniface, eft le Cap de Son, qui eft une longue pointe avancée en mer vers le Sud-Oueft; elle eft de moyenne hauteur, d'une roche noirâtre & hachée. Proche cette pointe font quelques écueils hors de l'eau; entre ces deux pointes il y a un peu d'enfoncement, & au milieu une petite Calanque de rochers; à l'entrée de laquelle il y a un Iflet, & proche d'une autre pointe font quelques écueils.

Cap Fieno.

A 16. milles vers le Nord-Oueft du Cap de Son, eft le Cap de Fieno; entre les deux il y a un grand enfoncement, & quelques petites plages & rochers le long des pointes, mais ils font proche de terre.

Figari.

Dans le fond de cet enfoncement, il y a une petite Ville fur le bord de la mer qu'on apelle Figari; un peu plus à l'Oueft de Figari, eft une Tour de garde fur une groffe pointe, & auprés il y a une efpece de Château quarré fur une coline: Proche cette pointe il y a un gros rocher contigu, qui eft fort aigu & reffemble de loin à une Tour. A la pointe du Cap Fieno, il y a un gros écueil & quelques petits auprés.

Dangers nommez les Moines.

A l'Oueſt-Nord-Oueſt du Cap de Son 13. milles, & 5. milles droit au Sud du Cap Fieno, il y a un banc de rochers hors de l'eau & à fleur d'eau ; il y en a ſous l'eau qui s'avancent fort loin vers le Sud-Oueſt deſdits rochers, de même du côté de l'Eſt-Sud'Eſt de celles qui ſont hors de l'eau : Il y a encore une autre trainée de roches ſous l'eau à un quart de lieuë loin ; ſi bien que ce banc a environ 3. milles de long, & giſt preſque Nord'Eſt & Sud-Oueſt : Si on veut paſſer à terre de ces rochers, il faut paſſer preſque par moitié chemin de la côte aux rochers qui ſont hors l'eau ; & ſi on paſſe au dehors il faut s'en écarter plus de deux milles ; il n'y a rien à craindre en paſſant à terre d'eux, pourveu qu'on range un peu plus la côte que les écueils.

Cap Negret.

Quelques 5. milles vers le Nord-Oueſt quart de Nord du Cap Fieno, eſt le Cap Negret, ſur lequel il y a une Tour de garde: A la pointe de ce Cap ſont deux gros écueils, & quelques autres petits, mais ils ſont proche de terre ; on en peut paſſer aſſés proche.

Golfe de Campodemore.

Environ 14. milles au Nord-Nord-Oueſt du Cap Negret, eſt la pointe du Sud du Golfe de Ajazo ; entre les deux il y a un grand enfoncement qu'on apelle le Golfe de Campodemore. Dans le fond on y voit trois Tours de garde ſur des pointes élevées, & au proche de ces pointes en certains endroits, il y a quelques petites plages de ſable en enfoncement, où l'on pourroit moüiller avec les vents à la terre ; mais il ne faudroit pas ſe laiſſer ſurprendre aux vents du large, car on ne pourroit s'en retirer.

Sur la pointe du Sud de Ajazo, il y a une Tour de garde ; on en voit trois autres le long de cette côte juſques au fond du Golfe : Il y a auſſi deux gros écueils proche cette pointe, & pluſieurs petits aux environs, & une petite plage de ſable.

Lors qu'on vient du côté du Sud le long de la côte, on ne peut voir ces Tours, à moins d'être par leurs travers.

Golfe de Ajazo ou la Hiace.

Environ 12. milles au Nord quart de Nord-Oueſt, 5. degrez vers l'Oueſt de la pointe du Sud du Golfe de Ajazo eſt le Cap Sangonaire, proche lequel ſont les Iſles du même nom ; entre ces deux pointes eſt le Golfe d'Ajazo, qui a environ 10. milles de profondeur. Dans le fond il y a une grande Plage de ſable & un terrain fort bas, & au milieu quelques écueils hors de l'eau.

La ville d'Ajazo eſt dans le fond de ce Golfe du côté du Nord, ſituée ſur une pointe de moyenne hauteur ; à ſon extremité il y a une Fortereſſe à quatre baſtions qui défend les aproches du moüillage : Au bout de cette pointe il y a pluſieurs écueils hors de l'eau & ſous l'eau, qui s'avancent à une bonne portée de fuſil droit au large, à quoy il faut avoir égard, principalement lors qu'on vient le long de la côte de Nord, ou preſque à moitié chemin du Cap Sangonaire, & de la ville d'Ajazo ; il y a au bord de la plage un écueil, vis-à-vis duquel, environ un cable & demy, il y a une ſeche ; c'eſt pourquoy il ne faut pas ranger cette côte à plus d'un quart de lieuë.

Moüillage.

Le moüillage ordinaire eſt au dedans de cette pointe, entre la Ville & un Convent de Capucins qui eſt au-delà de la Ville ; on y eſt à 5. 6. 7. & 8. braſſes d'eau fond d'herbe vazeux ; on porte une amarre à terre ſuivant qu'on en eſt proche.

Il y a plusieurs écueils le long de cette côte, mais ils sont proche de terre; les Vaisseaux peuvent aussi moüiller en ce même lieu, tant soit peu plus au large.

Environ 2. milles à l'Est de la pointe de la Ville, il y a une Tour sur une pointe, & entre les deux un grand enfoncement & une petite riviere où on peut faire de l'eau.

Il ne faut pas s'avancer plus que le Convent des Capucins, & non pas même si avant, à cause de quelques roches sous l'eau & à fleur d'eau, qui sont au fond de cette plage & presque par le milieu.

Autre Moüillage.

Dans le fond du Golfe, vers le Sud'est de la Ville, il y a un petit banc de rochers hors de l'eau & à fleur d'eau, & à terre d'eux une grande plage de sable, & une petite riviere au milieu.

On peut moüiller avec des Vaisseaux, si on le veut, entre ces écueils & la plage, & passer par le côté du Sud des écueils; les Vaisseaux qui ne voudroient pas entrer au dedans de la pointe de la Ville, peuvent moüiller vers le Sud de cette pointe, par 15. à 20. brasses d'eau, mais on n'y a aucun abri des vents du large qui y sont furieux.

Les Traversiers du moüillage proche les Capucins, sont les vents de Sud & Sud'est qui y donnent à plain, mais ils n'y peuvent causer de grosse mer; on est à couvert de la mer & des vents du large en ce lieu.

La Latitude est de 41. degrez 55. minutes, & la variation de 6. degrez Nord-Ouest.

On peut aussi moüiller avec les vents de Nord & Nord-Ouest, au dedans du Cap Sangonaire, où il y a une plage de sable; on y sera par 12. à 15. brasses d'eau, à un quart de lieuë de terre.

Cap Sangonaire.

Le Cap Sangonaire est, comme il a esté dit, la pointe du Nord du Golfe d'Ajazo: Sur le bout de cette pointe qui semble isolée, il y a une Tour ronde armée de quelques canons, & tout proche de cette pointe il y a un gros écueil hors de l'eau.

Isles Sangonaires.

A 2. milles à l'Ouest Sud Ouest du Cap Sangonaire, est la grosse Isle des Sangonaires qui est fort haute; sur son sommet il y a une Tour armée de deux pieces de canons, & au dehors sur une petite eminence il y en a une autre plus petite à l'extremité de l'Isle: A la pointe de cette Isle il y a plusieurs rochers hors de l'eau & sous l'eau qui vont fort au large.

Du côté de l'Est de l'Isle Sangonaire, il y a 2. à 3. gros écueils; il n'y a point de passage entre l'Isle & ces écueils: Mais entre le gros écueil & le Cap Sangonaire, il y a environ 4. à 500. toises de large, & 6. brasses de profondeur d'eau; ainsi on y peut passer avec toutes sortes de bâtimens à mi-canal, en rangeant tant soit peu plus l'écueil que la pointe du Cap Sangonaire.

Avertissement.

Les Cartes Hollandoises, & les Miroirs de mer, & la plûpart même des autres Cartes, marquent les Isles Sangonaires à 12. à 15. milles au large de la côte, quoy qu'il n'y ayt, comme je viens de dire, que 4 à 500. toises le plus; & depuis l'extremité de ces Isles avec tous les dangers il n'y a pas plus d'une lieuë: Ces Cartes ne marquent point aussi une infinité de rochers, qui sont, comme nous avons dit, du côté de l'Est de la pointe du Sud de l'Isle de Corse; ils en marquent devant la Ville de Calvi à l'ouverture de cette anse, quoy qu'il n'y en ait point.

Il faudroit un second Volume pour relever toutes les fautes de ces Cartes & Miroirs, il suffit de dire qu'ils sont tres-infidelles.

C'est ce qui m'obligea il y a quelque temps de donner une Carte de la mer Mediterranée, corrigée sur mes Observations dans les lieux où j'ay esté; & dans les autres lieux où je n'ay pas esté, sur les meilleurs Memoires que j'ay pû trouver.

Cap

Cap Sabon.

Environ 8. à 9. milles vers le Nord du Cap Sangonaire, eſt le Cap Sabon, qui eſt une groſſe pointe ſur laquelle on voit une Tour de Garde, proche laquelle vers le Sud-Oueſt il y a un gros Iſlet & un écueil auprés.

Cap Roux.

A 15. milles vers le Nord du Cap Sabon, eſt le Cap Roux, qui eſt une groſſe pointe, laquelle paroit de loin iſolée: Entre les deux il y a un grand enfoncement, où l'on pourroit moüiller avec les vents à la terre.

Cap Lougarbe.

Quelques 11. à 12. milles vers le Nord du Cap Roux eſt le Cap Lougarbe, qui eſt une groſſe pointe fort hachée par le haut, au bout de laquelle il y a une petite Iſle, ſur laquelle eſt une Tour de garde: On ne peut paſſer entre cette Iſle & la terre qu'avec des bateaux, & il ne la faut pas ranger trop prés

Entre ces deux pointes il y a un enfoncement & quelques Calanques, où on pourroit moüiller dans un beſoin avec les vents à la terre, mais il ſeroit dangereux d'y être ſurpris par les vents du large.

Cap Revelate.

Environ 22. milles au Nord'eſt, 5. degrez vers le Nord du Cap Lougarbe, eſt le Cap de Revelate: Entre les deux il y a un grand enfoncement, & preſque au milieu un Village nommé Girelatte, où on voit une Tour du côté de l'Oueſt, devant laquelle on peut auſſi moüiller dans une neceſſité avec les vents à la terre.

Porte-Galere.

Du côté de l'Eſt de Girelatte, & au derriere d'une pointe, il y a un autre petit enfoncement qu'on apelle Porte-Galere, où on peut moüiller par les vents de Nord'eſt.

Et auprés de ce lieu, allant au Nord'eſt, il y a une groſſe pointe nommée Cap Cavalle, ſur le haut de laquelle il y a une Tour de garde, & proche la pointe il y a un gros écueil: On voit enſuite une groſſe pointe qu'on apelle la Revelatte; du côté de l'Oueſt il y a un peu d'enfoncement, & quelques écueils hors de l'eau.

Et environ un mille vers l'Eſt-Nord'eſt de cette pointe, on trouve le Cap de Revelatte qui fait l'entrée de la Baye de Calvi; prés de ce Cap il y a un gros écueil, entre lequel & la terre on ne peut paſſer qu'à peine avec des bateaux, mais on le peut ranger de fort prés, y ayant 6. à 7. braſſes au pied.

La reconnoiſſance de Calvi eſt facile par cet écueil, outre qu'on voit un grand enfoncement, où preſque par le milieu & ſur une pointe on y découvre la Fortereſſe de Calvi, ſur un haut rocher.

Calvi.

Environ 8. milles à l'Eſt 5. degrez vers le Nord du Cap de Calvi, eſt le Cap Deſpano; entre les deux il y a un grand enfoncement qui fait la Baye de Calvi.

Et 4. milles au Sud'eſt quart d'Eſt du Cap Revelatte, eſt la Ville de Calvi, qui eſt une petite Ville de de Guerre, située sur le haut d'une pointe de rochers, fortifiée de toutes parts, bien munie de canon, & fort escarpée du côté de la mer; vers l'Ouest de la Forteresse il y a une pointe d'un gros rocher fort haut, proche duquel on voit une Chapelle sur une autre hauteur: Et entre cette pointe & celle du Cap Revelatte, il y a un enfoncement & un peu de plage, dans laquelle on pourroit moüiller avec des Galeres, pour les vents d'Ouest, lors qu'on y seroit contraint.

De l'autre côté & vers le Sud de la Ville de Calvi, il y a une grande plage de sable: On peut aisement moüiller par toute cette plage; mais le meilleur endroit est proche la Ville, à deux cables loin de terre, où on sera par 4. 5. à 6. brasses d'eau fond de sable & quelques mattes de vaze, ayant un fer en mer vers le Sud'est, & une amarre à terre au Nord-Ouest.

Il ne faut pas s'avancer dans cette anse plus que le dernier bastion de la Ville.

On y peut moüiller plusieurs Galeres; on y est à couvert des vents de Nord-Nord'est, qui raze la pointe de la Ville, & qui est le traversier de cette Baye; mais étant au vray moüillage, comme nous venons de dire, on ne voit point la mer du large, on n'y ressent qu'un gros ressac de la mer, qui vient rouller le long de la plage.

On peut ranger tant proche qu'on voudra la pointe de la Ville, il y a 3. brasses d'eau au pied; les Vaisseaux y peuvent aussi moüiller. Les vents de Sud & Sud-Ouest y doivent être rudes: car ils viennent entre des hautes montagnes, & doivent causer de grosses raffalles, mais ils ne peuvent causer de mer.

Hors la Forteresse il y a une petite Tour de garde sur le bord de la mer, & un Convent de S. François: Dans le fond de la plage il y a une grande plaine, un étang & plusieurs marecages, mais tout proche ce sont de hautes montagnes. On y trouve beaucoup de rafraichissemens à bon compte, & quantité de moutons & volailles.

On fait de l'eau à une petite riviere qui est dans le fond de la plage vers l'Est environ deux milles, prés de laquelle il y a une grande maison qui la fait reconnoître.

On peut moüiller par toute la Rade de Calvi plusieurs Vaisseaux & Galeres; dix à douze Galeres y seront fort à couvert des vents du large.

Cap Despano.

Environ 5. milles au Nord'est, 5. degrez vers l'Est de la Ville de Calvi, est le Cap Despano, qui est une longue pointe basse avancée en mer, laquelle fait l'entrée de la Baye de Calvi du côté de l'Est.

Sur le bout de cette pointe il y a une Tour de garde qui est ronde, & un peu au-dessus sur une hauteur il y a un petit Fort quarré, armé de deux à trois pieces de canon. A l'extremité de cette pointe sont plusieurs rochers hors de l'eau & sous l'eau, qu'il ne faut pas aprocher.

Lalgalogne.

Environ 4. milles à l'Est-Nord'est, 5. degrez vers l'Est du Cap Despano, il y a un petit village nommé Lalgalogne situé sur le bord de la mer, & au-dessus de ce Village on en voit quelques autres à la montagne.

Danger.

Environ 3. à 4. milles vers le Nord-Nord-Ouest de ce Village, il y a une seche, sur laquelle il n'y a que quatre pieds d'eau, il faut s'en écarter.

Cap de la Cholle.

A l'Est-Nord'est 5. degrez vers le Nord du Cap Despano, environ 9. milles, est le Cap de la Cholle, où entre les deux il y a un enfoncement de terres basses proche la mer, au pied de hautes montagnes.

Isle Rousse.

A dix milles à l'Est-Nord'est du Cap Despano est l'Isle Rousse, qui est presque vis-à-vis du Cap de la Cholle, & tout proche, sur la pointe du Sud-Oueст de cette Isle, il y a une Tour de garde armée de deux canons; on ne peut passer à terre d'elle qu'avec des bâteaux. Proche de cette Isle il y a un gros écueil hors de l'eau; on pourroit moüiller du côté de l'Est avec des Barques seulement: De la Ville de Calvi au Cap Corse, la route est le Nord'est 7. degrez vers l'Est, environ 45. milles: Entre l'Isle Rousse & le Cap Corse il y a un grand enfoncement qu'on apelle le Golfe de Fiorenza.

Et comme je n'y ay pas esté je n'en parlerai pas.

Toutes ces côtes generalement sont fort hautes, principalement vers Calvi & le Cap Lougarbo, où on voit une haute montagne qu'on apelle le Relevé de Calvi.

DESCRIPTION DE LA BAYE d'Alger & des Environs.

LA Baye d'Alger qui est sur les côtes de Barbarie est fort grande; elle est entre la pointe de Matifou & celle du Cap Cascine, située presque Est & Ouest, environ 18. milles.

Entre les deux il y a un grand enfoncement d'environ 5. à 6. milles: Ce sont toutes terres basses proche la mer, bordées de plages de sable, où coulent deux petites rivieres: Mais dans les terres il y a plusieurs montagnes.

Le Cap Matifou est la pointe de l'Est de la Baye d'Alger, il est bas, & il y a auprés de ce Cap plusieurs rochers hors de l'eau & sous l'eau, de sorte qu'il ne faut pas s'en aprocher de trop prés à cause de ces roches.

On y moüille du côté de l'Ouest avec les Galeres, par 7. 8. & 10. brasses d'eau fond d'herbe vazeux, à portée d'un canon de terre: On y est à couvert des vents de Nord'est & Nord-Nord'est, mais on y est tout à decouvert de l'Ouest & du Nord Ouest, qui y cause une tres grosse mer.

Au bout de cette pointe vers le Nord-Ouest, environ deux milles, il y a un banc de roches sous l'eau, où la mer brise de mauvais temps, à quoy il faut avoir égard: Lors qu'on vient du côté de l'Est & qu'on veut y aller moüiller, il faut alors faire un grand tour.

Il y a un autre banc de roches fort dangereux au Nord-Nord-Ouest de la pointe de Matifou, environ 2 milles, & à l'Est-Nord'est de ladite pointe, environ 4. à 5. milles, il y a deux petites Isles, dont une est fort haute; elles sont éloignées de la côte environ un mille.

La Ville d'Alger.

Elle est du côté de l'Ouest de cette Baye, située au penchant d'une montagne & en amphiteatre, & paroit de loin fort blanche par ses murailles, par la quantité de maisons qui sont aux environs, & par plusieurs Forteresses qui sont d'un côté & d'autre.

Devant la Ville il y a un Môle où les Vaisseaux & Galeres moüillent; il se ferme à chaine le soir; l'entrée en est du côté du Sud, joignant le Môle du côté du Nord, il y a une grosse Tour tres-considerable, laquelle a trois batteries l'une sur l'autre & de fort bon canon. Sur le haut de cette Tour il y a une lanterne qu'on allume le soir, c'est ce qu'on apelle le Fanal: Cette Tour est située sur des rochers ras la mer; auprés d'elle il y a encore une batterie ras la mer de 6. grosses pieces de canon.

Tout le long de ce Môle il y a quantité de batteries de canon, comm'aussi tout le devant de la Ville, où il y a plusieurs bastions & autres fortifications, bien munies de canon.

Du côté du Sud de la Ville, & proche la mer, il y a un Fort à double batterie qu'on apelle Babasou, & au dessus sur une hauteur il y a un autre Fort à étoile, avec une Tour au milieu apellé

apellé le Fort de l'Emperador; il y en a encore un autre sur la même coline entre la Ville & le precedent.

Et du côté du Nord proche les murs de la Ville, il y a aussi un Fort considerable nommé Babalouet; au dessous il y a prés la mer une tres-bonne batterie.

On peut moüiller par toute la Baye d'Alger, mais le meilleur est vers l'Est-Sud'est de la Ville, à une petite demy lieuë, par 18. & 20. brasses d'eau fond de vaze, & un peu plus au large il y a 25. à 30. brasses d'eau.

On y est à decouvert de tous les vents du large, le Nord'est Nord & Nord-Ouest sont les traversiers, ils y causent de grosse mer; la latitude est 36. degrez 50. minutes, & la variation de 5. à 6. degrez Nord-Ouest.

Cap Cassine.

Le Cap Cassine est une grosse pointe qui vient en abaissant vers la mer; elle fait, comme nous avons dit, l'entrée de la Baye d'Alger: Entre la Ville d'Alger & ce Cap, il y a une pointe basse qu'on apelle Cap de la Pescade, proche duquel sont plusieurs roches hors l'eau.

Tour de Cachique.

A l'Ouest Sud-Ouest du Cap Cassine, environ 18. milles, est la Tour de Cachique, qui est sur une pointe un peu avancée vers l'Ouest, au bout de laquelle il y a quelques écueils hors de l'eau & sous l'eau proche la terre.

Du côté de l'Ouest de cette pointe, il y a un peu d'enfoncement, & une plage de sable où on peut moüiller, & y être à couvert des vents de Nord & Nord'est; on y moüille par quatre à cinq brasses d'eau.

Cercelli ou Cercelle.

Environ 25. milles à l'Ouest quart de Sud-Ouest de la pointe de Cachique, est le Cap de Cercelli, qui est une grosse pointe ronde; entre les deux il y a un peu d'enfoncement, & une grande plage de sable, & au milieu une petite riviere.

Et 6. milles à l'Ouest-Sud-Ouest de cette pointe est la Ville de Cercelle, qui est une petite Ville située sur le bord de la mer: On la reconnoît lors qu'on vient du côté de l'Est, par cette grosse pointe que nous avons dit être le Cap Cercelli, prés duquel il y a deux gros écueils un peu écartés l'un de l'autre.

Et environ six milles vers l'Ouest on voit un valon dans lequel il y a de vieilles arcades, & auprés est la Tour de Cercelli.

Devant la Ville il y a comme une Peninsule assés haute, sur laquelle est une petite Mosquée: Entre la Ville & la Peninsule il y a une petite langue de terre basse, qui fait un peu d'enfoncement: On y peut moüiller avec des moyens bâtimens; on y est à l'abry des vents du Nord Ouest & Nord-Nord-Ouest; l'entrée est du côté de l'Est: A l'entour de cette Peninsule il y a quelques écueils hors de l'eau & sous l'eau, mais assés proche.

Il y en a encore d'autres du côté de l'Est, proche une autre pointe sur laquelle on voit une Mosquée: Cette Ville est située proche la mer sur un côteau; Devant la Ville il y a deux bons bastions bien munis de canons; elle est enceinte de murailles, principalement vers la mer, & au pied de hautes montagnes.

EXTRAIT DES ROUTES ET DISTANCES contenuës dans ce Volume, le long des Côtes d'Espagne, Catalogne, Provence, Italie, & autres.

Reduites en milles de France à trois pour une lieuë & 60. pour un degré; celles de Provence à 75. par degré, selon l'usage de la mer Mediterranée, & suivant les Rumbs de vents de la Boussole.

	mil. de Franc.	mil. de Prov.
De la Tour S. Sebastien qui est proche de Cadix à la Tour & Isle Sainte Petre, la Route est le Sud quart de Sud'est.	13	16
De la Tour Ste. Petre au Cap Trafalgar, gist Sud-Sud'est.	12	15
De la Tour sainte Petre à la Seche de Trafalgar nommée la Seitera.	13	16
Du Cap Trafalgar au Cap Dispartel en Barbarie, Sud.	20	25
Du Cap Dispartel à la pointe de Ceuta, la route est presque à l'Est environ.	29	36
Du Cap Trafalgar au Cap de la Platta, Sud'est.	9	11
Du Cap de la Plate, aux Basses de Tariffe, nommées Laslahias à celle du Sud, & qui est la plus au large, la route est Sud'est quart Sud.	7	9
De cette même Basse à l'Isle Tariffe, Est quart Nord'est.	2½	3
Du Cap de la Platte à l'Isle Tariffe, Sud'est 5. degrez vers l'Est.	9	11
De l'Isle Tariffe au Cap Carnero, Est Nord'Est.	11	14
Du Cap Carnero à la pointe de Gibraltar, Est quart Nord'est.	6	8
De la pointe de Gibraltar à celle de Ceuta, Sud.	16	20
De la pointe de Gibraltar à Estepone, Nord'est quart Nord 5. deg. vers le Nord. La Malebaye est entre-deux.	20	25
D'Estepone à Marbelle, Nord'est.	10	13
De Marbelle à Fangerolle, la côte court presque à l'Est quart Nord'est.	17	21
De Fangerolle au cap Molinero, Est quart Nord'est.	7	9
Du Mont Gibraltar au cap Molinero, Nord'est quart d'Est 3. degrez vers le Nord.	50	62
Du cap Molinero à la ville de Malaga, Nord'est quart d'Est.	8	10
De Malaga à Vellez Malaga, la côte court à l'Est cinq degrez vers le Nord.	15	19
De Vellez Malaga à la pointe de Porto de Torres, Est quart Sud'est.	10	13
De la pointe de Porto de Torres à celle d'Almunecar, Est quart Sud'est.	6	7
De la pointe d'Almunecar à celle de Salbrune, Est quart Sud'est.	5	6
De la pointe de Salbrune au cap Sacrastil, Est-Sud'est 3. degrez vers le Sud. Motril est entre-deux.	10	12
Du cap Sacrastil à la pointe de Berge, Est cinq degrez vers le Sud.	19	24
De la pointe de Berge à celle de la Roquette, Est-Nord'est.	9	11
De la pointe de la Roquette à Almerie, Nord'est quart d'Est.	8	10
D'Almerie à la pointe de l'Ouest du cap de Gatte, Sud'est deux degrez vers le Sud.	17	21
De la pointe de Berge à la pointe de l'Ouest du cap de Gatte, Est quart Sud'est 3. degrez vers le Sud.	27	34
De la pointe de l'Ouest du cap de Gatte à celle de l'Est dudit, la côte court à l'Est quatre degrez vers le Sud.	10	12
De la pointe de l'Est du cap de Gatte à l'Isle Combrera, qui est vis-à-vis de Cartagene, la route est le Nord'est quart d'Est, deux degrez vers l'Est.	82	10[illegible]

	mil. de Franc.	mil. de Prov.
De l'Isle Combrera au cap de Palle, Est quart Nord'est.	20	25
Du cap de Gatte au cap de Palle, Est-Nord'est cinq degrez vers le Nord.	100	125
Du cap de Palle à l'Isle grosse, Nord cinq degrez vers l'Est.	8	10
Du cap de Palle à l'Isle Fournigue, Est quart Nord; c'est à dire aux écueils les plus au large.	3	4
De l'Isle Fournigue du cap de Palle, à l'extremité de l'Isle Plane proche le cap S. Paul, la route est le Nord-Nord'est.	35	44
Du cap de Palle au cap S. Martin, la route est le Nord'est quart de Nord.	77	96

Les Côtes de Valence.

	mil. de Franc.	mil. de Prov.
DE l'Isle Plane à la ville d'Alicant, Nord cinq degrez vers l'Est.	12	15
D'Alicant au cap la Houerte, Sud'est quart d'Est.	3	3
Du cap la Houerte au mont Benidorme, Nord'est quart d'Est.	14	17
Du mont Benidorme au mont de Carpi, Nord'est.	7	9
Du mont de Carpi au cap de Lanau proche le cap S. Martin, Nord'est.	11	14
Du cap de Lanau au cap S Martin, Nord-Ouest; l'Isle S Martin est entre-deux.	3	4
Du cap S. Martin au cap S. Antoine, Nord-Nord-Ouest.	4	5
Du cap S. Antoine à Denia, Nord Ouest.	6	7
De Denia au cap Coulibre, Nord-Nord-Ouest.	27	34
Du cap Coulibre à l'entrée de la riviere de Valence, autrement le Grao, Nord-Nord-Ouest 4. degrez vers l'Ouest.	23	29
De la riviere de Valence au cap d'Oropesso, Nord'est quart d'Est.	43	54
Du cap de Lanau proche celuy de S. Martin au cap d'Oropesso, Nord trois deg. vers l'Est.	80	100
Du cap de Lanau aux Isles Coulombrettes, Nord quart Nord'est trois degrez vers le Nord.	73	92
Du cap de Lanau à la pointe de l'Ouest de l'Isle d'Ivice, Est-Nord'est 6. degrez vers l'Est.	35	44
Du cap de Lanau à l'Isle Formentiere, Est quart Sud'est six degrez vers le Sud.	50	62
Du cap d'Oropesso à Peniscola, Nord'est quart Nord.	19	24
De Peniscola à la pointe de la Rabitta du Soffa, Nord'est quart Nord deux degrez vers l'Est.	19	24

Les Côtes de Catalogne.

	mil. de Franc.	mil. de Prov.
DE Peniscola au dehors des basses terres du Soffa, Nord'est quart d'Est.	20	25
De l'extremité de ses basses terres à la pointe de Salo, Nord'est cinq degrez vers le Nord.	38	47
De l'Isle Coulombette à la montagne de la Rabitta du Soffa, Nord cinq degrez vers l'Est.	40	50
De l'Isle Coulombrette à la pointe de Salo, Nord-Nord'est, huit degrez vers l'Est.	70	87
De la pointe de Salo à Taragonne, Nord'est quart Nord.	6	7
De la pointe de Salo à celle du Castel-Ferro, Est-Nord'est deux degrez vers l'Est.	30	37
De la pointe de Castel-Ferro à l'extremité de la basse pointe du Bregal, Est deux deg. vers le Nord.	11	14
De cette basse pointe à celle de Mont Juy, Nord-Nord'est.	3	4
De Mont-Juy à Barcelone, Nord-Nord'est.	1½	2
De Mont-Juy à Mataron, Nord'est quart d'Est.	13	16
De Mataron à Blane, Est Nord'est.	13	16
De Blane à S. Filliou, Est-Nord'est deux degrez Nord.	12	15
De Mont-Juy à la pointe de S. Filliou, Est-Nord'est cinq degrez vers le Nord.	40	50

De

	mil. de Franc.	mil. de Prov.
De saint Filliou à la pointe de l'Est de Palamos, Nord'est.	8	10
De la pointe de Palamos aux Fournigues, Est-Nord'est trois degrez vers l'Est.	3½	4
De la pointe de Palamos au Cap S. Sebastien ou d'Agroffredy, Nord'est quart d'Est deux deg. vers l'Est. Les Fournigues sont au milieu.	6	7
Du Cap saint Sebastien au Cap Begu, Nord quart Nord'est.	3	4
Du Cap Begu aux Isles des Medes, gît Nord.	4	5
Du Cap S. Sebastien à l'Isle qui est à la pointe du Cap de Creau, gît Nord-Nord'est 4. deg. vers le Nord.	28	35
Du Cap S. Sebastien aux Isles du Château-d'If ou de Marseille, la route est le Nord'est quart d'Est deux degrez vers le Nord.	120	150
Des Isles des Medes à la Citadelle de Rose, Nord quart Nord-Ouest.	13	16
Des Isles des Medes au Port du Cadequié, Nord quart Nord'est trois degrez vers l'Est.	15	19
De la Citadelle de Rose au Port de Cadequié.	8	10
Du Port de Cadequié à la pointe du Cap de Creau, Nord'est quart de Nord.	5	6
Du Cap de Creau aux Isles de Marseille, Nord'est quart d'Est cinq degrez vers l'Est.	100	125
Du Cap de Creau à la Selve, Ouest-Nord-Ouest.	6	7
De la Selve à l'Ansan, Ouest quart Nord-Ouest.	5	6
Du Cap de Creau à Port-Vendre, Nord-Ouest cinq degrez vers le Nord.	18	22

Les Côtes du Languedoc.

	mil. de Franc.	mil. de Prov.
De Port-Vendre au Cap Leucatte, Nord sept degrez vers l'Ouest.	27	34
Du Cap Leucatte au Cap S. Pierre, Nord'Est quart d'Est trois degrez vers le Nord.	17	21
La Riviere de Narbonne est presque au milieu de l'un à l'autre.		
Du Cap S. Pierre au Fort de Brescou proche d'Agde, gît Nord'est quart d'Est.	12	15
Du Fort de Brescou au Port de Cette, Sud-Ouest.	11	14
Du Port Vendre au Port de Cette, Nord'est quart de Nord cinq degrez vers le Nord.	58	72
Du Port Vendre aux Isles de Marseille, la route est l'Est-Nord'est quatre degrez vers l'Est.	106	132
Du Port de Cette à l'entrée de la Maguelone, Nord'est quart d'Est.	13	16
Du Port de Cette à la pointe de l'Espiguette, gît Est.	25	31
De la pointe de l'Espiguette à l'entrée des saintes Maries, gist Est.	3	4
De l'entrée des saintes Maries à la pointe de Bauduf, qui est l'extremité de la pointe des Tines, Sud'est.	12	15
Du Port de Cette à la pointe des Tines, Est quart Sud'est.	38	47
Du Port de Cette aux Isles de Marseille, Est quart Sud'est deux degrez vers le Sud.	72	90

Côtes de Provence.

	mil. de Franc.	mil. de Prov.
De l'extremité de la pointe des Tines à la Tour de Bouc, Est-Nord'est quatre degrez vers l'Est.	17	21
De la pointe des Tines au Cap Couronne, Est quart Sud'est.	20	25
Du Cap Couronne au Port de Marseille, Est quart Sud'est.	14	18
Du Cap Couronne à l'Isle Planiez, Sud'est quart Sud.	11	14
Du Cap Couronne à l'Isle de Mayre, qui est proche la pointe du Cap Croisette, Sud'est quart d'Est quatre degrez vers le Sud. Le Golfe de Marseille est entre-deux.	15	19
De l'Isle de Mayre à l'Isle de Riou, Sud'est quart de Sud.	3	4
De l'Isle de Mayre au Cap de l'Aigle, Est-Sud'est cinq degrez vers le Nord. Cassy est entre-deux.	15	19

	mil. de Franc.	mil. de Prov.
De Cassy à la Seche nommée Cassidagne, Sud. La Ciotat est de l'autre côté du Cap de l'Aigle.	5	7
Du Cap de l'Aigle à la pointe des Raveaux & des Ambiez, dont la Rade du Brusc est du côté du Nord'est, gist Sud'est cinq degrez vers le Sud.	10	13
De la pointe des Ambiez au Cap Sicié, Sud'est quart Sud.	4	5
Du Cap Sicié au Cap Sepet, Est-Nord'est trois degrez vers le Nord.	5	6
Du Cap Sepet à la grande Tour de Toulon, Nord-Ouest.	2	3
Du Cap Sicié à l'Isle Ribaudas proche l'Isle Porquerole, gist Est quart Sud'est.	20	25
Du Cap Sepet à l'Isle Ribaudas, Sud'est quart d'Est.	15	1
De l'Isle Ribaudas à la pointe des Badines, Nord'est quart d'Est.	3	4
De l'Isle Ribaudas au Cap de Benat, Est-Nord'est deux degrez vers l'Est. Entre les deux est la Baye d'Hiere.	17	21
De la pointe des Badines au Magasin de Capeaux, Nord-Nord'Est.	8	10
De Capeaux au Cap de Benat, Est-Sud'est trois degrez vers l'Est.	10	12
De la pointe de l'Est du Cap de Benat à l'écueil nommé la Boutte, Nord'est quart d'Est.	2	2½
Du Cap de Benat au Cap Taillar, Est quart Nord'est.	14	17
Du Cap Taillar au Cap Lardiez, Nord'est.	3	4
Du Cap Lardiez à l'écueil nommé la Moutte, proche le Cap S. Tropez, gist Nord-Nord'est.	4	6
Du Cap Lardiez à la pointe de Nagaye, Nord'est cinq degrez vers le Nord.	13	16
Du Cap Lardiez au Cap de la Garoupe, Nord'est quart d'Est.	28	35
Du Cap Lardiez à Ville-Franche, Nord'Est quart d'Est.	40	50
De la pointe de l'Est de Nagaye à l'écueil nommé la Boutte, Est-Sud'est.	1½	2
De la Boutte aux Isles sainte Marguerite, Est-Nord'est.	10	12
De l'Isle sainte Marguerite au Cap de la Garoupe, Est-Nord'est. La rade de Gourgean est entre les deux.	3	4
Du Cap la Garoupe à Ville-Franche, Nord'est quart d'Est cinq degrez vers le Nord.	12	15

Côtes d'Italie.

De la pointe de l'Est de Ville-Franche à Monaco, Nord'est.	6	7
De la pointe de Ville-Franche à celle de la Bordiguere, Est Nord'est.	16	20
De la pointe de Ville-Franche au Cap d'Oneille, Est quart Nord'est 4. degrez vers le Nord.	40	50
De Monaco à la Bordiguere, Est quart Nord'est.	11	14
De la Bordiguere au Cap de l'Ouest de saint Reme, gist Est.	2½	3
Du Cap de l'Ouest de S. Reme à celui de l'Est, Est quart Nord'est 3. degrez vers l'Est; S. Reme est au milieu.	4	6
Du Cap saint Reme au Cap d'Oneille, Est quart Nord'est trois degrez vers le Nord.	16	20
Du Cap d'Oneille au Cap Delmelle, Nord'est quart d'Est.	7	9
Du Cap Delmelle à l'Isle d'Albengue, Nord'est quart de Nord. Araiche est entre les deux.	5	6
Du Cap Delmelle au Cap de Noli, Nord'est.	20	25
Du Cap Delmelle à Genes, Nord'est quart d'Est.	45	56
De l'Isle d'Albengue au Cap de Noli, Nord'est.	15	19

Côtes de Genes.

DU Cap de Noli au Cap de Vay Nord Nord'est.	6	7
Du Cap de Noli à Genes, gît Est-Nord'est.	25	31
Du Cap de Vay à Genes, Est quart Nord'est.	21	26
De Genes au Mont Porto-Fin, Sud'est quatre degrez vers l'Est.	10	12

	mil. de Franc.	mil. de [illegible]
De la pointe de l'Oueſt du Mont Porto Fin à celle de l'Eſt du Porto-Fin, gît Eſt.	5	6
De la pointe de Porto-Fin au Cap Sincoterre, Sud'eſt deux degrez vers le Sud.	18	22
De Porto-Fin à Porto-Venerć.	32	40
Du Cap Sincoterre à l'entrée de Porto-Veneré, Sud'eſt trois degrez vers l'Eſt.	9	12
De l'Iſle Palmaria de Porto-Veneré à Ligourne, Sud-Sud'eſt cinq degrez vers l'Eſt.	35	44
Du Mole de Ligourne à la Malore, Oueſt huit degrez vers le Nord.	5	6
De Ligourne à l'Iſle Gourgone, Oueſt quart Sud-Oueſt.	23	29
De Ligourne au Cap Corſe, Sud-Oueſt ¼ d'Oueſt.	55	68
De Ligourne à l'Iſle Cabrera, Sud-Oueſt deux degrez vers le Sud.	35	44
De Ligourne au Cap Montenegre, Sud quart Sud'eſt deux degrez vers l'Eſt.	5	7
Du Cap Montenegre au Cap Baratte, Sud-Sud'eſt cinq degrez vers le Sud.	20	32
La ſeche de Vade eſt par le milieu & dans le même alignement.		
De Ligourne au Porto-Ferrare dans l'Iſle d'Elbe, Sud neuf degrez vers l'Oueſt.	45	57
De Ligourne au milieu du Canal de Piombin, Sud quart Sud'eſt.	45	57
Du Cap Baratte au Cap Piombin, Sud'eſt.	5	6
Du Cap Piombin à la pointe du Nord'eſt d'Elbe, Oueſt-Sud-Oueſt.	11	14
De la pointe du Nord'eſt d'Elbe à la premiere Iſle du canal nommée Palmaria, gît Eſt quart Sud'eſt.	6	8
De la pointe du Nord'eſt d'Elbe aux Fournigues de Talamon, Sud'eſt.	34	39
De ladite pointe à la pointe du large du Mont-Argentat, Sud'eſt trois degrez vers le Sud.	45	56
Des Fournigues à la pointe de ſaint Eſteve, Sud'eſt.	12	15
De la pointe de l'Oueſt du Mont-Argentat à l'Iſle de Jully, Oueſt.	10	12
De cette même pointe à l'Iſle Januti, Sud-Sud-Oueſt.	11	13
De cette même pointe à celle de l'Eſt du dit Mont-Argentat, Sud'eſt.	4	6
De la pointe de l'Eſt du Mont-Argentat à Civita-Vechia, Sud'eſt ſix degrez vers l'Eſt	34	43
De Civita Vechia au milieu de l'Iſle de Ponce, Sud'eſt quart Sud.	90	112
De Civita-Vechia au Mont Cercelle, Sud'eſt.	80	100
De Civita-Vechia au Cap d'Ancio, Sud'eſt.	54	67
De Civita-Vechia à la pointe ſainte Marinelle, Sud'eſt quart de Sud.	5	6
De ſainte Marinelle à la pointe du Fieumachin, qui eſt l'entrée de la riviere de Rome, autrement le Tibre, Sud'eſt quatre degrez vers l'Eſt.	22	27
De la pointe du Fieumachin au Cap d'Ancio, Sud'eſt deux degrez vers le Sud.	27	34
Du Cap d'Ancio à l'extremité du Mont-Cercelle, Sud'eſt.	25	31
Du Cap d'Ancio à l'Iſle de Ponce, Sud-Sud'eſt cinq degrez vers le Sud.	37	46
Du Mont-Cercelle à l'Iſle Senone proche celle de Ponce, Sud quart Sud-Oueſt.	17	22

A la Traverſe.

	mil. de Franc.	mil. de [illegible]
DU mouillage de l'Iſle de Ponce à la pointe de Gayette, Eſt-Nord'eſt.	36	45
Du même lieu aux Iſles Ventitoine, Eſt-Sud'eſt.	20	25
Du même lieu au milieu de l'Iſle d'Iſcle, Eſt-Sud'eſt.	42	52
Du même lieu à l'écueil nommé la Boutte de Ponce, Sud'eſt quart d'Eſt.	8	10
Du Mont Cercelle à la pointe de Gayette, Eſt quart Sud'eſt.	24	30
Du Mont Cercelle au Cap de la Meſa qui fait l'entrée du Golfe de Naples, Sud'eſt quart d'Eſt quatre degrez vers le Sud.	53	66
De Gayette au Cap de la Meſa, Sud'eſt quart Sud.	34	40
Du Cap de la Meſa à l'Iſle Cabrita, Sud quart Sud'eſt.	17	21
Du Cap de la Meſa au Cap Campanel, qui eſt la pointe du Sud du Golfe de Naples, Sud'eſt quart Sud.	20	25
Du Cap de la Meſa au Cap Miſene, Eſt Sud'eſt.	2	2½
Du Cap Miſene à la pointe de Poſilipe proche Naples, Eſt quart Sud'eſt.	7	9

EN L'ISLE D'YVICE.

	mil. de Franc.	mil. de Prov.
DE l'Iſle Tagomago, qui eſt proche la pointe de l'Eſt de celle d'Yvice à la ſeche de ſaint Hilaire, Sud-Oueſt quart Sud.	4	5
De l'Iſle Tagomago au cap ſaint Hilaire, Sud-Oueſt quart d'Oueſt 3. deg. vers le Sud.	8	10
De l'Iſle Tagomago au Cap Barbarie des Fromentieres, Sud quart Sud-Oueſt.	25	31
Du Cap S. Hilaire aux Fornigues, Sud-Oueſt quart de Sud.	2	2½
Des Fornigues au Port d'Yvice, Oueſt-Sud-Oueſt.	3	4
Du Port d'Yvice au Cap Barbarie, Sud-Sud'Eſt cinq deg. vers le Sud.	17	21
Du Port d'Yvice à l'Eſpalmador des Fromentieres, Sud-Sud-Oueſt.	11	14
Du Port d'Yvice à la pointe des Salines, Sud Oueſt.	10	12
Du Port d'Yvice à l'écueil qui eſt à la baſſe pointe des Salines, Sud-Oueſt quart de Sud.	10	12
De l'Iſle Tagomago à l'Iſle Dragoniere, en l'Iſle de Mayorque, Nord'Eſt.	45	56

En l'Iſle de Mayorque.

	mil. de Franc.	mil. de Prov.
Depuis l'Iſle Dragoniere juſques au Cap Formentel, du côté du Nord de l'Iſle, la Côte eſt fort eſcarpée & très-haute & ſans aucun moüillage, & court preſque à l'Eſt & à l'Eſt-Nord'Eſt environ.	55	68
Du Cap Formentel au Cap d'Alcudy, Sud quart Sud-Oueſt.	7	9
La Baye de Poyance eſt entre ces deux pointes.		
Du Cap Formentel au Cap de Lapedre, Sud-Sud'Eſt trois degrez vers l'Eſt.	20	25
Du Cap d'Alcudy au Cap Lapedre, Sud'Eſt.	15	19
La Baye d'Alcudia eſt entre-deux.		
Du Cap Lapedre au Cap Rouge, Sud-Sud-Oueſt.	4	5
Du Cap Rouge à la pointe d'Artas, Sud-Oueſt trois degrez vers le Sud.	5	6
De la pointe d'Artas au Porto Pedro, Sud-Oueſt.	15	19
De Porto-Pedro au Cap Saline, Oueſt-Sud-Oueſt trois degrez vers l'Oueſt.	14	18
Du Cap Saline à l'Iſle Cabrera, Sud-Sud-Oueſt.	5	6
Du Cap Saline au Cap Blanc, Nord-Oueſt quart de Nord trois degrez vers le Nord.	11	14
Du Cap Blanc à la ville de Mayorque, Nord quart de Nord'Eſt.	10	12
Du Cap Blanc aux Iſles du Port Paſquet, ou Cap de la Savatte, Nord Oueſt cinq deg. vers le Nord.	13	16
De la ville de Mayorque au Porto-Pin, Oueſt quart Nord-Oueſt.	2	2½
De Porto-Pin au Cap de la Savate, ou les Iſles Paſquet, Oueſt-Sud-Oueſt.	7	9
Deſdits Iſlets à la pointe de l'Oueſt de Port-Paſquet, Oueſt-Nord-Oueſt.	5	6
De ladite pointe à l'Iſle Dragoniere, Nord-Oueſt quart d'Oueſt.	9	11

En l'Iſle de Corſe.

	mil. de Franc.	mil. de Prov.
Du cap Corſe au cap Sagri, Sud-Sud'Eſt.	13	16
Du cap Sagri à la pointe de la Baſtide, Sud quart Sud-Oueſt.	12	22
De la pointe de la Baſtide au cap Sino, Sud quart de Sud'Eſt.	13	16
Du cap Sino au cap Meſcano, gît Sud-Sud Oueſt.	20	25
Du cap Meſcano à l'entrée de Porto Vechio, Sud-Oueſt quart de Sud.	20	25
De la pointe du Sud de Porto-Vechio à l'Iſle des Garris, Sud cinq degrez vers l'Oueſt.	5	6
De la pointe du Sud de Porto-Vechio au cap de Santa-Meſſa, Sud-Oueſt quart de Sud cinq degrez vers l'Oueſt.	12	15

	mil. de Fran.	mil. de Prov.
Du cap Santa-Messa à la pointe de Bonnet de Juif, Sud-Ouest.	8	10
De ladite pointe au cap Blanc, gît Ouest.	2	2½
Du Cap Blanc à l'entrée du Port de Saint Boniface, Nord-Ouest quart de Nord.	3	4
Du cap blanc au cap de Son, Ouest-Nord-Ouest.	6	7
Du cap de Son aux écueils apellez les Moines, Ouest-Nord Ouest.	11	14
Desdits écueils au cap Fieno, gît Nord.	4	5
Du cap de Son au cap Fieno, Nord-Ouest trois degrez vers l'Ouest.	13	16
Du cap Fieno au cap Negret, Nord-Ouest quart de Nord.	4	5
Du cap Negret au cap du Sud de la Hiace, Nord quart de Nord-Ouest.	11	14
Du cap du Sud de la Hiace à la Ville du même nom, Nord Nord'Est.	10	12
Dudit cap de la Hiace aux Isles Sangonaires, Nord-Ouest trois degrez vers l'Ouest.	10	12
Le Golfe de la Hiace est entre les deux.		
De la Ville de la Hiace au cap Sangonaire, qui est vis-à-vis les Isles du même nom, gît Ouest.	6	7
Du cap Sangonaire à la petite Isle proche le cap Sabon, gît Nord cinq degrez vers l'Ouest.	10	12
Du cap Sabon au cap Roux, Nord.	12	15
Du cap Roux à l'Isle qui est proche le cap Lougarbe, Nord, cinq degrez vers l'Ouest.	10	12
Du cap Lougarbe au cap de Revelatte, qui fait une des entrées de la Baye de Calvi, Nord'Est cinq degrez vers le Nord.	18	22
Du cap de Revelatte au cap d'Espano, Est cinq degrez vers le Nord.	6	8
Du cap de Revelatte à la Ville de Calvi, Sud'Est quart d'Est.	3	4
De Calvi au cap d'Espano, Nord'Est 5. degrez vers l'Est.	4	5
Du Cap d'Espano à la pointe de l'Algalogne, Est-Nord'Est cinq degrez vers l'Est.	3	4
Du cap d'Espano au cap de la Cholle, Est-Nord'Est.	7	9
Du cap d'Espano à l'Isle Rousse proche le cap de la Cholle, Est-Nord'Est 3. deg. vers le Nord.	8	10
De la Ville de Calvi au Cap Corse, la route est le Nord'Est sept degrez vers l'Est environ.	36	45

En l'Isle d'Elbe.

	mil. de Fran.	mil. de Prov.
DE la pointe de l'Est de l'Isle d'Elbe à l'entrée du Porto-Ferrare, Sud-Ouest quart d'Ouest.	5	6
De la pointe du Porto-Ferrare au cap S. Pierre, qui est celle du Sud Ouest de l'Isle d'Elbe, la distance est	18	22
Du cap saint Pierre à l'ance de S. Pedro del Campo, gît Est.	4	5
Dudit cap saint Pierre au cap saint André, qui est la pointe du Sud de la même Isle, Est-Sud'Est.	12	15
Du cap saint André à la pointe de l'Est d'Elbe, Nord'Est quart de Nord. Portolongon est entre les deux.	12	15
De la pointe de l'Est d'Elbe à celle du Nord'Est, Nord Nord-Ouest.	5	6
Du cap saint André de l'Isle d'Elbe, au milieu de l'Isle Monte Christe, Sud-Sud-Ouest.	22	27
Dudit cap aux Fornigues de Monte-Christe, Sud-Ouest.	20	25
Dudit cap au milieu de l'Isle Planouse, Ouest quart de Sud Ouest.	15	19
Du cap saint Pierre d'Elbe à l'Isle Planouse, Sud-Ouest quart de Sud.	8	10
Du cap saint Pierre au cap Corse, Nord-Ouest quart d'Ouest.	32	40

Les Côtes du Nord de Sicile.

	mil. de Fran.	mil. de Prov.
DU Port de Messine à la pointe du Faro, gît Nord'Est quart d'Est.	8	10
De la Tour du Faro à l'Isle de Stromboli, Nord Nord Ouest.	50	62

De

	mil. de Fran.	mil. de Prov.
De la Tour du Faro au cap Rosocolme, Nord-Oueſt quart d'Oueſt.	13	16
Du cap Rosocolme à la pointe de Melazo ou Melace, Oueſt cinq degrez vers le Nord.	18	22
De la pointe de Melace à l'Iſle Vulcan, Nord-Oueſt.	17	21
De la pointe de Melace au cap Calvao, Oueſt quart Sud-Oueſt.	17	21
De la pointe de Melace à la premiere pointe de Palerme, gît Oueſt.	90	112
Du cap Calvao à l'Iſle Vulcan, Nord quart de Nord'Eſt.	14	18
De l'Iſle Vulcan à celle de Felicur, Oueſt quart de Nord-Oueſt.	28	35
De l'Iſle Felicur à celle d'Alicur, Oueſt.	6	7
De l'Iſle d'Alicur à l'Iſle d'Uſtica, Oueſt-Nord-Oueſt.	43	54
De l'Iſle d'Uſtica au cap de Galle proche Palerme, Sud.	26	33
De la pointe de l'Eſt du Golfe de Palerme nommé Mont-Gerbino, à celle de l'Oueſt dudit Golfe, qu'on apelle le Mont Pelegrine, gît Nord-Oueſt quart d'Oueſt.	10	12
La ville de Palerme eſt entre les deux.		
De la pointe du Mont-Pelegrino, au cap de Galle, giſt Nord-Oueſt. Mondelle eſt entre les deux.	3	4
Du cap de Galle au cap de Lource, Oueſt.	12	15
L'Iſle d'Onzelle eſt entre-deux.		
Du cap de Lource au cap S. Vito, ou de la Mortelle, gît Oueſt quart de Sud-Oueſt.	20	25
De la pointe de la Mortelle à celle de Trapano, Sud-Oueſt quart d'Oueſt.	17	21
Mais il faut faire l'Oueſt quart de Sud-Oueſt pour éviter un danger ſous l'eau, qui eſt entre les deux.		
De la pointe de Trapano à l'Iſle Levanſo, Oueſt quart de Nord-Oueſt.	12	15
De la pointe de Trapano au milieu de l'Iſle Favoüillane, Oueſt quart Sud-Oueſt.	11	14
Les Iſles Fornigues ſont au milieu de cette diſtance.		
De la pointe de Trapano à celle de Marzalle, Sud-Sud-Oueſt.	18	22
De l'Iſle Favoüillane à l'Iſle de Levanſo, Nord.	2	2½
De l'Iſle Levanſo à celle du Maritimo, Oueſt.	9	11

La diſtance qu'il y a d'un lieu à l'autre en plus court chemin.

Comme nous avons mis icy en détail les routes & les diſtances qu'il y a d'un Cap à l'autre fort exactement ; cependant comme la curioſité & neceſſité qu'on a de ſçavoir directement les diſtances qu'il y a d'un Port à l'autre, principalement avec les Galeres qui naviguent le long des Côtes: on a trouvé à propos d'en faire une Table particuliere, dans laquelle on verra tout d'un coup, en plus court chemin, la diſtance qu'il y a d'un moüillage à l'autre, où ordinairement vont les Galeres; c'eſt à dire, le chemin qu'il faut faire, en tournant les Caps, Pointes, Iſles & autres dangers qui ſe trouvent dans la route d'un lieu à un autre.

PREMIEREMENT.	mil. de Franc.	mil. de Prov.
De la Baye de Cadix à Tariffe.	50	62
De Tariffe à Gibraltar.	16	20
De Gibraltar à Malgue.	64	80
De Malgue à Vellez-Malaga.	20	25
De Vellez-Malaga à Modril.	26	32
De Modril au Caſtel-Ferro.	8	10

	mil. de Franc.	mil. de Prov.
Du Castel-Ferro à Berge.	14	17
De Berge à Almerie.	16	20
D'Almerie à Cartagene.	107	134
De Cartagene à l'Isle grosse.	32	40
De l'Isle Grosse à Alicant.	38	47
D'Alicant à Exabia proche le Cap Martin.	43	54
D'Exabia au Soffa ou Alfaques.	112	140
Du Soffa au Port d'Yvice.	118	147
Du Port d'Yvice à la Ville de Mayorque.	75	95
De Mayorque à Porto-Pedro.	33	41
De Porto-Pedro à Poyance.	45	56
De l'Isle Dragoniere de Mayorque au Soffa.	93	116
De la Dragoniere à la pointe de Salo.	90	112
De Poyance au Port Mahon en Minorque.	60	75
De Poyance à Salo.	110	137
De la Rade du Soffa à celle de Salo.	53	66
De Salo à Barcelone.	48	60
De Barcelone à Palamos.	45	56
De Barcelone à Rose.	73	90
De Palamos aux Isles des Medes.	15	18
De Palamos à Rose.	27	34
De Palamos à Cadequié.	30	37
De Rose à Cadequié.	9	11
De Cadequié à Port Vendre.	24	30
De Port Vendre au Port de Cette.	56	70
De Port Vendre aux Isles de Marseille.	105	130
De Cette au Port de Bouc.	56	70
De Cette à Marseille.	72	90
Du Port de Bouc à Marseille.	24	30
De Marseille à la Ciotat.	20	25
De Marseille au Brusc.	32	40
De Marseille à Toulon.	48	60
De la Ciotat au Brusc.	12	15
Du Brusc à Toulon.	18	22
De la Rade de Toulon au moüillage de Capeau dans le Golfe d'Hiere.	28	35
De Capeau au Lavendou.	13	16
Du Lavendou à Cavalaire.	11	14
De Capeau à Pamplune.	30	37
De Capeau à Nagaye.	42	52
De Nagaye au Gourjan.	15	19
De Nagaye à Antibe.	17	21
De Nagaye à Ville-Franche.	28	35
Du Gourjan à Antibe.	5	6
Du Gourjan à Ville-Franche.	16	20
De Ville-Franche à Monaco.	8	10
De Ville-Franche à saint Reme.	22	28
De Ville-Franche à Arayche.	50	62
D'Arayche en Vaye.	24	30
De Vaye à Genes.	22	27
De Genes à Porto-Fin.	17	21
De Porto-Fin à Porto-Veneré.	32	40
De Porto-Veneré à Ligourne.	36	45
De Ligourne à Porto-Ferrare.	45	56
De Porto-Ferrare à S. Pedro del Campo.	24	30
De Porto-Ferrare à Portolongon.	17	21
De Porto-Ferrare à S. Esteven.	45	56

	mil. de France.	mil. de Prov.
De saint Estéven à Port Hercule.	13	16
De S. Estéven à Civita-Vechia.	45	56
Du Port-Hercule à Civita-Vechia.	33	41
De Civita-Vechia au Port de Neptune.	55	69
De Civita-Vechia à l'Isle de Ponce.	90	112
Du Port de Neptune à Ponce.	38	47
Du Port de Neptune à Gayette.	52	65
De la Rade de Ponce à Gayette.	37	46
De la Rade de Ponce à Baye, dans le Golfe de Naples.	58	72
De Gayette à Baye.	37	46
De Baye à Naples.	10	12
En l'Isle de Corse.		
DE Calvi à la Hiace.	62	77
De la Hiace au Port de saint Boniface.	45	56
Du Port de Boniface au Porto-Vechio.	30	37
De Porto-Vechio à S. Pedro Delcampo, en l'Isle d'Elbe.	70	87
En l'Isle de Sicile.		
DE Messine à Melazo ou Melace.	37	46
De Melace à l'Isle Lipary.	25	31
De Melace à Palerme.	100	125
De Palerme à Trapano.	60	75

TABLE

Des Saluts qu'on fait ordinairement à la Reale de France le long des Côtes d'Italie.

LOrs que la Reale entre dans quelques Ports d'Espagne, où il y a une Ville de guerre ou Forteresse principale, la Reale saluë la premiere, & on rend coup pour coup : Il en est de même dans les Places du Pape.

Je marquerois icy les Saluts qui se rendoient reciproquement par les Galeres, & Places des Côtes de France, mais cela seroit inutile, puis qu'ils ont esté suprimez, hormis dans les Ports où il y a un Pavillon Amiral.

PREMIEREMENT.

	Prem. Salut.	Secon. Salut.
A Toulon la Reale saluë de.	4	4
Nice.	7	4
Ville-Franche.	12	4
Saint soupir.	12	4
Monaco, dit Mourgues.	12	4
Vintimille.	15	2
La Bordiguere.	10	2
Saint Reme.	7	2
Saint Estevent.	7	2

	Prem. Salut.	Secon. Salut.
Saint Lorenzo.	7	2
Port Morice.	13	2
Oneille.	16	4
Dian.	16	4
Araiche.	8	2
Noli.	8	2
Espetourne.	8	2
Vaye.	8	2
Savone.	12	4
Lors que la Reale arrive à Genes, il sort une Galere de leur Port environ un quart de lieuë au large, qui saluë la Reale de la mousqueterie, &.	4	1
Pour le General, la mousqueterie &.	4	4
Et remercie de.	4	
Ensuite les Deputez de Genes qui sont sur ladite Galere, viennent à la Reale, & en sortant on leur tire.	4	
Et lors qu'ils sont de retour dans leur Galere, ils tirent.	4	
Puis leur Galere passe à poupe de la Reale, & entre dans le Port ensuite.		
La Ville de Genes saluë de.	12	4
Leurs Galeres qui sont dans la Darse.	4	3
L'Amiral de Genes.	13	2
Les autres Vaisseaux de Genes.	7	1
Puis tous les autres Vaisseaux étrangers, à qui on rend.		1
Porto-Fin.	12	4
Porto-Veneré.	16	3
La Citadelle sainte Marguerite de Porto-Veneré.	12	4
Le Fort de Lerissa.	18	2
Via-Regio.	13	2
Ligourne.	12	4
Les Galeres du Grand Duc.	4	3
Porto Ferraro en l'Isle d'Elbe.	12	3

Les Saluts qu'on fait ordinairement le long des Côtes d'Italie à la Patrone Reale des Galeres de France. Toutes les Places d'Italie saluent premieres la Patrone.

PREMIEREMENT.

	Prem. Salut.	Secon. Salut.
A Toulon la Patrone saluë la premiere l'Amiral.	4	3
A Ville-Franche la Patrone saluë.	4	4
A Monaco la Patrone saluë.	4	4
Vintimille saluë.	16	2
Saint Reme.	10	2
Port Maurice.	15	2
Oneille.	4	2
Dian.	7	2
Araiche.	6	3
Noli.	9	2
Vaye.	8	2
Savone.	8	4

	Prem. Salut.	Second Salut.
La Ville de Genes.	8	4
Les Galeres de Genes qui sont dans le Port.	4	4
Tous les Vaisseaux qui saluent, on leur rend un coup de canon à châcun, de distance en distance.		
Porto-Fin.	12	2
Porto-Veneré.	12	3
La Citadelle sainte Marie du Golfe d'Especce.	8	4
Le Fort de Lerissa.	10	2
Via-Regio.	10	2
Ligourne.	4	4
Leurs Galeres qui sont dans la Darse saluent.	4	4
Porto Ferrare en l'Isle d'Elbe.	4	4
Le Fort Saint Esteven.	8	2
A Civita-Vechia la Patrone saluë.	4	4

Les Saluts qu'on fait ordinairement le long des Côtes d'Italie à un Chef d'Escadre des Galeres du Roy.

	Prem. Salut.	Second Salut.
A Toulon on saluë l'Amiral de.	4	2
A Ville Franche on saluë.	4	4
A Monaco, on saluë la Place de.	4	4
Vintimille saluë premiere de.	16	2
Saint Reme.	12	4
Port Maurice.	15	3
Oneille.	3	2
Dian.	11	2
Araiche.	6	3
Noli.	7	2
Vaye.	8	3
Savone.	6	4
A Genes on saluë premier de.	4	4
Porto-Fin.	10	3
A Porto-Veneré on saluë premier de.	4	4
Via-Regio saluë.	10	3
A Ligourne on saluë premier de.	4	4
On saluë aussi les Galeres de la Darse de.	4	4
Et on rend un coup à châque Vaisseau Marchand.		
A Porto-Ferrare en l'Isle d'Elbe on saluë en entrant de.	4	4
Le Fort Saint Esteven saluë de.	6	2
A Port-Hercule on saluë premier de.	4	3
A Civita-Vechia on saluë premier de.	4	3
Le Fort de Neptune saluë de.	3	3
Le Fort de Ponce saluë.	12	3
A Gayette on saluë premier.	4	4
Et lors qu'on passe devant la Chapelle de la Sainte Trinité proche Gayette, toutes les Galeres saluent de.	4	
A Baye dans le Golfe de Naples, on saluë premier de.	4	4
A Messine on saluë premier de.	4	3
A Melace on saluë premier de.	4	4

A

	Prem. Salut.	Second Salut.
A Palerme on saluë aussi premier de.	4	5
Ensuite toutes les Galeres saluent le Vice Roy.		
du canon & de la mousqueterie, & rend.		4
A Trapano on saluë premier.	4	3
A l'Isle Favoüillane on saluë premier.	4	4
A Calvi en Corse on saluë premier de.	4	4

On auroit ajoûté à cette Table les Saluts qu'on fait ordinairement au General ou aux Commandans; mais comme cela dépend de l'honnêteté des Commandans & Gouverneurs des Places, on a jugé à propos de les obmettre, aussi bien que ceux de quelques petites Villes ou Forts.

L'USAGE DES TABLES
des Declinaisons du Soleil.

LA Declinaison du Soleil est proprement le nombre des degrez & minutes qu'il se trouve éloigné de la ligne Equinoxiale, causé par son propre mouvement qu'il fait naturellement de l'Ouest à l'Est, dans l'Ecliptique qui est justement le milieu du Zodiaque, qui coupe la ligne Equinoxiale en biaisant, & dont une moitié va vers le Nord & l'autre vers le Sud; laquelle Ecliptique s'éloigne à present de cette ligne de 23. degrez 29. minutes, qui est presentement la plus grande Declinaison; ce qui arrive aprochant le vingt-un Juin & vingt un Decembre.

De même on peut voir par ces Tables quand le Soleil est à la ligne Equinoxiale, qui est lors qu'il n'a point de Declinaison, ce qui arrive à peu prés le vingt Mars & le vingt-deux Septembre; Je dis à peu prés, car il n'y arrive pas toûjours le même jour ny à la même heure.

Ces Tables sont calculées pour le Meridien de Marseille, qui est à vingt-trois degrez trente minutes de longitude, & pour l'heure du midy de chaque jour, à cause que d'ordinaire on prend la hauteur Meridiene à midy. On a mis quatre Tables pour les années 1704. 1705. 1706. & 1707. lesquelles peuvent servir sans une erreur sensible environ 8. à 10. années, & pour sçavoir de quelle année l'on est, si c'est la premiere, seconde, troisiéme ou l'année Bissexte, il n'y a qu'à diviser l'année proposée par quatre, & le reste de la division montrera quelle année on a aprés la Bissextile. Par exemple s'il restoit un à la division, ce seroit la premiere année, si deux la seconde, si trois la troisiéme. Et enfin s'il ne reste rien, l'année proposée sera Bissextile, ce qui arrive, comme vous voyez, de quatre années en quatre années.

Sçachant donc l'année & le jour proposé, il est tres-facile de trouver la Declinaison à midy de ce même jour pour le Meridien de Marseille ou de ceux des environs, n'y ayant pas grande difference.

Il y a deux Tables pour chaque année (une à châque page) & châque page est pour six mois, ayant au haut de la page le nom de châque mois, au dessous de ces noms est marqué *D* & *M* qui signifient degrez & minutes. Au côté gauche de châque page, sont les jours des mois, qui servent pour toute la page; & au haut de châque colomne où est marqué *SUD* & *NORD* cela fait connoître de quel côté est la Declinaison du Soleil, sçavoir si elle est Nord ou Sud de la ligne Equinoxiale, d'autant qu'elle est aprochant de six mois Nord, qui est depuis le vingtiéme Mars jusques au vingt deuxiéme Septembre. Et au contraire elle est Sud les autres six mois, qui est environ le vingt deux Septembre jusques au vingt Mars.

On y voit encore les caracteres des signes du Zodiaque, pour montrer à peu prés à quel jour du mois le Soleil entre en châque signe.

EXEMPLE.

Voulant sçavoir le 15. Fevrier de l'année 1704. combien le Soleil aura de Declinaison à Marseille oû les Tables ont esté construites.

Je voy la premiere Table où est marqué *en Titre* 1704 année Bissextile, ensuite je cherche dans la premiere colomne à main gauche le 15. jour de Fevrier. Conduisant cette ligne jusques à

 la

la troisiéme colomne, je trouve douze degrez cinquante quatre minutes pour la Declinaison de ce jour à l'heure du midy, & ainsi de tous les autres jours.

Trouver la Declinaison du Soleil à quelque heure que ce soit à Marseille.

LOrs que l'heure donnée se trouve avant midy du jour proposé, prenez la difference entre la Declinaison de ce jour & celle du jour precedent, y ajoûtant la partie proportionelle de la difference à la Declinaison du jour precedent si elle est croissante, & la soustraire si elle est decroissante.

L'heure donnée étant aprés midy du jour proposé, il faut pour lors prendre la difference entre la Declinaison de ce jour là & celle du jour suivant, & ajoûter la partie proportionelle à la Declinaison du jour proposé lors qu'elle est croissante, & la soustraire si elle est decroissante.

EXEMPLE.

On demande la Declinaison du Soleil à Marseille le 10. May de l'année 1704. qui est Bissexte à 5. heures du matin, c'est à dire 17. heures aprés midy du 9. May.

Pour ce faire il faut prendre la Declinaison du 9. May qui est 17. degrez 26. minutes ainsi que le montre la table, & celle du 10. May qui est 17. degrez 42. minutes, & les soustraire l'une de l'autre, il restera 16. minutes pour leur difference dans 24. heures. Ensuite vous direz par une regle de trois.

Si 24. heures donnent 16. minutes de difference, combien donneront 17. heures.

La regle étant faite l'on trouvera 11. minutes qu'il faut ajoûter avec 17. degrez 26. minutes du 9. May, puisqu'elle est croissante, & l'heure qui est avant midy, vient 17. degrez 37. minutes pour la Declinaison du Soleil le 10. May à 5. heures du matin.

Et remarquer comme il a esté dit que lors que la Declinaison est decroissante, il faut ôter la partie proportionelle.

EXEMPLE.

On demande la Declinaison du Soleil le 2. Juin de la même année 1704. à 6. heures du soir.

Je prens la difference, comme il a esté dit, de la Declinaison du 2. Juin, & celle du 3. qui se trouve de 7. minutes dans 24. heures dont la partie proportionelle est presque 2. minutes, qu'il faut ajoûter avec la Declinaison du 2. Juin, & l'on aura de cette maniere la Declinaison requise.

Maniere d'ajuster les Tables de la Declinaison du Soleil pour les differens Meridiens de celuy pour lequel elles ont esté construites.

Comme le Soleil, en quelque partie du Ciel qu'il puisse être, fait toûjours midy, de même que toutes les autres heures du jour, il s'ensuit que si le lieu proposé est plus à l'Est que le lieu où vous étes, le Soleil ne sera pas si avancé dans le Zodiaque que lors qu'il vous fera midy.

Et au contraire, lors que cet Astre fait midy dans un lieu plus à l'Ouest que celuy où vous étes, il sera aussi plus avancé dans le Zodiaque que celuy de vôtre midy, & par consequent il aura plus ou moins de Declinaison.

Toutefois, lors qu'il se rencontre peu de difference en longitude, la chose à la verité n'est pas considerable, principalement dans le temps des Solstices, où cet Astre n'augmente ny diminuë en Declinaison que de tres peu : d'autant plus qu'il faut quinze degrez de difference en longitude pour une heure, 30. pour deux, & ainsi du reste.

EXEMPLE.

L'on demande la Declinaison le 15. May de l'année 1704. en un lieu qui est plus à l'Est de 45. degrez de longitude que Marseille, où ont esté construites les Tables.

Je dis pour réponse, que puisque le lieu proposé est 45 degrez plus à l'Est que Marseille, & qu'il y a 15. degrez pour une heure, ce sont donc 3. heures de difference qu'il sera plûtôt midy dans ce lieu qu'à Marseille, par consequent le Soleil n'aura pas tant de Declinaison, comme lors qu'il est midy à Marseille. Il faut donc trouver cette Declinaison, suivant qu'il a esté dit cy-devant.

Pour cet effet je cherche dans la Table des Declinaisons le 14. & 15 May de l'année proposée, & trouve 18. degrez 42. minutes & pour le 15. 18. degrez 56. minutes, lesquelles soustraites l'une de l'autre reste 14. minutes pour leur difference en Declinaison. Et comme le lieu proposé est 45. degrez plus à l'Est que Marseille, qui est cette difference en longitude, je dis par une regle de Trois.

Si 360. degrez du tour du monde donnent 14. minutes de difference en Declinaison dans 24. heures, combien donneront les 45. degrez de difference en longitude.

La

La regle faite il viendra proche de deux min. qu'il faut soustraire des 18. deg. 56 min. de la declinaison du 15. May, puisque la declinaison du Soleil ne peut estre si grande en ce jour-là au lieu proposé, comme à celuy où ont esté construites les Tables, d'autant qu'il est plus à l'Est ; il restera donc 18. deg. 54. min. pour la declinaison du Soleil dans le lieu proposé.

EXEMPLE.

Le troisiéme d'Aoust de l'année 1705. premiere année aprés Bissexte, l'on demande la declinaison du Soleil à midy, en un lieu qui est plus à l'Est du meridien de Marseille de 55. deg.

Je cherche la declinaison du 2. & 3. d'Aoust de cette même année, qui est 17. deg. 50. min. & 17 deg. 34. min. qui soustraite l'une de l'autre, restera 16. min. pour la difference en declinaison: Ensuite je dis par la regle de proportion.

Si 360. degrez du tour du monde donnent 16. min. de difference en 24. heures, que donneront 55. degrez de differ. en longitude.

La regle faite, ils donneront prés de deux min. & demy, qu'il faut ajoûter aux 17. deg. 34. min. de la declinaison du 3. Aoust, à cause qu'elle diminuë ; elle sera donc plus grande au lieu proposé, puis qu'il est plus à l'Est, & viendra 17. deg. 36. min. & demy, pour la declinaison de ce lieu.

EXEMPLE.

Se trouvant dans un lieu plus à l'Ouest que le meridien de Marseille de 80. degrez, on veut sçavoir combien le Soleil aura de declinaison le 10. May 1705.

Pour y parvenir je prens la declinaison du 10. & 11. May, que je trouve être de 17. deg. 38. min. & 17. deg. 54. min. soustraite l'une de l'autre, restera 16. min. pour la difference en declinaison. Et comme ce lieu proposé est plus à l'Ouest de 80. deg. & qu'il fait le midy plûtôt de 4. heures à raison de 15. deg. par heure, comme il a esté dit, il faut dire.

Comme 360. degr. du tour du Monde donnent 16. min. de differ. en declin., combien donneront 80. deg. de diff. en longitude.

La regle étant faite, il viendra 3. min. 2. tiers, que j'ajoûte avec les 17. deg. 38 min du dix May, parce que la declinaison augmente, il viendra 17. degrez 20. minutes deux tiers pour la declinaison du Soleil le jour proposé.

EXEMPLE.

On demande quelle declinaison aura le Soleil à midy le 10. Septembre 1706. en un lieu qui est plus à l'Ouest du meridien de Marseille de cent dix degrez.

Pour cet effet je cherche dans les tables de la declinaison du Soleil du 19. & 20. Septembre, qui se trouve un degré 35. minutes, & un deg. 12. min. qui soustraites l'une de l'autre, reste 23. minutes pour leurs differences en declinaison; & comme il se trouve 110. deg. de difference en longit. que ce lieu proposé est plus à l'Ouest, il faut dire par la regle de proportion.

Si 360. degrez du tour du Monde donnent 23. min. de differ. en declinaison, combien donneront 110. degrez de differ. en longitude.

La regle faite viendra 7. min. qu'il faut soustraire d'un degré 35. min. de la declinaison du 19. Septembre 1706. parce que la declinaison diminuë, autrement decroissante: Il reste donc 1. deg. 28. min. pour la declin. du Soleil à midy en un lieu qui est 110. degrez plus Occidental que Marseille, & ainsi de tous les autres.

Usage des Tables des Amplitudes Ortives & Occases du Soleil.

AU haut des Tables & de travers ce sont les degrez de la declinaison du Soleil ; au côté gauche de châque page, ceux de la latitude; & au haut de châque colomne il y a un D & une M qui signifient degré & minutes.

Voulant donc trouver l'Amplitude du Soleil, dans un lieu dont on connoît la latitude & la declinaison à l'heure de son lever ; ce qu'on apelle Amplitude Ortive, & celle de son coucher Occase.

Pour cet effet, il est necessaire de sçavoir la declinaison du Soleil, precisement à l'heure de l'observation; mais comme l'usage qu'on en fait dans la navigation, ne demande pas une si grande precision, on peut sans commettre beaucoup d'erreur se servir de la declinaison qui est marquée au haut de ces tables pour l'heure du midy, & prendre les degrez d'Amplitude qui répondent à la declinaison du jour proposé, & au degré de latitude aussi proposé.

EXEM-

EXEMPLE.

On veut sçavoir l'Amplitude Ortive du Soleil par la latitude de 43. degrez le 16. Octobre 1704.

Pour cet effet je trouve par les tables de la Declinaison du Soleil, que le 16. Octobre cet Astre a 9. degrez de Declinaison. Ensuite je cherche dans la table des Amplitudes, & dans la colomne où est marqué 9. degrez de Declinaison, & vis-à-vis de 43. degrez de latitude, & où ils se rencontreront, j'y trouve 12. degrez 21. minutes pour l'Amplitude de ce jour-là.

Mais ces Tables ne marquent les latitudes & les Declinaisons du Soleil que de degrez en degrez, & cependant il se trouve souventes-fois qu'il y a des minutes aux degrez de latitude & à ceux de la Declinaison ; c'est pourquoy lors que cela arrive il faut prendre la difference entre l'Amplitude du degré du jour proposé, & celle du jour qui suit, soustrayant la moindre de la plus grande, & ajoûter avec la moindre Amplitude à proportion qu'il y aura des minutes avec les degrez de latitudes; sçavoir la moitié s'il y a 30. minutes un tiers, lors qu'il y a 20. un quart, à 15. un cinquiéme, à 12. & enfin un sixiéme lors qu'il y a 10. minutes, & ainsi du reste. Autrement par une regle de trois dire.

Si 60. minutes donnent la difference trouvée, ainsi les minutes qui sont avec les degrez de latitude, donneront ce qu'il faudra ajoûter avec la moindre des deux Amplitudes trouvées.

EXEMPLE.

Estant par les 32. degrez 20. minutes de latitude, ayant 12. degrez de Declinaison, combien y aura-t-il d'Amplitude.

Pour cet effet il faut prendre l'Amplitude de 32. degrez & celle de 33. degrez de latitude, & dans la colomne de 12. degrez de Declinaison, qui sera de 14. degrez 11. minutes & 14. degrez 21. minutes pour celle de 33. degrez de latitude; ensuite ôtant la moindre de la plus grande, il restera 10. minutes pour la difference: & comme outre les 32. il y a encore 20. minutes de plus qui est le tiers d'un degré, il faut donc prendre le tiers des 10. minutes qui est un peu plus de 3. minutes qu'il faut ajoûter avec la moindre Amplitude, qui se trouve de 14. degrez 11. minutes & viendra 14. degrez 14. minutes pour l'Amplitude de 12. degrez de Declinaison par la latitude de 32. degrez 20. minutes. Autrement par une regle de trois dire.

Si 60. minutes qu'il y a de 32. à 33. degrez donnent 10. minutes de difference, combien donneront les 20. minutes qui sont avec les 32. degrez de latitude: La regle faite viendra 3. minutes comme auparavant.

Lors qu'il se rencontre des minutes au degré de la Declinaison sans en avoir au degré de latitude, c'est presque la même maniere comme la precedente regle, excepté qu'on prenoit les Amplitudes de haut en bas, & dans ce rencontre on les prend de travers, & que la difference croît davantage qu'à la latitude.

Il faut donc prendre l'Amplitude du degré de la Declinaison où il y a des minutes, & de celuy qui suit immediatement de travers, & soustraire la plus petite de la plus grande pour avoir leur difference: Ensuite ajoûter autant de la difference avec la moindre des deux Amplitudes à proportion des minutes qui se trouvent entre les degrez de la Declinaison, & vous aurez l'Amplitude requise.

EXEMPLE.

Par la latitude de 40. degrez lors que le Soleil a 17. degrez 45. minutes de Declinaison, on demande son Amplitude.

Pour ce faire, prenez par les 40. degrez de latitude l'Amplitude de 17. & 18. degrez de Declinaison, elle se trouve de 22. degrez 26 minutes, & l'autre qui suit est de 23. degrez 47. minutes, qui soustraites l'une de l'autre, reste un degré 21. minutes ou 8. minutes pour leur difference; & comme il y a encore 45. minutes outre les 17. degrez de Declinaison, qui sont les trois quarts d'un degré ou 60. minutes.

Prenez donc les trois quarts de la difference qu'avez trouvé être de 81. minutes, vient 27. minutes qu'il faut ajoûter, comme il a esté dit, avec la moindre Amplitude qui est 22. degrez 26. minutes, & viendra 22. degrez 53. minutes pour l'Amplitude requise: Ou bien par la regle de proportion, dire.

Si 60. minutes donnent 81. minutes de difference, combien donneront 45. minutes, qu'il y a outre les 17. degrez de Declinaison, & viendra comme cy-dessus, & ainsi de toutes les autres regles.

Mais lors qu'il se rencontre des minutes avec les degrez de latitude, & à ceux de la Declinaison, il y a beaucoup de difficultés, lors qu'on veut chercher une precision, c'est pourquoy il est plus à propos de le faire par les Sinus Logarithmes qui sont plus justes & plus prompts.

TABLE DES DECLINAISONS DU SOLEIL pour l'Année Bissextille 1704.

Et pour le Meridien de Marseille.

Jours des mois.	JANVIE. D. M.	FEVRIER D. M.	MARS. D. M.	AVRIL. D. M.	MAY. D. M.	JUIN. D. M.
1	23 S 5	17 S 17	7 S 26	4 N 40	15 N 10	22 N 7
2	23 U 0	17 U 0	7 U 4	5 O 3	15 O 28	22 O 15
3	22 D 55	16 D 43	6 D 41	5 R 29	15 R 46	22 R 22
4	22 49	16 25	6 18	5 49	16 3	22 29
5	22 43	16 7	5 55	6 D 12	16 D 20	22 D 36
6	22 36	15 49	5 32	6 34	16 37	22 42
7	22 29	15 31	5 8	6 57	16 53	22 48
8	22 21	15 12	4 45	7 19	17 10	22 54
9	22 13	14 53	4 22	7 42	17 26	22 59
10	22 5	14 34	3 58	8 0	17 42	23 4
11	21 56	14 14	3 34	8 26	17 57	23 8
12	21 46	13 54	3 11	8 48	18 12	23 12
13	21 36	13 34	2 47	9 9	18 27	23 15
14	21 26	13 14	2 24	9 31	18 42	23 19
15	21 15	12 54	1 59	9 52	18 56	23 21
16	21 4	12 32	1 36	10 14	19 10	23 24
17	20 53	12 12	1 12	10 35	19 24	23 26
18	20 41	11 51	0 49	10 56	19 37	23 27
19	20 29	11 30	0 Sud 25	11 17	19 50	23 28
20	20 16	11 9	0 1	11 37	20 3	23 29
21	20 3	10 47	0 N 22	11 58	20 16	23 29
22	19 50	10 25	0 O 46	12 18	20 27	23 29
23	19 36	10 3	1 R 10	12 38	20 29	23 28
24	19 22	9 41	1 D 34	12 57	20 50	23 27
25	19 7	9 19	1 57	13 26	21 1	23 26
26	18 53	8 57	2 20	13 37	21 11	23 24
27	18 37	8 35	2 44	13 56	21 22	23 21
28	18 21	8 12	3 7	14 15	21 31	23 19
29	18 6	7 50	3 30	14 33	21 41	23 16
30	17 50		3 55	14 52	21 50	23 13
31	17 33		4 17		21 58	

TABLE DES DECLINAISONS DU SOLEIL pour l'Année Bissextille 1704.

Jours des mois.	JUILL. D.	JUILL. M.	AOUST D.	AOUST M.	SEPTE. D.	SEPTE. M.	OCTO. D.	OCTO. M.	NOVE. D.	NOVE. M.	DECE. D.	DECE. M.
	NORD		NORD		NORD		SUD		SUD		SUD	
1	23	9	18	1	8	14	3	18	14	34	21	54
2	23	4	17	46	7	52	3	41	14	53	22	3
3	23	0	17	30	7	30	4	4	15	12	22	12
4	22	55	17	14	7	8	4	28	15	31	22	20
5	22	49	16	58	6	46	4	51	15	49	22	27
6	22	43	16	41	6	23	5	14	16	7	22	35
7	22	37	16	24	6	1	5	36	16	25	22	41
8	22	30	16	7	5	38	5	59	16	24	22	48
9	22	23	15	50	5	16	6	23	16	59	22	54
10	22	16	15	32	4	53	6	45	17	17	22	59
11	22	8	15	15	4	30	7	8	17	33	23	4
12	22	0	15	57	4	7	7	31	17	50	23	9
13	21	51	14	38	3	44	7	53	18	6	23	13
14	21	42	14	20	3	21	8	16	18	22	23	17
15	21	33	14	1	2	57	8	38	18	37	23	20
16	21	23	13	42	2	34	9	0	18	52	23	23
17	21	13	13	23	2	11	9	23	19	7	23	25
18	21	3	13	4	1	48	9	44	19	21	23	27
19	20	52	12	44	1	24	10	6	19	35	23	28
20	20	41	12	25	1	31 Nord	10	28	19	49	23	29
21	20	29	12	5	0	37	10	49	20	2	23	29
22	20	17	11	45	0	14	11	10	20	15	23	29
23	20	5	11	24	0	10 SUD	11	32	20	28	23	28
24	19	52	11	4	0	33	11	53	20	40	23	27
25	19	40	10	43	0	57	12	14	20	52	23	26
26	19	27	10	22	1	20	12	34	21	3	23	24
27	19	13	10	1	1	44	12	55	21	14	23	21
28	18	59	9	40	2	7	13	15	21	25	23	19
29	18	45	9	19	2	30	13	35	21	35	23	15
30	18	31	8	58	2	54	13	55	21	45	23	11
31	18	16	8	36			14	14			23	7

TABLE DES DECLINAISONS DU SOLEIL pour l'Année 1705.

Premiere année aprés Bissexte.

Jours des mois.	JANVIE. D.	M.	FEVRIER D.	M.	MARS. D.	M.	AVRIL. D.	M.	MAY. D.	M.	JUIN. D.	M.
1	23	2 SUD	17	4 SUD	7	31 SUD	4	35 NORD	15	6 NORD	22	5 NORD
2	22	56	16	47	7	8	4	58	15	24	22	13
3	22	52	16	29	6	45	5	21	15	42	22	20
4	22	46	16	11	6	22	5	44	16	0	22	28
5	22	38	15	53	5	59	6	8	16	17	22	31
6	22	31	15	35	5	36	6	29	16	34	22	41
7	22	25	15	17	5	13	6	52	16	50	22	47
8	22	16	14	57	4	49	7	14	17	7	22	53
9	22	8	14	38	4	26	7	37	17	22	22	58
10	21	58	14	19	4	3	7	59	17	38	23	3
11	21	49	13	58	3	39	8	21	17	54	23	7
12	21	39	13	39	3	15	8	43	18	9	23	11
13	21	29	13	18	2	52	9	6	18	24	23	15
14	21	19	12	57	2	29	9	27	18	39	23	18
15	21	9	12	37	2	5	9	48	18	53	23	21
16	20	58	12	16	1	42	10	9	19	7	23	23
17	20	46	11	55	1	18	10	31	19	21	23	25
18	20	33	11	34	0	54	10	52	19	34	23	27
19	20	20	11	13	0	31	11	14	19	47	23	28
20	20	7	10	51	0	7 Sud	11	33	20	0	23	29
21	19	53	10	29	0	17 NORD	11	53	20	12	23	29
22	19	39	10	8	0	40	12	14	20	24	23	29
23	19	26	9	46	1	5	12	34	20	36	23	28
24	19	12	9	24	1	28	12	55	20	47	23	27
25	18	56	9	2	1	51	13	13	20	58	23	26
26	18	42	8	39	2	15	13	33	21	9	23	24
27	18	27	8	16	2	38	13	52	21	19	23	22
28	18	10	7	54	3	2	14	11	21	29	23	20
29	17	54			3	25	14	30	21	38	23	17
30	17	38			3	48	14	48	21	47	23	14
31	17	22			4	12			21	56		

TABLE DES DECLINAISONS DU SOLEIL pour l'Année 1705.

Premiere année.

Jours des mois.	JUILL. D.	M.	AOUST. D.	M.	SEPTE. D.	M.	OCTO. D.	M.	NOVE. D.	M.	DECE. D.	M.
1	23	N 10	18	N 5	8	N 19	3	S 11	14	S 29	21	S 41
2	23	O 6	17	O 50	7	O 57	3	U 34	14	U 48	22	U 0
3	23	2	17	34	7	36	3	D 57	15	D 7	22	D 9
4	22	R 57	17	R 18	7	R 13	4	21	15	25	22	17
5	22	D 52	17	D 2	6	D 51	4	44	15	43	22	25
6	22	46	16	46	6	29	5	7	16	1	22	33
7	22	40	16	29	6	7	5	30	16	19	22	40
8	22	33	16	12	5	44	5	53	16	37	22	46
9	22	26	15	54	5	21	6	16	16	54	22	52
10	22	19	15	37	4	58	6	39	17	11	22	58
11	22	11	15	20	4	35	7	2	17	28	23	3
12	22	2	15	2	4	13	7	24	17	44	23	8
13	21	53	14	44	3	50	7	46	18	0	23	12
14	21	44	14	25	3	26	8	9	18	16	23	16
15	21	35	14	7	3	3	8	32	18	32	23	19
16	21	25	13	48	2	40	8	54	18	47	23	22
17	21	15	13	29	2	17	9	16	19	2	23	44
18	21	5	13	9	1	54	9	38	19	17	23	26
19	20	54	12	50	1	30	10	0	19	31	23	27
20	20	43	12	30	1	7	10	22	19	45	23	28
21	20	32	12	10	0	44	10	43	19	58	23	29
22	20	20	11	50	0	20	11	4	20	11	23	29
23	20	8	11	30	0	3	11	26	20	24	23	28
24	19	56	11	9	0	27	11	47	20	36	23	27
25	19	43	10	49	0	50	12	8	20	48	23	26
26	19	30	10	28	1	14	12	28	21	0	23	24
27	19	17	10	7	1	37	12	49	21	11	23	22
28	19	3	9	46	2	1	13	9	21	22	23	19
29	18	49	9	24	2	24	13	29	21	32	23	16
30	18	35	9	3	2	47	13	49	21	42	23	12
31	18	20	8	41	0	0	14	9	0	0	23	8

TABLE

TABLE DES DECLINAISONS DU SOLEIL pour l'Année 1706.

Deuxiéme année.

Jours des mois.	JANVI.		FEVR.		MARS.		AVRIL.		MAY.		JUIN.	
	D.	M.	D.	M.	D.	M.	D.	M.	D.	M.	D.	M.
	SUD		SUD		SUD		NORD		NORD		NORD	
1	23	3	17	9	7	37	4	30	15	2	22	4
2	22	58	16	52	7	14	4	53	15	20	22	12
3	22	53	16	34	6	51	5	16	15	38	22	19
4	22	47	16	16	6	28	5	39	15	56	22	27
5	22	40	15	58	6	5	6	2	16	13	22	34
6	22	33	15	39	5	42	6	25	16	30	22	40
7	22	26	15	21	5	18	6	47	16	47	22	46
8	22	18	15	2	4	55	7	10	17	3	22	52
9	22	10	14	43	4	32	7	32	17	20	22	57
10	22	1	14	24	4	8	7	54	17	35	23	2
11	21	52	14	4	3	45	8	16	17	51	23	7
12	21	42	13	44	3	21	8	38	18	6	23	11
13	21	32	13	24	2	57	9	0	18	21	23	15
14	21	21	13	4	2	34	9	22	18	36	23	18
15	21	11	12	43	2	10	9	44	18	50	23	21
16	21	0	12	22	1	46	10	5	19	4	23	24
17	20	48	12	1	1	23	10	26	19	18	23	26
18	20	36	11	40	0	59	10	47	19	32	23	27
19	20	23	11	19	0	35	11	8	19	45	23	28
20	20	11	10	57	0	12 Sud	11	29	19	58	23	28
21	19	57	10	35	0	♈ 12	11	49	20	10	23	29
22	19	44	10	13	0	36 NORD	12	9	20	22	23	29
23	19	30	9	51	0	59	12	30	20	34	23	29
24	19	15	9	29	1	23	12	49	20	45	23	28
25	19	1	9	6	1	47	13	9	20	56	23	27
26	18	46	8	44	2	10	13	29	21	7	23	26
27	18	31	8	22	2	34	13	48	21	17	23	24
28	18	15	8	0	2	57	14	7	21	27	23	22
29	17	59	0	0	3	21	14	26	21	37	23	19
30	17	43	0	0	3	44	14	44	21	46	23	16
31	17	26	0	0	4	7	0	0	21	55	0	0

TABLE DES DECLINAISONS DU SOLEIL pour l'Année 1706.

Deuxiéme année.

Jours des mois.	JUILL.		AOUST.		SEPTÉ.		OCTO.		NOVE.		DECE.	
	D.	M.	D.	M.	D.	M.	D.	M.	D.	M.	D.	M.
	NORD		NORD		NORD / SUD		SUD		SUD		SUD	
1	23	12	18	10	8	25	3	6	14	23	21	50
2	23	8	17	55	8	3	3	29	14	43	21	59
3	23	3	17	39	7	41	3	52	15	2	22	8
4	22	58	17	23	7	19	4	15	15	21	22	16
5	22	53	17	7	6	57	4	38	15	39	22	24
6	22	48	16	51	6	35	5	1	15	57	22	32
7	22	52	16	34	6	12	5	24	16	15	22	39
8	22	35	16	17	5	50	5	47	16	33	22	46
9	22	28	16	0	5	27	6	10	16	50	22	52
10	22	21	15	43	5	4	6	33	17	8	22	57
11	22	14	15	25	4	41	6	56	17	25	23	2
12	22	6	15	7	4	18	7	18	17	41	23	7
13	21	57	14	49	3	55	7	41	17	57	23	12
14	21	49	14	31	3	32	8	3	18	13	23	16
15	21	40	14	12	3	9	8	25	18	29	23	20
16	21	30	13	53	2	46	8	47	18	45	23	23
17	21	20	13	34	2	22	9	9	19	0	23	25
18	21	10	13	15	1	59	9	31	19	15	23	26
19	20	59	12	56	1	35	9	53	19	29	23	27
20	20	48	12	36	1	12	10	15	19	43	23	28
21	20	37	12	16	0	48	10	37	19	57	23	29
22	20	25	11	56	0	25	10	58	20	10	23	29
23	20	13	11	36	0	2	11	19	20	23	23	29
24	20	1	11	15	0	22	11	40	20	35	23	28
25	19	48	10	55	0	45	12	1	20	47	23	27
26	19	35	10	34	1	9	12	22	20	59	23	25
27	19	22	10	13	1	32	12	43	21	10	23	23
28	19	8	9	52	1	56	13	4	21	21	23	20
29	18	54	9	31	2	19	13	24	21	31	23	17
30	18	40	9	9	2	42	13	44	21	41	23	13
31	18	25	8	47	0	0	14	4	0	0	23	9

TABLE

TABLE DES DECLINAISONS DU SOLEIL pour l'Année 1707.

Troisiéme année.

Jours des mois.	JANVI.		FEVR.		MARS.		AVRIL.		MAY.		JUIN.	
	D.	M.	D.	M.	D.	M.	D.	M.	D.	M.	D.	M.
	SUD		SUD		SUD (1–21) / NORD (21–31)		NORD		NORD		NORD	
1	23	4	17	13	7	44	4	22	14	56	22	1
2	22	59	16	56	7	21	4	45	15	14	22	8
3	22	53	16	38	6	58	5	9	15	32	22	16
4	22	48	16	21	6	35	5	31	15	50	22	24
5	22	41	16	3	6	13	5	54	16	7	22	31
6	22	34	15	44	5	49	6	17	16	24	22	37
7	22	27	15	26	5	26	6	40	16	41	22	44
8	22	19	15	7	5	3	7	2	16	57	22	49
9	22	11	14	48	4	39	7	25	17	14	22	55
10	22	2	14	29	4	16	7	46	17	30	23	0
11	21	53	14	9	3	52	8	9	17	45	23	5
12	21	44	13	49	3	29	8	31	18	1	23	9
13	21	34	13	29	3	5	8	53	18	16	23	13
14	21	24	13	9	2	41	9	14	18	31	23	16
15	21	13	12	49	2	18	9	36	18	45	23	19
16	21	2	12	28	1	54	9	57	18	59	23	22
17	20	50	12	7	1	30	10	19	19	13	23	24
18	20	39	11	46	1	6	10	40	19	27	23	26
19	20	26	11	25	0	42	11	1	19	40	23	27
20	20	13	11	4	0	19	11	22	19	54	23	28
21	20	1	10	42	0	5	11	42	20	6	23	29
22	19	47	10	20	0	28	12	3	20	18	23	29
23	19	32	9	58	0	52	12	24	20	30	23	29
24	19	19	9	36	1	16	12	43	20	41	23	28
25	19	4	9	14	1	39	13	2	20	53	23	27
26	18	49	8	52	2	2	13	22	21	3	23	25
27	18	33	8	29	2	26	13	41	21	14	23	24
28	18	18	8	5	2	49	14	0	21	24	23	21
29	18	2	0	0	3	13	14	19	21	33	23	19
30	17	48	0	0	3	36	14	38	21	43	23	15
31	17	30	0	0	3	59			21	52		

TABLE DES DECLINAISONS DU SOLEIL pour l'Année 1707.

Troisiéme année.

Jours des mois.	JUILL. (NORD) D.	M.	AOUST. (NORD) D.	M.	SEPTEM. (NORD / Nord | du SUD) D.	M.	OCTOB. (SUD) D.	M.	NOVEM (SUD) D.	M.	DECEM. (SUD) D.	M.
1	23	12	18	12	8	30	3	0	14	20	21	48
2	23	8	17	57	8	9	3	23	14	40	21	57
3	23	3	17	42	7	47	3	47	14	59	22	6
4	22	59	17	26	7	25	4	10	15	18	22	16
5	22	54	17	10	7	3	4	33	15	36	22	22
6	22	48	16	54	6	41	4	50	15	54	22	30
7	22	42	16	37	6	18	5	19	16	12	22	57
8	22	36	16	20	5	56	5	42	16	30	22	43
9	22	29	16	3	5	33	6	5	16	47	22	50
10	22	22	15	46	5	10	6	28	17	5	22	55
11	22	14	15	28	4	47	6	51	17	21	23	1
12	22	6	15	11	4	24	7	14	17	38	23	6
13	21	58	14	53	4	1	7	36	17	54	23	10
14	21	49	14	34	3	38	7	59	18	10	23	14
15	21	40	14	16	3	15	8	21	18	26	23	18
16	21	31	13	57	2	52	8	44	18	41	23	21
17	21	21	13	38	2	28	9	6	18	56	23	23
18	21	11	13	19	2	5	9	28	19	11	23	26
19	21	0	12	59	1	42	9	50	19	25	23	27
20	20	49	12	40	1	18	10	12	19	39	23	28
21	20	48	12	20	0	55	10	33	19	52	23	29
22	20	26	12	0	0	32	10	54	20	6	23	30
23	20	15	11	40	0	8	11	16	20	19	23	29
24	20	2	11	20	0	15	11	37	20	31	23	28
25	19	50	10	59	0	39	11	58	20	43	23	27
26	19	37	10	38	1	2	12	19	20	55	23	25
27	19	24	10	17	1	26	12	39	21	6	23	23
28	19	10	9	56	1	49	12	59	21	17	23	20
29	18	56	9	35	2	12	13	26	21	28	23	17
30	18	42	9	14	2	36	13	40	21	38	23	13
31	18	28	8	52			13	59			23	9

TABLE DES AMPLITUDES ORTIVES & Occases du Soleil.

Degrez de Latitude.

Decli.	1 D.	M.	2 D.	M.	3 D.	M.	4 D.	M.	5 D.	M.	6 D.	M.	7 D.	M.	8 D.	M.	9 D.	M.	10 D.	M.	11 D.	M.	12 D.	M.
1	1	0	2	0	3	0	4	0	5	0	6	0	7	0	8	0	9	0	10	0	11	0	12	0
2	1	0	2	0	3	0	4	0	5	0	6	0	7	0	8	0	9	0	10	0	11	0	12	0
3	1	0	2	0	3	0	4	0	5	0	6	0	7	0	8	1	9	1	10	1	11	1	12	1
4	1	0	2	0	3	0	4	1	5	1	6	1	7	1	8	2	9	2	10	2	11	2	12	2
5	1	0	2	0	3	1	4	1	5	1	6	1	7	2	8	3	9	3	10	3	11	3	12	3
6	1	0	2	1	3	1	4	2	5	2	6	2	7	3	8	4	9	4	10	4	11	4	12	4
7	1	0	2	1	3	1	4	2	5	2	6	3	7	4	8	5	9	5	10	5	11	5	12	5
8	1	0	2	1	3	2	4	3	5	3	6	4	7	5	8	6	9	6	10	6	11	7	12	7
9	1	1	2	2	3	3	4	3	5	4	6	5	7	6	8	7	9	7	10	8	11	9	12	9
10	1	1	2	2	3	3	4	4	5	5	6	6	7	7	8	8	9	8	10	10	11	10	12	11
11	1	1	2	2	3	4	4	4	5	6	6	7	7	8	8	9	9	10	10	12	11	12	12	14
12	1	1	2	3	3	4	4	5	5	7	6	8	7	10	8	11	9	12	10	14	11	14	12	16
13	1	1	2	3	3	5	4	6	5	8	6	9	7	11	8	13	9	14	10	16	11	17	12	19
14	1	2	2	4	3	5	4	7	5	9	6	11	7	13	8	15	9	17	10	18	11	20	12	22
15	1	2	2	4	3	6	4	8	5	11	6	13	7	15	8	17	9	19	10	21	11	24	12	26
16	1	2	2	5	3	7	4	10	5	13	6	15	7	17	8	19	9	22	10	24	11	27	12	30
17	1	2	2	6	3	8	4	11	5	14	6	17	7	19	8	22	9	25	10	28	11	31	12	34
18	1	3	2	6	3	9	4	13	5	16	6	19	7	22	8	25	9	28	10	31	11	35	12	38
19	1	3	2	7	3	10	4	14	5	17	6	21	7	24	8	28	9	31	10	35	11	39	12	42
20	1	4	2	8	3	11	4	16	5	19	6	23	7	27	8	31	9	35	10	39	11	43	12	47
21	1	4	2	9	3	13	4	17	5	22	6	26	7	30	8	35	9	39	10	43	11	48	12	52
22	1	5	2	10	3	14	4	19	5	24	6	29	7	33	8	38	9	43	10	48	11	53	13	58
23	1	5	2	11	3	16	4	21	5	27	6	32	7	38	8	42	9	48	10	54	11	59	13	4
24	1	6	2	12	3	17	4	23	5	29	6	34	7	40	8	46	9	52	10	58	12	3	13	10
25	1	6	2	13	3	19	4	25	5	32	6	37	7	44	8	50	9	57	11	3	12	9	13	16
26	1	7	2	14	3	21	4	27	5	34	6	41	7	48	8	54	10	1	11	9	12	15	13	2
27	1	7	2	15	3	22	4	30	5	37	6	44	7	52	8	59	10	7	11	14	12	22	13	30
28	1	8	2	16	3	24	4	32	5	44	6	48	7	56	9	4	10	12	11	21	12	29	13	37
29	1	8	2	17	3	26	4	34	5	45	6	52	8	1	9	9	10	13	11	27	12	35	13	45
30	1	9	2	19	3	28	4	37	5	46	6	55	8	5	9	15	10	24	11	34	12	44	13	53
31	1	10	2	20	3	30	4	40	5	50	7	0	8	10	9	21	10	31	11	41	12	52	14	2
32	1	11	2	22	3	33	4	43	5	54	7	5	8	16	9	27	10	38	11	49	13	0	14	11
33	1	12	2	23	3	35	4	46	5	58	7	10	8	21	9	33	10	45	11	57	13	9	14	21
34	1	12	2	25	3	37	4	50	6	2	7	15	8	27	9	40	10	52	11	5	13	18	14	32
35	1	13	2	27	3	40	4	53	6	6	7	20	8	33	9	47	11	1	11	14	13	28	14	42

TABLE DES AMPLITUDES ORTIVES & Occases du Soleil.

Degrez de Latitude.

Decli.	13 D. M.	14 D. M.	15 D. M.	16 D. M	17 D. M	18 D. M.	19 D. M	20 D. M	21 D M.	22 D. M	23 D. M.	23½ D. M.
1	13 0	14 0	15 0	16 0	17 0	18 0	19 0	20 0	21 0	22 0	23 0	23 30
2	13 0	14 0	15 0	16 1	17 1	18 1	19 1	20 1	21 1	22 1	23 1	23 31
3	13 1	14 1	15 1	16 2	17 2	18 2	19 2	20 2	21 2	22 2	23 2	23 32
4	13 2	14 2	15 2	16 3	17 3	18 3	19 3	20 3	21 3	22 5	23 4	23 34
5	13 3	14 3	15 3	16 4	17 4	18 4	19 5	20 5	21 5	22 7	23 6	23 36
6	13 4	14 5	15 5	16 6	17 6	18 6	19 7	20 7	21 7	22 9	23 8	23 38
7	13 6	14 7	15 7	16 8	17 8	18 9	19 9	20 10	21 10	22 11	23 11	23 41
8	13 8	14 9	15 9	16 10	17 10	18 11	19 12	20 12	21 13	22 13	23 14	23 46
9	13 10	14 11	15 12	16 12	17 13	18 14	19 15	20 16	21 16	22 17	23 18	23 53
10	13 12	14 13	15 14	16 13	17 16	18 17	19 18	20 19	21 20	22 21	23 23	23 57
11	13 15	14 16	15 17	16 19	17 20	18 21	19 22	20 23	21 24	22 26	23 27	23 58
12	13 18	14 19	15 21	16 22	17 24	18 25	19 27	20 28	21 30	22 31	23 33	24 4
13	13 21	14 23	15 24	16 26	17 28	18 29	19 31	20 33	21 35	22 37	23 39	24 9
14	13 24	14 26	15 29	16 30	17 32	18 34	19 36	20 38	21 41	22 42	23 45	24 16
15	13 28	14 30	15 33	16 35	17 37	18 40	19 42	20 44	21 47	22 49	23 52	24 23
16	13 32	14 34	15 37	16 40	17 43	18 46	19 48	20 51	22 3	22 57	23 59	24 31
17	13 35	14 40	15 44	16 45	17 48	18 51	19 54	20 57	22 1	23 4	24 7	24 39
18	13 41	14 44	15 47	16 51	17 54	18 58	20 1	21 5	22 8	23 12	24 15	24 47
19	13 46	14 50	15 53	16 57	18 1	19 5	20 3	21 12	22 16	23 21	24 24	24 57
20	13 51	14 55	15 59	17 4	18 8	19 12	20 16	21 21	22 25	23 39	24 34	25 7
21	13 56	15 1	16 6	17 10	18 15	19 20	20 24	21 30	22 34	23 40	24 45	25 17
22	14 2	15 8	16 13	17 18	18 23	19 28	20 33	21 39	22 44	23 50	24 56	25 28
23	14 9	15 16	16 22	17 25	18 54	19 39	20 43	21 49	22 55	24 1	25 11	25 44
24	14 15	15 22	16 28	17 34	18 40	19 48	20 53	21 59	23 6	24 13	25 21	25 53
25	14 22	15 29	16 36	17 42	18 49	19 56	21 3	22 10	23 18	24 25	25 33	26 6
26	14 30	15 37	16 44	17 52	18 59	20 7	21 14	22 22	23 30	24 38	25 46	26 20
27	14 37	15 45	16 53	18 1	19 9	20 18	21 26	22 34	23 45	24 52	26 1	26 35
28	14 46	15 54	17 3	18 11	19 20	20 29	21 38	22 47	23 57	25 0	26 16	26 51
29	14 54	16 4	17 13	18 22	19 32	20 41	21 51	23 1	24 11	25 22	26 32	27 7
30	15 3	16 13	17 23	18 34	19 44	20 54	22 5	23 16	24 27	25 38	26 49	27 25
31	15 13	16 24	17 35	18 45	19 57	21 8	22 19	23 31	24 43	25 55	27 7	27 43
32	15 23	16 34	17 46	18 58	20 10	21 22	22 35	23 47	25 0	26 13	27 26	28 3
33	15 34	16 46	17 59	19 11	20 24	21 37	22 51	24 4	5 18	26 32	27 46	28 23
34	15 45	16 58	18 12	19 25	20 38	21 53	23 7	24 22	25 37	26 52	28 7	28 45
35	15 56	17 11	18 25	19 40	20 55	22 10	23 25	24 41	25 57	27 13	28 29	29 8

TABLE DES AMPLITUDES ORTIVES & Occases du Soleil.

Degrez de Latitude.

De-clin.	1		2		3		4		5		6		7		8		9		10		11		12	
	D.	M.	D.	M.	D.	M.	D.	M.	D.	M.	D.	M.	D.	M.	D.	M.	D.	M.	D.	M.	D.	M.	D.	M.
35	1	13	2	27	3	40	4	53	6	6	7	20	8	33	9	47	11	1	12	14	13	28	14	42
36	1	14	2	28	3	43	4	57	6	11	7	25	8	40	9	54	11	9	12	24	13	39	14	54
37	1	15	2	30	3	45	5	1	6	16	7	31	8	47	10	2	11	18	12	34	13	49	15	5
38	1	16	2	32	3	48	5	5	6	21	7	37	8	54	10	11	11	27	12	44	14	1	15	18
39	1	17	2	34	3	52	5	9	6	27	7	44	9	1	10	19	11	37	12	55	14	13	15	31
40	1	18	2	37	3	55	5	14	6	32	7	51	9	9	10	28	11	47	13	6	14	25	15	45
41	1	19	2	39	3	59	5	19	6	38	7	58	9	18	10	38	11	58	13	18	14	39	16	0
42	1	20	2	41	4	2	5	24	6	44	8	5	9	26	10	48	12	9	13	31	14	53	16	15
43	1	22	2	44	4	6	5	29	6	51	8	13	9	35	10	58	12	21	13	44	15	7	16	31
44	1	23	2	47	4	10	5	34	6	58	8	21	9	45	11	9	12	34	13	58	15	23	16	48
45	1	25	2	50	4	15	5	40	7	5	8	30	9	55	11	21	12	47	14	13	15	39	17	6
46	1	26	2	53	4	19	5	46	7	12	8	39	10	6	11	33	13	1	14	31	15	57	17	26
47	1	28	2	56	4	24	5	52	7	21	8	49	10	18	11	46	13	16	14	45	16	15	17	45
48	1	30	2	59	4	29	5	59	7	29	8	59	10	30	12	0	13	28	15	2	16	34	18	6
49	1	32	3	3	4	35	6	6	7	38	9	10	10	42	12	15	13	48	15	21	16	55	18	29
50	1	33	3	7	4	40	6	14	7	48	9	21	10	56	12	30	14	5	15	40	17	16	18	52
51	1	35	3	11	4	46	6	22	7	58	9	34	11	10	12	47	14	24	16	1	17	39	19	17
52	1	37	3	13	4	52	6	30	8	8	9	47	11	25	13	4	14	43	16	23	18	3	19	44
53	1	40	3	20	5	0	6	40	8	20	10	0	11	41	13	22	15	4	16	47	18	29	20	13
54	1	42	3	24	5	6	6	49	8	32	10	15	11	58	13	42	15	26	17	11	18	37	20	43
55	1	45	3	29	5	14	6	59	8	44	10	30	12	16	14	3	15	50	17	37	19	26	21	15
56	1	47	3	35	5	22	7	10	8	58	10	46	12	35	14	25	16	15	18	6	19	57	21	50
57	1	50	3	41	5	31	7	22	9	13	11	4	12	56	14	48	16	42	18	36	20	30	22	27
58	1	53	3	47	5	40	7	34	9	28	11	23	13	18	15	13	17	10	19	8	21	6	23	6
59	1	57	3	53	5	50	7	47	9	45	11	43	13	41	15	41	17	41	19	42	21	45	23	49
60	2	0	4	0	6	1	8	1	10	2	12	4	14	6	16	10	18	9	20	19	22	26	24	34
61	2	4	4	8	6	12	8	16	10	2	12	27	14	34	16	41	18	50	20	59	23	11	25	24
62	2	8	4	16	6	24	8	34	10	42	12	52	15	3	17	15	19	28	21	43	23	59	26	17
63	2	12	4	25	6	37	8	50	11	4	13	19	15	37	17	51	20	9	22	29	24	51	27	15
64	2	17	4	34	6	51	9	9	11	28	13	48	16	8	18	31	20	52	23	20	25	48	28	19
65	2	22	4	45	7	7	9	30	11	54	14	19	16	46	19	14	21	43	24	16	26	50	29	28
66	2	28	4	55	7	24	9	53	12	22	14	54	17	26	20	1	22	37	25	16	27	59	30	44
66½	2	31	5	1	7	33	10	4	12	38	15	12	17	48	20	26	23	6	25	49	28	35	31	26

TABLE DES AMPLITUDES ORTIVES & Occases du Soleil.

Degrez de Latitude.

Declin.	13 D. M.	14 D. M.	15 D. M.	16 D. M.	17 D. M.	18 D. M.	19 D. M.	20 D. M.	21 D. M.	22 D. M.	23 D. M.	23½ D. M.
35	15 56	17 11	18 25	19 40	20 55	22 10	23 25	24 41	25 57	27 13	28 2	29 8
36	16 9	17 24	18 40	19 55	21 11	22 27	23 44	25 1	26 18	27 35	28 53	29 32
37	16 22	17 38	18 55	20 11	21 28	22 46	24 3	25 21	26 40	27 58	29 17	29 57
38	16 35	17 53	19 19	20 26	21 47	23 5	24 24	25 34	27 3	28 23	29 44	30 24
39	16 50	18 8	19 27	20 46	22 6	23 26	24 46	26 7	27 28	28 49	30 11	30 52
40	17 5	18 25	19 45	21 5	22 26	23 47	25 9	26 31	27 54	29 17	30 40	31 22
41	17 20	18 42	20 3	21 25	22 48	24 1	25 33	26 57	28 23	29 46	31 11	31 54
42	17 37	19 0	20 23	21 46	23 10	24 34	25 59	27 24	28 50	30 16	31 43	32 27
43	17 55	19 19	20 43	22 8	23 34	25 0	26 26	27 53	29 20	30 49	32 18	33 2
44	18 13	19 39	21 5	22 32	23 59	25 26	26 55	28 23	29 35	31 23	32 54	33 40
45	18 33	20 0	21 28	22 57	24 25	25 55	27 25	28 56	30 27	31 59	33 33	34 20
46	18 54	20 23	21 53	23 22	24 53	26 25	27 57	29 30	31 3	32 38	34 14	35 2
47	19 17	20 47	22 18	23 50	25 23	26 57	28 31	30 6	31 42	33 19	34 57	35 47
48	19 39	21 12	22 45	24 16	25 55	27 30	29 7	30 44	32 23	34 3	35 44	36 35
49	20 3	21 38	23 15	24 51	26 28	28 6	29 45	31 25	33 7	34 49	36 33	37 26
50	20 29	22 7	23 45	25 24	27 7	28 44	30 26	32 9	33 53	35 39	37 26	38 21
50	20 57	22 37	24 17	25 59	27 41	29 24	31 9	32 35	34 43	36 32	38 23	39 19
51	21 26	23 8	24 52	26 36	28 21	30 6	31 57	33 45	35 36	37 29	39 23	40 22
52	21 57	23 42	25 28	27 16	29 4	30 53	32 45	34 39	36 33	38 30	40 49	41 30
54	22 30	24 18	26 7	27 58	29 50	31 43	33 38	35 35	37 34	39 36	41 40	42 43
55	23 5	24 57	26 49	28 43	30 39	32 36	34 35	36 37	38 40	40 47	42 56	44 3
56	23 43	25 38	27 34	29 32	31 32	33 33	35 36	37 42	39 51	42 4	44 19	45 30
57	24 24	26 22	28 29	30 24	32 28	34 34	36 43	38 54	41 10	43 27	45 50	47 4
58	25 7	27 10	29 14	31 20	33 29	35 40	37 54	40 12	44 33	44 59	47 30	48 48
59	25 58	28 5	30 10	32 21	34 35	36 52	39 12	40 37	44 6	46 40	49 21	50 44
60	26 44	28 56	31 10	33 27	36 25	38 10	40 38	43 10	45 47	48 31	51 24	52 53
61	27 39	29 56	32 16	34 39	37 5	39 56	42 11	44 52	47 40	50 36	53 42	55 20
62	28 38	31 1	33 27	35 57	38 31	41 10	43 54	46 46	49 46	52 56	56 20	58 9
63	29 42	32 12	34 46	37 23	40 5	42 54	45 49	48 53	52 8	55 36	59 24	51 26
64	30 52	33 30	36 15	38 58	41 50	44 49	47 57	51 17	54 50	58 43	63 3	65 27
65	32 10	34 55	37 46	40 43	43 46	46 59	50 23	54 2	58 0	62 25	67 36	70 39
66	33 35	36 30	39 31	42 40	45 58	49 27	53 10	57 14	61 47	67 5	73 5	78 38
66½	34 20	37 21	40 29	45 1	47 9	50 48	54 44	59 4	64	69 58	78 30	90 0

TABLE DES REDUCTIONS DES MILLES de France à celles de Provence depuis un jusques à cent.

Mi. de Fr. à 60. par degré.	M. de Pr. à 75. par degré.						
1	1¼	25	31¼	51	63¾	77	96¼
2	2½	26	32½	52	65	78	97½
3	3¾	27	33¾	53	66¼	79	98¾
4	5	28	35	54	67½	80	100
5	6¼	29	36¼	55	68¾	81	101¼
6	7½	30	37½	56	70	82	102½
7	8¾	31	39¾	57	71¼	83	103¾
8	10	32	40	58	72½	84	105
9	11¼	33	41¼	59	73¾	85	106¼
10	12½	34	42½	60	75	86	107½
11	13¾	35	43¾	61	76¼	87	108¾
12	15	36	45	62	77½	88	110
13	16¼	37	46¼	63	78¾	89	111¼
14	17½	38	47½	64	80	90	112½
15	18¾	39	48¾	65	81¼	91	113¾
16	20	40	50	66	82½	92	115
17	20¼	41	51¼	67	83¾	93	116¼
18	22½	42	52½	68	85	94	117½
19	23¾	43	53¾	69	86¼	95	118¾
20	25	44	55	70	87½	96	120
21	26¼	45	56¼	71	88¾	97	121¼
22	27½	46	57½	72	90	98	122½
23	28¾	47	58¾	73	91¼	99	123¾
24	30	48	60	74	92½	100	125
		49	61¼	75	93¾		
		50	62½	76	95		

TABLE
DES MATIERES PRINCIPALES contenuës en ce Livre.

Isle

www.ingramcontent.com/pod-product-compliance
Lightning Source LLC
Chambersburg PA
CBHW072036080426
42733CB00010B/1907

* 9 7 8 2 0 1 2 6 8 9 0 8 4 *